Anti vaxxers

백신 거부자들

ANTI-VAXXERS: How to Challenge a Misinformed Movement

by Jonathan M. Berman

Copyright @ 2020 by Massachusetts Institute of Technology

all right reserved

This Korean edition was published by E-sang Books in 2021

by arrangement with The MIT Press through KCC(Korea Copyright Center Inc.), Seoul.

백신 거부자들

잘못된 정보는 어떻게 백신 공포를 만들어내는가

초판 1쇄 발행	2021년 5월 18일
지은이	조나단 M. 버만
옮긴이	전방욱
편집	김영미
표지디자인	정은경디자인
펴낸곳	이상북스
펴낸이	송성호
출판등록	제313-2009-7호(2009년 1월 13일)
주소	10546 경기도 고양시 덕양구 향기로 30, 106-1004
전화번호	02-6082-2562
팩스	02-3144-2562
이메일	beditor@hanmail.net

ISBN 978-89-93690-80-4 (03300)

Anti vaxxers

백신 거부자들

조나단 M. 버만 지음 | 전방욱 옮김

잘못된 정보는
——— 어떻게 백신 공포를 만들어내는가 ———

이상
북스

나는 이 책의 대부분을 코로나바이러스 감염증-19(이후 코로나19로
표기함) 팬데믹이 시작되기 전인 2018년과 2019년에 썼는데, 이 머
리말을 쓰고 있는 지금은 코로나19가 맹위를 떨치고 있다. 2020년
1월, 나는 팬데믹에 대한 뉴스를 주목하기 시작했다. 그리고 인터
넷상에서 사람들이 뉴스에 어떻게 반응하는지 조사했다. 어떤 레딧
(Reddit: read+edit, 미국의 소셜 뉴스 웹사이트-옮긴이) 사용자는 (그 당시
에는 2019-nCoV라고 불리던) 새로운 증상의 패턴이 지수곡선보다 이
차함수곡선에 가깝기 때문에 중국 정부가 거짓말을 하고 있다고 분
석한 주장을 게시했다. 나는 이 전염병과 관련해 발표된 역학 수치

를 조사하기 시작했다. 물론 나는 역학자가 아니기 때문에 내가 분석을 제대로 해냈다고는 믿지 않았다.

내 모델에 따르면, 코로나19가 유행하면 미국에서 400만 명이나 되는 사람이 사망할 것이라고 예측되었다. 그 수가 너무 커서 믿을 수가 없었다. 틀림없이 내가 변수를 잘못 이해한 것 같았다. 2020년 2월, 의회 사무실에서 실무를 배우고 있던 한 의대생이 중국에서의 발병 소식에 관해 물었고, 나는 그에게 내 분석 결과를 보여주었다. 감염 가능성이 있는 상호작용이 0%, 20%, 40%, 60% 등의 폭으로 감소할 때의 효과를 그림으로 삽입했다. 그 그림은 상호작용이 40% 감소하면, 과학자들은 새로운 질병을 연구할 시간을 벌게 되고 의사들은 치료할 시간을 얻게 될 것이라는 사실을 나타냈다. 나는 내가 살고 있는 주의 병상이 부족할 것이라고 예상했지만 인공호흡기와 마스크, 화장지가 부족할 것이라고는 예상하지 못했다. 나중에 어떤 사람이 나와 같은 생각을 훨씬 더 명확한 그림으로 제시했다. 만약 우리가 자가격리하며 다른 사람들과의 상호작용을 최소화함으로써 '사회적 거리두기'를 실천했다면, 우리는 질병의 확산을 늦출 수 있었을 것이다.

코로나19의 성격이 명백해짐에 따라 팬데믹이 선언되었고, 개별 사업장과 대학, 도시 및 주 들이 폐쇄를 단행하기 시작했지만 정치인들은 늑장 대응했다. 어떤 사람들은 그것을 계절 독감과 비교하며 과소평가했다. 계절 독감은 광범위하게 전파되고 매년 수만 명의 사망자를 발생시키지만 대부분 현재의 의료 시스템으로 감당할 수 있다. 주가가 하락하는 것을 지켜보던 어떤 사람들은 노인들의 죽음이 경기 침체를 막기 위해 감당할 수 있는 희생이라는 생각을 떠올렸다. 전 세계적으로 사람들이 과학자들과 공중보건의 경고를 무시하고 마치 특별한 일이 없는 것처럼 일상생활을 영위한다는 보도가 있었다.

백신 거부 운동가들(anti-vaccine activist)은 백신이 개발되어 임상 시험을 마치고 시장에 출시되기 전까지는 현재의 위기와 상관이 없을 것이다. 그러나 그들은 모임에 참석하기 위해 봉쇄 지침을 무시하거나 격리 조치를 위반한 사람들의 행동과 몇 가지 점에서 유사점을 보인다. 한국에서는 어떤 여성이 증상이 있는데도 검사를 받지 않고 교회에 계속 다니다가 다른 사람 수십 명을 감염시켰다. 켄터키 주에서는 젊은이들이 집에 있으라는 주의 지침을 무시하고 '파티에 가서 적어도 다른 한 사람을 감염시키자' 며 '코로나바이러스 파티' 를 열었다. 플로리다에서는 대학생들이 봄방학을 맞아 해변에 모였다. 그들은 "코로나에 걸리려면 걸리라죠. 결국 코로나도 날 막을 수는 없어요"라고 말했다. 후에 플로리다에 모였던 일부 학생들은 신종 코로나바이러스(코로나19를 일으키는 SARS-COV-2) 양성 반응을 보였다. 대형 교회들은 주 정부의 명령에도 불구하고 수천 명의 참석자들과 함께 예배를 계속해왔다. 리버티 대학은 위기 속에서 다시 문을 열었다. 미국 상원의원 랜드 폴(Rand Paul)은 검사 결과가 양성으로 나오고 자가격리하기 전까지 며칠 동안 다른 의원들과 함께 상원 체육관을 사용했다. 일부 대형 교회들은 수천 명의 참석자들과 예배를 계속하고 있다.

　우리는 팬데믹의 초기 단계에 있으며, 이러한 '거리두기 거부자'들은 앞으로 깊이 연구될 것으로 보인다. 하지만 의료 당국에 대한 신뢰 부족, 전염병으로 인해 인간이 겪는 고통의 정도에 대한 오해, 과학에 대한 무지, 그리고 신종 코로나바이러스와 계절 독감을 비교하는 경향 등 몇몇 특징이 눈에 띈다.

　매년 독감으로 인한 사망자 수는 실로 엄청나다. 미국 질병통제예방센터(Centers for Disease Control and Prevention, CDC)의 추정에 따르면 매년 수만 명의 미국인이 독감과 그 합병증 때문에 사망한다. 하지만 독감은 몇 가지 점에서 코로나19와 차이가 있다. 첫째, 매년 독감예방 백신이 개발된다. 또한 독감은 코로나19보다 전염성이 덜한 것 같다. 독감에 걸린 사람은 감염 과정 동안 평균 1.3명의 다른 사람을 감염시킨다. 현재 신종 코로나바이러스 보균자는 감염력[보통 기초감염재생산지수(감염자 한 사람이 감염 가능 기간 직접 감염시키는 평균 인원 수)로 나타낸다-옮긴이]이 독감의 약 두 배인 것으로 보인다. 코로나19를 앓는 사람들은 더 높은 비율(최대 20%)로 입원하고, 입원 환자들은 더 높은 비율로 사망한다(2020년 3월 말 현재). 새로운 증거에 의하면, 신종 코로나바이러스 양성 반응자 중 많은 사람들이 완전히 무증상이며 자신도 모르는 사이에 다른 사람들을 감염시킬 수 있다고 한다. 이런 특징들이 결합해 코로나19는 계절 독감보다 훨씬 더 위험해지는데, 이는 신종 코로나바이러스가 빠르게 확산되어 과부하 용량을 감당할 수 없는 병원 시스템을 무력화시키기 때문이다. 이미 이탈리아는 마스크와 같은 개인보호 장비뿐만 아니라 인공호흡기와 같은 장비의 부족으로 큰 어려움을 겪고 있으며, 뉴욕을 비롯한 미국의 다른 지역에서도 이와 유사하게 장비들이 부족할 것으로 예상된다.

사회적 거리두기 거부자들이 활개를 치는 이유 중 하나는 무증상 보균자의 비율이 높기 때문인 것 같다. 초기에는 검사 자원이 부족해 아주 구체적인 조건을 충족하는 경우에만 검사를 받을 수 있었다. 하지만 감염자 중 많은 이들이 전혀 증상을 나타내지 않는다는 사실이 점점 분명해지고 있다. 격리되어야 했던 많은 사람들이 자신이 질병을 퍼뜨린다는 사실을 깨닫지 못한 채 자유롭게 여행할 수 있었다. 몇몇 사람들은 여행을 하기 위해 길을 나섰고 다른 사람들과 계속 접촉하고 있다.

미국에서는 팬데믹에 대한 당파적인 정치적 대응으로 인해 상황이 더욱 복잡해졌다. 지금까지 인구밀도가 높은 대도시들이 가장 큰 피해를 입었고, 인구가 적은 시골 지역은 아직 감염률이 그렇게 높지 않다. 미국의 정치적 불화의 상당 부분이 도시와 농촌의 분열에 기반하며, 이 점은 사람들이 코로나19를 우려하는 정도가 그들의 정치 성향과 관련이 크다는 사실을 보여주는 여론조사에 반영되었다. 일부 당파적인 뉴스 출처들은 처음에는 코로나19의 심각성을 경시했고, 사람이 죽더라도 사회적 거리두기로 인해 중단된 경제활동을 재개해야 한다는 정치인들의 편을 들었다. 다른 나라에서도 비슷한 당파적 반응이 나타났다. 브라질의 자이르 보우소나루(Jair Bolsonaro) 대통령은 공개적으로 사업 재개를 요구하며 코로나19의 심각성을 부인하고 지역 정부의 폐쇄 노력을 약화시키려는 시도를 계속하고 있다. 보우소나루는 "몇 사람은 죽을 것이다. 유감스럽지만 그게 삶이다"라고 말한 것으로 알려졌다.

한 가지 확실한 것은 이 위기를 맞이해 전 세계 수백만 명의 사람들의 삶이 바뀌었다는 것이다. 매일 전염병을 마주하거나 대처해야 할 필요가 없었던 시대와 장소에서 자란 많은 사람들이 팬데믹이라는 무서운 사실에 맞서야 했다. 개인적으로 나는 연구실을 폐쇄했고, 며칠 안에 공중보건연구소에서 시료를 검사하는 자원봉사를 하기 위해 주의 수도로 갈지 모른다. 이처럼 급변하는 사건의 특성 때문에 독자들이 이 글을 읽을 무렵이면 이런 말들이 이미 한물간 것일지도 모르겠다. 하지만 백신 거부 운동가들에 대한 이 책이 사회적 거리두기 거부자들에게도 깨달음을 주었으면 한다.

백신 거부자들 - 차례

서론

백신이라 불리는 광범위한 종류의 치료법은 어떤 질병을 제거하고, 다른 질병의 발생률을 크게 감소시키며, 죽음의 원인이 되는 전염병의 전반적인 발생을 줄이는 데 도움이 되었다. 백신은 인간의 고통을 상당 부분 덜어주었다. 이에 관한 이야기는 인류의 진보와 삶의 질을 향상시켜주는 도구 및 지식을 개발하는 능력에 대한 위대한 이야기 중 하나다. 그럼에도 불구하고 어떤 사람들은 백신 접종을 격렬하게 거부한다.

많은 사람들이 현대의 백신 거부 운동(anti-vaccine movement)을 앤드류 웨이크필드(Andrew Wakefield)와 홍역·볼거리·풍진 백신을 일종의 후발 자폐증의 발달과 연관 짓는 그의 1998년 논문 탓으로 돌리고 있지만, 백신 접종에 대한 거부는 새로운 현상이 아니다. 19세기 초 천연두 백신이 발명된 이래 백신 접종 거부는 줄곧 있어왔다.[1] 초기의 백신 접종의 경우, 교육을 받지 않은 농부가 감침바늘을 이용해 감염된 소의 귀에서 고름을 얻은 다음 그 바늘로 그의 가족에게 상처를 냈기 때문에 이러한 거부가 설득력이 있었을 수 있다. 이 역사적인 백신 거부 운동은 오늘날의 백신 거부 운동에 대해 많은 것을 가르쳐준다.

웨이크필드의 논문은 19세기와 20세기 동안의 수십 년에 걸친 백신 거부 수사법을 그대로 따랐다. 이 수사법은 신체의 자율성에 대한 관점의 변화, 의료에서 국가의 역할, 최초의 소아마비 백신 출시로 인한 두려움, 1974년에 시작된 디프테리아·파상풍·백일해 백신을 둘러싼 초기의 공포로 힘을 얻었다. 1970년대와 1980년대의 백신 공포는 1990년대까지 이어졌고, 몇몇 백신 제조업체들은 사업을 접어야 했다. 웨이크필드의 논문은 현대 백신 거부 운동의 많은 인접 원인 중 하나일 뿐이지만, 그 결론을 지지하지 않는 다른 후속 논문들보다 훨씬 더 광범위한 언론의 관심을 받았다.[2] 우리는 뉴스 미디어와 과학의 접점에 대한 의문들과 가짜 뉴스가 실제 뉴스보다 어떻게 더 빨리 퍼지는지에 대한 의문들을 살펴볼 것이다.

지난 225년 동안 이러한 백신 거부는 부작용에 대한 두려움, 정부의 신체 침입에 대한 반대, '빅 파마'(Big Pharma)에 대한 음모론, 대안 치료를 권하는 사람들, 그리고 제약회사들을 고소하려는 변호사들의 재정적 동기, 지역사회에 대한 막무가내의 식민적 침입, 친부모를 제외한 누군가가 자녀들에 대해 가장 좋은 것이 무엇인지 알 수 있다는 생각에 대한 배척, 육아 방식에 따라 형성되는 공동체 의식과 정체성 등 몇 가지 동기에 의해 일어났다.

시간이 흐르면서 이러한 거부는 천연두·홍역·소아마비 발생으로 인한 사망, 백신 제조사들의 부도로 인한 물량 부족, 백신 거부 운동가들이 야기한 분열로 인해 가족관계와 우정에 금이 가며 생겨난 개인적 상심 등을 포함해 실질적인 해를 끼쳤다.

이런 방해에도 불구하고 전 세계적으로 백신 접종률은 높고 백신 거부는 여전히 틈새를 노리는 활동에 지나지 않는다. 그러나 백신 거부 수사법이 효과를 거두는 작은 집단들이 존재하며, 이로 인해 백신 접종을 하지 않은 어린이들이 집단을 형성하게 된다. 이러한 집단은 여러 가지 의학적 이유로 백신을 접종할 수 없는 사람들을 위험에 빠뜨리고 수두와 홍역을 발생시켰다.

백신을 거부하는 사람들의 신념을 흐트러뜨리기 위해 세 가지 광범위한 전략이 사용되어왔다. 나는 그것을 대응 전략, 정보 결핍 전략, 지역사회 기반 전략이라고 부른다. 백신 거부론자들을 인터넷에서 직접 접촉해 조롱하거나 그들과 논쟁하는 대응 전략은 가장 효과가 낮다. 온라인의 노골적인 백신 거부론자들은 백신을 의심하는 보통 사람들을 대표하지 않을 뿐만 아니라 이 전략은 그들의 견해를 더욱 고착시키고 가족관계를 손상시켜 역효과를 낳을 수 있다.

백신 거부 운동가들이 과학 논문을 인용하거나 근거가 있는 말을 사용할 때, 그들은 보통 증거에 근거하지 않은 논리로 자신의 신념을 정당화하려고 한다. 신념의 근본적인 감정적 이유를 다루지 않고 그 주장을 다루는 것은 효과적이지 않을 것 같다. 백신 접종 거부가 개인의 정체성과 가치에 고착되면 이에 반대되는 정보는 그 정체성과 가치를 공격하는 것처럼 느껴질 수 있다.

정보 결핍 전략은 예를 들어 웹사이트, 인터넷 정보 및 팩트 체크 등을 통해 백신에 대한 사실 정보를 대중에게 공개함으로써 백신 접종에 접근한다. 대중에게 정보 자원을 제공함으로써 백신 접종을 받아야겠다는 대중의 인식은 높아졌지만, 이러한 전략은 우선 의문을 가진 사람들이 그런 정보를 찾고 그중 어느 것을 신뢰할 것인지에 대해 알아야 한다. 이러한 전략은 확고부동한 백신 거부 운동가들에게는 그다지 효과적이지 않지만 의혹을 제기하거나 의심하는 사람들에게는 효과적일 수 있다.

내가 가장 효과적이라고 생각하는 지역사회 기반 전략은, 백신을 의심하는 사람들에게 그들 지역사회의 다른 사람들이 자신의 자녀들에게 백신을 접종하고 있고, 그들의 이슬람 사원, 유대교 회당, 교회 또는 사원의 좋은 부모인 동료들이 자신의 자녀들에게 백신을 접종했으며, 백신 접종이 좋은 부모가 되는 방법이라는 것을 보여주는 것에 기초하는 전략이다. 지역사회 기반 전략은 백신 거부 운동으로 인해 홍역 발생이 악화된 지역에 사용되었고 이후 백신 수용이 크게 늘었다. 이러한 전략들은 백신 거부 수사법의 표적이 되는 사람들의 자아 정체성과 가치를 고려한다.

이 책은 이 세 가지 전략에 들어맞는 정보를 제시함으로써 백신 거부 운동가들의 많은 구체적인 주장을 반박한다. 이러한 주장에 대해 좀 더 자세히 알고자 하는 사람들은 폴 오핏(Paul Offit)의 책이나 세스 무킨(Seth Mnookin)의 《패닉 바이러스》(*The Panic Virus*, 2011)와 같은 추가 자료를 참고할 수 있다. 나는 백신 거부 운동가들의 가장 두드러지고 눈에 띄는 주장들을 과다하게 다루는 추가적인 플랫폼을 피하려고 노력했다.

어떤 운동을 이해하려고 노력하면서 동시에 그 주장을 반박하는 데에는 긴장감이 맴돌기 마련이다. 백신 거부 운동의 경우, 이러한 목표들은 실제로 대립하지 않는다. 획일적이고 조직적인 백신 거부 운동은 없다. 특정한 신념에 영향을 받은 많은 사람들이 있을 뿐이다. 이런 신념을 이해하는 데 있어 중요한 것은 그것이 사실인지를 이해하는 것이다.

백신 거부에 대해 확고한 견해를 가지고 이 책을 읽는 사람들은 그들의 생각을 바꿀 것 같지 않다. 하지만 많은 사람들이 백신에 대해 상반된 정보를 접했거나 친구나 친척에게 부정적인 정보를 듣기는 했지만 어느 쪽이든 강력한 의견을 형성할 만큼 이 주제에 대해 충분히 알지 못한다. 백신 접종의 중요성을 알고 있는 이들이라면, 명확한 정보에 입각하여 백신 거부 운동의 역사를 논의함으로써 더 나은 관점과 유익을 얻을 것이다.

우리는 '대체' 치료를 권하는 사람들, 나쁜 정보를 얻은 선의의 부모들, 그리고 잘못된 정보를 퍼뜨릴 수많은 기술과 수단을 가진 인터넷 활동가들을 포함해 백신 거부론자들의 동기를 탐구할 것이다. 또 이러한 기술들이 정보를 효과적으로 전파하게 하는 심리적 영향과 좋은 정보를 가진 사람들이 비의학적 면제(nonmedical exemptions)에 관한 법률의 의미 있는 변화를 위해 일할 수 있는 수단을 탐구할 것이다.

종교적 면제에 대해 논의해보면, 그들의 공식 가르침에서 백신 접종을 거부하는 종교는 거의 없다는 것이 명백해질 것이다. 이러한 면제를 허용하게 되면 기증자의 장기를 이식받은 사람, 면역체계가 손상된 사람들, 그리고 아주 어리거나 아주 나이가 많은 사람들처럼 백신을 맞을 수 없는 합리적인 의학적 이유가 있는 사람들에게 해를 끼친다.

우리는 병에 걸린 사람들뿐만 아니라 장애인 권익 옹호자들, 어머니의 백신 거부 정서와 의견차가 심해 어머니와 소원해진 딸, 공중보건 운동을 했다는 이유로 살해 위협을 받은 운동가들처럼 백신 거부 운동으로 간접적인 피해를 입은 사람들에 대해서도 논의할 것이다. 백신 접종을 받을지 안 받을지 결정하는 것은 도덕적 무게를 지닌 각각의 결정으로 이루어진 일련의 결정을 포함한다. 그것은 고통을 만들거나 완화할 수 있는 힘을 가진 결정들이다. 그래서 이 책은 도덕철학에 대해서도 아주 가볍게 다루었다.

이 책의 목표는 두 가지다. 첫 번째 목표는 19세기 초부터 오늘날의 소셜 미디어 전쟁에 이르기까지 백신 거부 운동의 전모를 보다 완벽하게 제공하는 것이다. 이 목표는 자신과 다른 사람의 건강에 관한 결정을 내릴 때 우리가 직면해야 하는 위험의 균형을 맞추는 것은 복잡하며, 잘못된 정보로 인해 어떤 결정이 옳은지 모호해지고 흐려질 수 있음을 이해하는 것이다. 이 책을 통해 독자들은 백신 거부 운동에 대해 더 깊이 이해할 수 있을 것이다.

두 번째 목표는 독자들에게 이미 노출되었을 수도 있는 잘못된 정보들에 대한 대책을 제공하는 것이다. 만약 당신이 경계선에 서서 더 많은 정보를 찾고 있다면, 이 책은 좋은 자료가 될 것이다. 그리고 만일 당신이 백신 접종을 거부하는 사람이라면, 마음을 열고 이 책에 접근하면 좋겠다.

1
무엇이 문제인가

백신 접종 거부 운동이 공중보건에 광범위한 위협을 가할 만큼 그렇게 심각한가? 이 질문에 답하기 위해 우리는 실제 예방접종률을 살펴봐야 한다. 예방접종률이 보편적으로 목표치에 도달하고 예방 가능한 질병이 발생하지 않는다면, 백신 거부 운동가들에 대해 언급하거나 반응할 가치가 없을 것이다.

2016년 현재 미국은 디프테리아·파상풍·백일해(DTaP), 소아마비 바이러스, 홍역·볼거리·풍진(MMR), B형 헤모필루스 인플루엔자(Hib), B형 간염(HepB), 수두, 폐렴구균 단백복합 백신(PCV), A형 간염(HepA), 그리고 로타바이러스의 예방접종 목표치를 초과했다.[1] 2012년부터 2016년까지 이 접종률은 통계적으로 변하지 않았다. 이 백신들 대부분에서 접종률은 목표치인 90퍼센트보다 높았지만, 다음 해에 부스터(booster, 백신의 효능을 높이기 위한 추가 접종-옮긴이)를 필요로 했던 백신들의 경우 접종률은 다소 낮았다. 백신 거부 그룹의 규모가 아니라 민간보험과 인종 및 사회경제적 지위에 따라 결정되는 의료에 대한 접근성으로 백신 접종률을 가장 잘 예측할 수 있다.

미국에서는 철학적 신념에 기초해 백신 면제를 추구하는 사람들의 비율이 전반적으로 낮고, 종교적 이유로 백신 접종을 거부하는 비율은 훨씬 더 낮다. 2011년부터 2012년까지 MMR 백신에 대한 면제 비율은 2% 이하였다.[2] 유럽의 면제 비율도 비슷하다. 비록 더 많은 유럽인들이 백신 접종에 대해 회의감을 표시하지만, 대부분의 경우 이것은 질병의 발생을 일으킬 만큼 충분히 중요한 행동으로까지 이행되지 않았다. 프랑스에서는 2016년 현재 응답자의 41%가 "전반적으로 백신이 안전하다고 생각한다"[3]는 문구에 동의하지 않거나 강하게 반대했지만 96%의 어린이가 디프테리아·파상풍·백일해 예방접종을 받았고 89%의 어린이가 홍역 예방접종을 받았다.[4] 이러한 수치는 이상적인 수치보다는 낮지만 백신을 의심하는 수준에 비춰 보면 나쁜 편이 아니다. 백신 의심과 백신 접종 사이의 차이는 의도와 행동 사이의 차이다.

신념과 행동 사이의 이러한 격차를 '의도-행동 격차'[5] 또는 '가치-행동 격차'라고 한다. 많은 사람들이 일상생활에서 그러한 격차를 경험한다. 대부분의 흡연자가 흡연이 자신에게 나쁘다는 것을 알지만 어쨌든 흡연한다. 우리는 제한속도 이상으로 운전하는 것이 위험하다는 것을 알지만, 대부분의 운전자들이 때때로 제한속도를 초과한다. 흡연자들이 자신의 건강을 소중히 여기지 않는 것이 아니라 다른 다양한 요인이 흡연에 대한 각각의 결정에 관여한다. 마찬가지로 개인이 백신 접종 여부를 선택하는 데 영향을 미치는 많은 요인이 있다. 프랑스의 홍역–백신 접종률은 더 높아야 하고, 프랑스 정부는 백신 접종률을 개선하기 위해 노력하고 있지만, 부모의 백신 접종 결정에 영향을 미치는 요인에는 의심 이상의 것이 포함되어 있다.

접종률을 높이기 어려웠던 백신들은 종종 도덕성이나 정체성이라는 다른 쟁점과 연관되어 있다. 가다실(Gardasil)은 대부분의 자궁경부암과 항문암뿐만 아니라 질암과 편도, 연구개열, 혀 밑부분의 암[6]을 유발하는 인간유두종바이러스주인 HPV에 대한 백신으로, 승인 후 매우 논란이 되었다. 몇몇 기독교 단체는 가다실 때문에 젊은 여성들이 혼전 성관계를 더욱 쉽게 여길 것이라고 믿고 일상적인 예방접종 일정에 가다실을 추가하는 것에 반대했다.[7] HPV 백신에 대한 거부는 아마도 다른 백신 접종에 대한 거부보다 HPV 백신을 거부하는 사람들의 도덕적이고 문화적인 정체성으로 더 잘 설명할 수 있을 것이다.

머크(Merck & Co. Inc.)사가 가다실을 도입한 방식,[8] 그리고 데이터와 상황에 따른 백신에 대한 거부를 적절하게 다루지 않은 언론

보도도 이 논쟁에 모종의 역할을 했을 수 있다.[2] 머크사는 어린 소녀들에게 가다실을 의무적으로 접종시키기 위해 주 의회에서 로비 캠페인을 벌였다. 그 캠페인은 매우 부정적인 대중의 반응을 불러일으켰다.[10] 이에 비해 암을 유발할 수 있는 성병의 감염을 유사하게 치료하는 B형 간염 백신은 큰 논란 없이 도입되었고 1990년대 일상적인 소아 예방접종 일정에 추가되었다. 백신이 지역사회에 도입되는 방식과 아울러 백신을 도입하는 사람들의 문화적 역량도 백신에 대한 우려를 줄이는 데 매우 중요한 역할을 한다.

미국은 전반적으로 백신 접종률이 높지만 경우에 따라서는 백신 거부 수사법이 뿌리내리고 예방접종률이 감소해 전염병이 발생한 지역이 있다. 2010년 초, 미네소타에 있는 소말리아계 미국인 공동체에 백신 거부 운동가들이 영향력을 미쳤다.[11] 2017년 4월부터 8월까지 미네소타에서 30년 만에 가장 규모가 큰 79건의 홍역이 발생했는데, 이중 대부분은 소말리아계 미국인 어린이들이 걸렸다. 홍역-백신 접종률이 전반적으로 높았지만, 예를 들어 예방접종률이 평균 83%에 불과한 사립학교와 같은 일부 집단에서 훨씬 낮았기 때문에 이 발병은 더 심각해질 가능성이 있었다.[12] 공중보건 관계자들은 놀랄 만한 협력으로 소말리아계 미국인들과 함께 백신 접종 캠페인을 벌였다.[13] 2017년 4월과 7월 사이 미네소타 병·의원의 백신 접종은 평상시보다 세 배 이상 많이 이루어졌으며, 발병 종료 후에도 백신 접종률은 발병 전보다 높게 유지되었다.[14] 이런 결과로 미루어 볼 때 백신 접종이 감소한 지역사회에 문화적 문해능력을 높이는 접근방식이 발병 퇴치에 효과적임을 알 수 있다. 당시의 보도들에 의하면, 소말리아계 미국인 사회에 백신 거부 음모론을 퍼뜨리기 위해 전단을 나눠주던 사람들이 있었는데 그 지역에서 백신 거부 운동을 벌였던 단체들은 그런 행위를 하지 않았다고 부인했다.

또 다른 예를 들면, 2014년에서 2015년까지 캘리포니아에서 홍역이 발병해 100명 이상의 어린이들로 퍼져나갔고, 그중 45%는 백신 접종을 받지 않았다.[15] 뉴스 매체는 이것을 디즈니랜드 발병이라고 불렀다. 캘리포니아에서는 백신 접종률이 지난 10년 동안 95% 이상에서 약 92%로 떨어졌는데, 이는 백신 거부 운동의 결과였다. 발병 이후 몇 가지 공중보건 조치가 취해졌다.[16] SB-277법(캘리포니아 주 내 취학연령 어린이에 대한 백신 접종 의무화를 골자로 한 법안-옮긴이)으로 인해 공립학교에 입학하는 어린이가 비의학적 백신 면제를 받는 것이 더 어려워졌고, 캘리포니아 주립대학들은 백신 접종을 받지 않은 신입생을 받아들이지 않았다. 그 결과 어린이들의 백신 접종률은 2004년 이전 수준으로 높아졌다. 그러나 일부 카운티에서는 여전히 다른 카운티보다 백신 접종률이 낮은데, 이는 이전의 다소 느슨한 기준에서 백신을 접종하지 않은 어린이 코호트들이 여전히 존재하기 때문이다.

2019년에는 1천 건 이상으로 발병이 확산되었는데, 홍역을 미국에서 퇴출시켰다고 선언한 2000년 이후 그 어느 해보다 훨씬 더 많은 수였다.[17] 백신을 접종하지 않은 어린이가 이스라엘에서 바이러스를 보균한 채 돌아오면서 뉴욕의 한 정통 유대교 공동체에서 홍역이 발병하기 시작했다. 73건의 홍역이 발병한 클라크 카운티가 소재한 워싱턴 주 정부는 하원 법안 1638을 통과시켰는데, 이 법안은 개인적이고 철학적인 백신 면제는 허용하지 않으나 종교적 면제는 여전히 허용하고 있다.[18] 우리는 이 책의 다음 장들에서 종교적 면제가 종교 교리에 기초하는 경우는 거의 없으며 종종 부모들을 거짓 유인하고 있다는 것을 살펴볼 것이다. 뉴욕 로클랜드 카운티에서는 예방접종을 하지 않은 미성년자를 공공장소에서 축출하는 법안이 통과되었지만,[19] 이 금지령은 보류되었다.[20] 홍역이 발병한 사이언톨로지 교회가 운영하는 미국 유람선은 홍역 위험 때문에 격리되었다가[21] 나중에 해제되었다.

백신을 의심하는 대부분의 나라에서도 비교적 백신 접종률은 높지만, 우크라이나는 백신을 의심하는 비율이 높고 소아마비·홍역·볼거리·풍진 등의 백신 접종률이 약 50%로 떨어지는 특이한 국가다. 이런 감소 추세는 미국에서의 홍역 발병 전부터 있었다.[22] 우크라이나에서는 진학 전에 백신 접종을 받아야 한다. 하지만 무료 백신이 부족한 탓에 백신 접종을 하는 것보다 위조 증명서를 얻는 것이 더 쉬운 편이었다. 백신 접종을 하려면 부모들은 약국에서 높은 비용을 지불해야 했다. 2018년 유럽에서의 4만 이상의 홍역 건수 중 절반 이상이 우크라이나에서 발생했다.[23] 우크라이나 MMR 백신 접종률이 2008년 95%에서 2016년 31%로 감소한 것은 놀라운 일이었으며, 심지어 현재 85%의 접종률도 집단 간 전파를 막는 데 필요한 수준에는 미치지 못한다. 이러한 백신 접종률 하락은 부분적으로 러시아에 근거를 둔 트위터 계정들이 백신에 대한 잘못된 정보를 퍼뜨리고[24] 백신 찬성과 반대 주장을 거짓으로 동등하게 만들려고 노력했기 때문일 수 있다.

백신 접종 속도를 가장 제한하는 요인은 백신의 이용가능성이다. 이용가능성이 높은 곳에서는 백신을 의심하는 사람도 백신 접종을 받거나 자녀에게 백신 접종을 받게 하는 경향이 있다. 비용 또는 기타 장애물에 의해 백신의 이용가능성이 낮아지는 경우 백신 접종률도 낮아진다. 따라서 백신 접종률이 낮은 국가에서 강력한 예방접종 프로그램을 개발하는 것은 질병을 줄이고 예방하는 매우 중요한 대응책이다. 백신의 이용가능성이 속도제한 요인이라면, 백신 거부 운동가들을 언급할 필요가 있을까?

베일러 의과대학 국립열대의학대학의 학장이자 소아학, 분자바이러스학 및 미생물학 교수인 피터 호테즈(Peter Hotez)는 전국적인 데이터가 부족하며 각 주의 데이터가 고려되어야 한다고 주장한다. 평균적으로 단일 감염에 의해 발생하는 건수인 홍역의 기초감염재생산지수는 12–18이다.[25] 1보다 큰 기초감염재생산지수는 감염이 빨리 퍼지고 1 미만은 소멸할 가능성이 있는 것으로 나타난다. 홍역의 감염재생산지수가 높다는 것은 집단 백신 접종률이 충분히 낮아지면 홍역이 빠르게 확산될 수 있음을 의미한다. 일부 서부 주에서는 비의학적 백신 면제 건수가 위험할 정도로 증가했다.[26] 텍사스 주의 경우 비의학적 면제 건수가 4만 5천 명으로 2003년 이래 19배 증가했다.[27] 그러나 이 데이터는 백신 접종을 받지 않은 어린이의 수를 과소평가할 수 있다. 이것은 학교에 등록한 학생들을 토대로 한 것으로, 텍사스에서는 약 35만 명의 학생들이 홈스쿨링을 받고 있다.

텍사스 주의 일부 학교는 백신 면제율이 무려 40%에 이른다. 만약 홍역 감염이 이 집단에서 확산된다면, 비의학적 백신 면제를 받은 어린이들뿐만 아니라 특히 면역력이 저하된 어린이들, 홍역 감염으로 인해 입원하거나 사망할 경향이 높은 백신 접종을 받지 않은 어린이의 유아 형제들, 노인들, 그리고 암 치료나 에이즈로 인해 면역력이 약해진 사람들이 위험해질 것이다. 한 인터뷰에서 호테즈는 이 지역들이 미래의 발병지가 될 수 있다고 우려했다.

백신 거부 운동가들은 고립된 지역사회 내에 의심을 심어줌으로써 제한적으로 성공을 거두었다. 미국에서 전염병이 발생한 지역에서 발병률이 충분히 낮아지면, 역사적으로 그 반응은 신속하고, 문화적으로 유능하며, 백신 접종률을 회복하는 데 매우 효과적이었다. 절대적인 수로 본다면, 미국에서 이러한 전염병으로 사망한 어린이들의 수는 적다.

이 자료들은 백신 거부 운동의 전반적인 영향이 낮았음을 보여주기 때문에 고무적이다. 하지만 만약 당신이 백신으로 예방할 수 있는 병에 감염된 어린이의 부모나 친척이라면, 당신의 자녀는 여전히 아플 것이다. 만약 당신이 학교에 다니는 자녀를 둔 부모라면, 지역사회의 백신 접종률이 높은지 알고 싶을 것이다. 만약 당신이 백신 접종을 받을 수 없는 면역력이 떨어지는 어린이의 부모라면, 백신 접종률이 높은 지역사회에 속해 있다는 것이 당신 자녀의 생명을 살릴 수 있는 중요한 단계다. 경미한 발병과 적절한 백신 접종률 사이의 진동은 그러한 질병을 제거하거나 안정적으로 높은 백신 접종률을 유지하는 것보다 덜 바람직하다.

질병을 제거하려는 공중보건의 노력을 통해 지금까지 세계적으로 단 두 가지, 천연두와 우역만 제거했을 뿐이다. 비록 야생형 소아마비의 경우는 소수점 둘째 자리까지 감소했고, 제거는 여전히 달성 가능한 단기적 목표인 것처럼 보이지만 2015년까지 소아마비를 제거한다는 목표는 실패했고, 2020년까지도 가능할 것 같지 않다.

모든 정치는 지역적이다.

_팁 오닐(Tip O'Neill)

백신 거부 운동의 위험은 지역사회, 학교, 유치원, 교회, 이슬람 사원, 유대교 회당, 그리고 이웃 범위에서 발생하기 때문에, 우리 각자가 백신 거부 운동을 어떻게 이해하고 있는지를 아는 것이 중요하다. 우리는 백신 거부 운동에서 사용하는 주장의 종류와 그것이 어떻게 지역사회에서 퍼져 집단 정체성과 연관되는지에 대해 배워야 한다. 우리는 친구와 이웃, 그리고 가족의 의심이나 질문에 관심을 기울이며 좋은 정보를 토대로 정확한 방식으로 개별적으로 대응하는 방법을 배워야 한다. 백신 접종 거부 운동은 지역적이고 개인적으로 해결해야 하는 지역적인 문제다.

2
백신 이해하기

우리는 우선 백신이 무엇인지, 어떻게 작용하는지, 그리고 어떤 상황에서 백신을 접종해야 하는지 알아야 한다. 이 책은 때때로 백신 접종을 하나의 작용으로, 백신을 하나의 실체로 취급한다. 물론 이것은 완전히 정확한 것은 아니다. 백신에는 하나 이상의 종류가 있으며, 백신은 박테리아, 바이러스, 곰팡이, 또는 동물 기생충에 의해 야기되는 전염병을 대상으로 할 수도 있고, 암을 대상으로 할 수도 있다. 백신은 여러 가지 다른 물질로 구성될 수 있고 서로 매우 다른 환경에서 투여될 수 있다. 그러나 백신 거부 운동이 종종 백신 접종을 하나의 행동으로 논의하기 때문에, 백신 접종에 대한 우리의 논의 역시 때때로 그 언어를 채택하여 운동의 주장을 논의하고 해결할 수 있도록 할 것이다.

백신은 병 자체를 일으키지 않고 병을 유발하는 행위자(병원체)에 대한 면역을 만들어내는 물질이다. 면역은 병을 유발하는 생물체와 물질, 그리고 암세포에 대한 방어를 모두 일컫는 말로 우리가 외부의 침입으로부터 보호받을 수 있도록 해준다. 면역계는 우리를 보호하는 효율성 면에서 주목할 만하지만 불완전하다.

면역은 우리의 내부 환경을 외부로부터 격리시키는 수동적인 물리적·화학적 장벽에서 시작된다. 예를 들어, 피부는 대부분의 미생물이 우리 몸으로 들어오는 것을 막을 수 있는 연속적인 장벽을 형성한다. 피부 표면의 병원체는 쉽게 마르고 사람 피부의 산도에 공격받을 수 있다. 침입하는 병원체는 또한 이미 인간의 피부를 점유하고 있는 천연의 미생물상과 경쟁해야 한다. 학부생들을 위한 미생물학 개론 수업의 고전적인 실험에는 씻은 손과 씻지 않은 손의 피부를 면봉으로 훑어 젤라틴과 같은 배지에 접종해 우리가 일상생활을 하는 동안 피부에 사는 미생물의 성장을 알아보는 실험이 포함된다. 손을 씻지 않으면 질병이 전파될 수 있다는 사실은 19세기에 발견되었고, 여전히 질병이 퍼지는 주요한 방식 중 하나다.

입에서 침샘은 입이나 코를 통해 들어가는 미생물을 잡아두어 불활성화하기 위해 점액과 면역글로불린이라는 단백질을 분비한다. 눈물은 눈의 병원체를 씻어내는 데 도움이 된다. 또한 위의 산성도는 많은 미생물이 내장을 점령하기 전에 그들을 죽일 수 있다.

　신체의 면역 기능에는 선천적 면역계와 적응적 면역계라는 두 종류가 있다. 두 종류의 면역계는 종종 함께 작용하여 감염에 대항한다. 선천적 면역계는 일반적으로 침입과 박테리아, 바이러스, 기생충에 반응하며 질병에 미리 노출될 필요가 없다. 적응적 면역계는 특정한 박테리아, 바이러스, 기생충을 인식하고 그들의 존재에 대해 적극적으로 반응한다.

　백신 접종은 적응적 면역계를 이용한다. 이 면역계는 인체가 이미 접한 감염을 인지하고 이를 신속하게 방어함으로써 일단 감염이 없어지면 감염이 재발하는 것을 방지한다. 적응적 면역계의 세포 유형은 T세포와 B세포로 나뉜다.

　B세포는 활성화될 수 있고 두 가지 길 중 하나를 택할 수 있다. B세포들은 혈장세포가 되는데, 지속적으로 항체를 생산하는 공장이나 병원체를 '기억'하는 기억세포가 될 수 있다. 병원체에 다시 노출되면 기억 B세포는 혈장세포와 더욱 많은 기억 B세포로 분열할 수 있다.

　백신은 스스로는 질병을 일으킬 수 없는 면역 생성 구조를 신체에 넣음으로써 작동한다. 그것은 죽은 바이러스나 박테리아 조각일 수도 있고, 독성이 약한 생물체의 변형된 형태일 수도 있으며, 인간을 감염시킬 수 없는 관련 생물체일 수도 있다. 이것들은 기억 B세포를 만들지만 질병을 일으키지는 않는다. 병원체에 처음 노출되면 면역계는 일주일에 걸쳐 항체를 증산한다. 이후에 다시 노출되면,

그 반응은 더 빠르고 더 특이적으로 몇 시간 안에 항체 생산을 증가시킬 것이다. 면역된 사람이 천연두와 같은 질병에 노출되면 항체가 빠르게 생성되어 침입자가 패배하기 때문에 질병에 걸릴 확률이 낮아진다.

이런 식으로 백신 접종은 정상적으로는 질병을 일으키는 생물체의 비병원성 버전에 신체를 노출시켜 신체의 정상적인 방어를 이용하는 것이다. 그러나 전염병의 경우 질병과 백신 접종은 단지 한 사람에게만 일어나는 과정이 아니다.

전염병에 노출되었을 때 병에 걸릴 가능성을 100%에서 5%로 감소시키는 가상의 백신을 상상해보라. 일단 누군가를 감염시키면 그 질병 자체는 평균 열 명을 더 감염시킨다. 이 백신을 접종받은 사람이 1,000명이 사는 마을에 살고 있다고 생각해보라. 그 1,000명 중 열 명은 면역력이 저하되었거나 너무 어려서 백신을 접종받을 수 없다. 만약 단 한 개의 백신만 사용할 수 있다면, 우리는 이 사람들이 무방비 상태이기 때문에 병에 걸릴 것이라고 예상할 수 있다. 그 질병은 한 명에서 열 명으로 빠르게, 100명에서 999명으로 급증할 것이다. 곧 마을의 모든 사람들이 아프게 될 것이다.

만약 800인분의 백신이 있다면, 약 240명의 사람들이 아프게 될 것이라고 예상할 수 있다. 이들은 백신 접종을 받지 않은 사람들과 접종받았지만 면역이 생기지 않은 사람들이다. 만약 950인분의 백신을 사용할 수 있다면 어떻게 될까? 앞의 예에서 추론해본다면, 백신을 접종하지 않은 사람과 백신 효과가 없는 사람들을 포함해 약

100명의 사람들이 병에 걸릴 것으로 예상할 수 있다. 그러나 집단의 충분히 많은 부분이 질병으로부터 보호될 때, 집단면역이라 불리는 현상이 발생한다.

집단의 상당수가 질병으로부터 보호되면, 질병 발생률은 집단 내의 취약한 사람들이 질병에 노출되지 않을 정도로 떨어진다. 전염병은 한 사람에서 다른 사람으로 옮겨 다니며 살아남기 때문에 새로운 숙주를 찾지 못하면 지속될 수 없다. 첫 환자(그리고 아마도 그 사람과 마주칠 가능성이 있는 한 사람) 이외에는 아무도 아프지 않게 된다. 집단에서 이 임계 역치에 도달하게 되면 백신을 접종받을 수 없는 사람들이 보호받게 되는데, 이 때문에 보건 관계자들은 종종 백신 접종 비율이 집단면역 역치를 초과하는 것을 목표로 한다. 일단 이 역치를 초과하면, 질병 전파가 종료될 수 있다. 백신 접종을 통해 질병을 퇴치하려는 노력은 집단면역에 의존해 전염병의 전염을 종식시키려는 것이다.

백신 거부 운동을 하는 사람들은 다양한 이유로 백신 접종을 반대한다. 이 운동은 1990년대 후반인 비교적 최근에 비롯된 것으로 생각하기 쉽지만, 그 기원은 백신 접종 자체의 기원으로 훨씬 더 거슬러 올라간다. 백신 거부 운동이 얼마나 일찍 일어났는지, 그리고 그들의 주장들을 이해하게 되면 현대의 백신 거부 운동을 이해하는 데 도움이 될 것이다. 왜냐하면 그 배후의 많은 주장과 동기 들이 바뀌지 않았기 때문이다.

3

백신이 없었던 세상

대략 계산해 100명당 60명이 천연두를 앓는다. 이 60명 중 20명은
인생의 가장 좋은 계절에 죽고, 더 많은 사람들이 얼굴에
천연두가 남긴 흉측한 자국을 갖고 살아간다. 인류의 5분의 1이
이 병으로 인해 죽거나 보기 흉하게 된다.

_볼테르(Voltaire)[1]

20세기 후반이나 21세기 초반에 자라난 우리들에게 18세기에는 오
늘날의 주요 사인인 심혈관 질환이나 암보다 전염성 질병[2]으로 죽을
가능성이 불가피하게 더 높았다는 사실은 그저 놀라울 뿐이다. 18세
기 후반의 세계에서 전염병은 일상생활의 피할 수 없는 현실이었다.
1750년 영국에서 태어난 사람의 기대수명은 약 35년이었다.[3] 이 낮
은 기대수명은 오늘날에는 상상할 수 없는 유아 사망률로 인해 더
악화되었다. 소위 '산욕열'[4]이라는 출산 후 감염은 의사들에 의해
흔히 퍼졌고 많은 생명을 앗아갔으며, 임신중독증과 출혈, 그리고
아두골반불균형은 잘 이해되지도 않았고 여간해서 치료되지도 않았

다. 출산은 산모뿐만 아니라 아기에게도 심각한 위험을 야기하는 일이었다. 큰 전염병을 앓지 않는 삶은 사치스러울 정도로 드물었다.

흑사병은 주기적으로 상당한 유럽 인구를 사망케 했고, 콜레라와 장티푸스는 일상적으로 발생했으며, 천연두도 항상 존재했다. 질병은 만연했을 뿐만 아니라 잘 이해되지도 않았다. 질병이 미생물에 의해 일어날 수 있다는 발견은 한 세기 후에야 이루어졌다. 사람들은 질병을 인식하고 분류하기도 했지만, 그 당시의 약은 기껏해야 완화제였고 최악의 경우에는 득보다 실이 더 많았다. 백신을 접종한 첫 번째 질병이자 초기의 과학적인 방법으로 조사된 첫 번째 질병 중 하나는 천연두였다.

천연두는 사망률이 30%에 이르는 질병으로, 독감과 같은 증상 이후 피부와 점막에 발진과 병변이 뒤따른다. 많은 생존자들이 영구적인 흉터를 갖거나[5] 실명했다. 아마도 당시에는 수두와 천연두를 구분하지 못해 사망률이 훨씬 높았을 것이다. 천연두는 인류 농업 문명의 초기 세계에서부터 인류를 괴롭혀온 것으로 생각되는데, 심지어 고대 이집트의 미라에서도 그 특징적인 병변을 발견할 수 있다.[6] 천연두는 사회적 계급, 지능, 인종, 경건성, 기도 여부 등을 가리지 않았다. 천연두는 유럽인들이 아메리카 원주민을 대량 학살한 생물학 무기가 되기 전까지 모두에게 평등하게 죽음과 신체 손상을 야기했다. 말라리아와 같은 다른 질병들과 달리 천연두는 기후에도 구애받지 않았다. 면역집단이 늙어 죽을 때쯤 다시 한번 전염병이 발생해 사람들을 죽이고 외모를 흉하게 만들었다. 천연두는 고약하고 비참했다. 좋은 시절이 아니었다.

이 병은 영어 단어 'various'와 어근이 같은 'variola'라는 이름을 얻었는데, *varius*는 피부에 남은 흔적을 가리킨다. 나중에 바이러스학 분야가 발전했고, 질병으로 인한 증상이 아니라 그 원인이 되는 병원체의 특성에 따라 질병을 분류할 수 있게 되었다. 천연두의 증상은 오르토폭스바이러스(Orthopoxvirus)라고 알려진 바이러스 종류에 의해 나타났다.[7] 이제 우리는 현대적 방법을 사용해, 예를 들어 수두가 표면적으로 유사한 증상을 나타냄에도 불구하고 다른 종류의 바이러스에 속한다는 것을 알게 되었다. 천연두에 대한 광범위한 백신 접종에도 불구하고 수두를 제거하지 못한 것은 이 때문이다.

1970년대 이후 천연두의 발병 사례는 없었고, 미국과 러시아의 안전한 정부 연구소에 유일한 표본이 있다고 한다. 1980년 5월 8일, 인류는 그 질병이 퇴치되었다고 선언했다. 백일해나 홍역과 같은 질병은 이제 뚜렷하게 드물어졌고, 매년 수백만 달러가 말라리아나 인간면역결핍바이러스(HIV)와 같은 질병과 싸우는 방법을 연구하는 데 쓰이고 있다.

집중적인 노력에도 불구하고 비교적 현대에 와서야 인간이 질병의 치료법을 개발하고 완치시킬 수 있다는 생각을 하게 되었다. 인류 역사의 대부분 동안 질병의 원인과 메커니즘은 잘 이해되지 않았다. 의학은 과학적이지 못했고 다양한 증상에 거머리나 채혈 같은 치료법을 시행했다.

천연두를 치료하려고 할 때 도움이 된 천연두의 한 가지 특징은 일단 천연두에 감염된 다음 회복되면 이후에는 천연두에 감염되지 않는다는 사실이었다. 인두법이라는 과정을 통해 이후의 감염을 막기 위한 방법으로서 환자를 천연두에 노출시키려는 시도가 있었다. 인두법은 보통 가벼운 천연두 증세를 야기시킨 다음 회복되었다. 첫 번째 인두법은 중국이나 인도에서 분쇄한 천연두 딱지나 물집의 액체를 코로 흡입하는 과정을 통해 일어났다고 생각되며,[8] 유사한 관행을 언급한 인도의 문헌은 16세기로 거슬러 올라간다.[9] 이 방법은 1714년까지 유럽 의학에 도입되지 않았지만, 그 이전에 유럽의 의사들에 의해 알려졌고 흔히 민간요법으로 여겨졌다.[10]

흥미롭게도 유럽 의사들이 인두법을 무시하려고 한 것은 후일 의료계 일각의 백신 접종에 대한 저항을 반영한다. 그 관행이 의학 문헌에 언제 도입되었는지와 별개로 그것이 18세기 초 공식화되기 전에 이미 널리 알려지고 실행되었다는 증거가 있다.[11] 그 관행은 복수의 기원을 가지고 있으며 기록된 설명보다 훨씬 오래되었을 가능성이 있다. 그것은 상당히 사망률을 낮췄고 천연두를 막을 수 있었지만 위험을 수반했다. 접종을 받은 사람은 보균자가 되었고 그 후 다른 사람을 감염시켜 천연두 증상을 나타내게 할 수 있었다. 그리고 드물게 인두법은 심각한 천연두 증상으로 이어졌다.

그렇게 널리 채택된 관행이 당시의 과학계와 의학계 엘리트들에게 받아들여지거나 알려지지 않은 것이 이상해 보일 것이다. 그러나 당시의 과학은 아직 유아기에 있었다. 실제로 과학이라는 용어는 수 세기에 걸쳐 그 의미가 바뀌고 변화했으며, 여전히 정착하지 못했다. 1834년 윌리엄 휴얼(William Whewell)은 '과학자'(scientist)라는 용어를 최초로 사용했는데,[12] 예술가 같은 용어와 유사하게 과학을 실천하는 사람들을 묘사했다. 베이컨(Francis Bacon)의 방법은 1620년 그의 책《신기관》(*Novum Organum*, 한길사)에서 처음으로 제안되었다. 이것은 몇 가지 이유로 과학 논법의 발전에서 획기적인 사건이었다. 추론이 아닌 관찰된 사실만을 바탕으로 세계에 대한 지식을 얻는 체계적인 방법이 처음으로 제안된 것이다. 비록 귀납법이 과학 지식을 얻는 유일한 수단이 아니라는 것이 설득력 있게 주장되어왔지만, 가설 뒤에 관찰이 따르는 관찰의 구조는 오늘날 과학이 수행되는 방식에서 여전히 중요하다. 17세기에 뉴턴(Isaac Newton), 라이프니츠(Gottfried W. Leibniz), 그리고 갈릴레이(Galileo Galilei)는 과학에 혁명을 일으켰다. 데카르트(René Descartes)는 기계적 우주를 제안했고, 존 로크(John Locke)의 저술은 지식을 형이상학적 추론이라기보다는 인간의 경험에 의해 만들어진 것으로 보도록 많은 사람들에게 영향을 미쳤다. 안톤 판 레이우엔훅(Antonie van Leeuwenhoek)은 광학 장치를 사용해 우리가 보는 세계와 공존하며 그곳에서 상호작용하는 (우리가 현재 단세포 생물체라고 알고 있는) 소동물이라고 부른 것으로 가득한 다른 미세한 세계가 있다는 것을 발견했다. 그러나 세균에 의한 질병 이론은 수백 년 이상 받아들여지지 않았다. 볼테르는 접종을 실행한 사람들이 어떻게 여겨지는지에 대해 썼다.

유럽의 기독교 국가들에서는 영국인이 바보이고 미치광이라는 사실이 무심코 확인되었다. 그들은 자신의 자녀들이 천연두에 걸리는 것을 막기 위해 자녀들에게 그것을 주기 때문에 바보이고, 단지 불확실한 악을 막기 위해 오직 확실하고 무서운 병을 자녀들에게 전달하기만을 원하기 때문에 미치광이다.[13]

과학은 점점 더 영향력을 미치고 있었지만 우리가 현재 채택하는 과학적 방법은 아직 이용할 수 없었다. 통계 분석은 가설을 검증하는 수단으로 아직 등장하지 않았고, 학술지 출판이나 동료 검토와 같은 과학 규범 역시 존재하지 않았다. 종종 개인의 노력에 의해 산발적으로 진행되었지만 집합적 학문으로서의 과학은 찾아볼 수 없었다. 게다가 돈을 벌기 위해 시간을 바치는 직업으로서의 과학이라는 개념은 부적절하게 여겨졌다. 과학을 연구한 사람들은 스스로 교양 교육을 받고 자연계의 철학을 포함해 폭넓은 관심을 가졌다고 생각했다.

질병이 만연하고, 유아 사망률이 높으며, 과학 사상의 영향력이 증가하는 이 세계가 최초의 백신이 발견된 배경이다.

4
최초의 백신

과학의 공로는 아이디어를 처음 낸 사람이 아니라
세상을 설득시킨 사람에게 돌아간다.

_프랜시스 골턴(Francis Galton)

현대의학 시대의 상당 기간 우리는 바이러스를 무생물이라고 생각
했다. 바이러스는 때때로 지방이나 당으로 변형된 단백질 껍질로 둘
러싸인 RNA나 DNA라는 유전물질의 절편이다. 바이러스는 대부분
의 과학자가 동의하는 생물체의 특징 중 몇 가지만을 나타낼 뿐이
다. 바이러스는 대사하거나 생장하거나 또는 일반적으로 자극에 반
응하지 않는다. 바이러스는 세포를 감염시켜 세포의 합성기구를 가
로채면서 번식하는데, 이것은 보통 RNA와 DNA를 복제하고 단백질
을 생산한다. 바이러스는 독립된 생활사를 갖지 않는 절대기생체지
만 생물과 같이 진화하기 때문에 살아 있는 것으로 간주된다.

DNA와 RNA는 안정적이고 복사 가능한 방식으로 정보를 전달하는 것이 주요 기능인 분자다. 당 골격은 교환 가능한 분자와 결합하는데, 이 서열은 세포 기구에 의해 해석되어 특정한 단백질을 생산할 수 있다. 단백질은 또한 제한된 수의 분자들로 조립되어 만들어진 긴 사슬이다. 바이러스의 유전물질은 감염된 세포가 더 많은 바이러스를 생산하기 위해 어떤 단백질을 만들지 또는 생산하는 각 바이러스 입자로 복제될지를 알려준다. 이러한 복제는 종종 불완전해서 해당 세포에서 생성된 바이러스에 오류를 도입하는데, 이런 오류를 돌연변이라고 한다.

돌연변이가 일어나면 세포를 감염시키고 증식하는 능력에 아무 변화가 없거나 아니면 효율성이 떨어지거나 번식할 수 없게 되는 두 가지 길 중 하나를 따르게 된다. 이러한 돌연변이는 증식에 덜 '적합하고' 살아남지 못한다. 그러나 드물게는 돌연변이로 인해 바이러스의 능력이 커져서 어떤 종류의 세포를 보다 많이 감염시키고 증식하게 된다. 이런 바이러스는 흔히 환경에 보다 잘 적응하여 더 쉽게 증식하고, 잘 적응하지 못하는 바이러스와의 경쟁에서 이기게 된다. 바이러스는 종종 다양한 경로를 따라 다른 숙주 종이나 다른 종류의 세포와 같은 다른 환경에 더 잘 적응할 수 있는 다양한 변이주로 진화한다.

천연두는 우두라고 알려진 또 다른 바이러스와 진화적 조상이 같다. 우두는 젖소의 젖통을 감염시키고 천연두와 유사한 병변을 일으킨다. 그것은 또 인수공통감염병인데, 이는 인간과 인간이 아닌 동물들 사이에서 전염될 수 있음을 의미한다. 우두는 인간이 주요 숙주가 아니기 때문에 우두에 감염된 인간은 천연두보다 훨씬 더 가벼운 증상을 보이며 대체로 치명적이지 않다. 우두의 또 다른 중요한 특징은 천연두와 분자적으로 유사해서 인간의 면역계가 천연두에 반응할 때와 매우 비슷하게 반응한다는 것이다.

바이러스에 대한 이 같은 정보는 18세기 후반까지 알려지지 않았지만, 1768년 외과 의사 존 퓨스터(John Fewster)가 지역의 접종자들을 치료하면서 관찰하기 시작했다. 어떤 사람들은 천연두에 걸린 적이 없는데 반복적으로 천연두에 노출되어도 어떤 증상도 나타내지 않았다. 의견을 나누던 중 한 농부는 그에게 "만약 그럴 가능성이 있었다면, 최근에 아주 심하게 우두를 앓았을 거요"라고 말했다. 조사 결과 퓨스터는 천연두에 걸리지 않은 사람들이 모두 한때 우두를 앓았다는 사실을 발견했다. 그러나 그는 천연두 접종에 대해 잘 이해한다고 믿었기 때문에, 인두법의 대용물로 우두를 사용할 수 있다는 점을 알지 못했다.[1]

> 아이들아 기억하라. 빈둥거리는 것과 과학의 유일한 차이점은 그것을 기록하는 것이다.
>
> _알렉스 제이슨(Alex Jason), 흔히 애덤 새비지(Adam Savage)의 말로 인용됨.

퓨스터가 백신 접종을 발견한 공로를 인정받지 못하는 또 다른 이유는 그가 초기 관찰을 하고 그것을 보고했지만 그것을 체계적인 방식으로 검정하지 않았기 때문이다. 사실 몇몇 사람들이 천연두 접종에 우두를 사용하려고 시도했다는 기록이 있다. 독일의 교사였던 페터 플레트(Peter Plett)는 아마도 이 발견의 중요성을 인식하고 자신의 연구 결과를 킬 대학교 의과대학에 보고한 최초의 사람이었을 것이다. 그러나 그 대학은 인두법을 선호했기 때문에 플레트의 보고는 무시되었고,[2] 플레트는 인정받지 못했다.

실제로 백신 접종을 발견한 공로를 가장 많이 인정받는 제너(Edward Jenner) 이전에도 여섯 명이나 되는 사람들이 이런 관찰을 했다. 우리는 과학적 발견을 개인의 것으로 생각하지만 공로를 적절하게 돌리는 것은 어지럽고 어려운 경우가 많다. 제너는 이 발견을 대중화한 첫 번째 사람이었고, 따라서 이 발견에 대한 공로를 인정받았다. DNA 구조 발견에 기여한 공로를 사후까지 인정받지 못했던 로잘린드 프랭클린(Rosalind Franklin)과 대학원생으로 펄서(pulsars, 빠르게 자전하는 중성자 별—옮긴이)의 발견으로 이어지는 관찰을 했지만 논문 지도교수와 논문의 다른 저자들이 받은 노벨상을 함께 받지 못한 조셀린 벨 버넬(Joselyn Bell Burnell)의 사례와 같이, 그 공로를 누구에게 적절히 돌릴 것인가라는 문제로 논란이 된 발견들이 많다.

17세기에 등장한 많은 인물들과 발견으로 제너가 백신을 연구할 토대가 마련되었다. 메리 워틀리 몬태규(Lady Mary Wortley Montagu)는 영국에 인두법을 도입한 공로를 인정받았다. 비록 그가 인두법을 발견했다고 말할 수는 없지만, 그는 지금의 터키로 여행하며 오스만 궁정에서 사용되던 인두법에 대해 친구에게 편지를 썼다. 영국으로 돌아온 레이디 몬태규는 왕실의 의사에게 인두법을 소개했고, 의사는 1721년 완전한 사면 약속을 하고 여섯 명의 죄수들을 대상으로 실험을 했다. 왕립협회 회원들이 이 실험을 관찰했다. 나중에 그는 런던에서 여섯 명의 고아들을 대상으로, 그리고 마침내 웨일즈 공주의 자녀들을 대상으로 실험을 했다.

(제너에 의해서도 수행되었던) 인체 실험은 그 당시에는 현재와 같은 윤리적 규범에 의해 제한받지 않았다. 치명적일 수 있는 실험적 치료의 대상이 되는 대가로 사면을 제공하거나 어린이를 대상으로 실험하는 것은 오늘날 끔찍하게 비윤리적인 것으로 여겨지며, 아마도 결코 윤리 심의를 통과하지 못할 것이다.

최초로 기록된 의도적인 우두 백신 접종은 제너가 연구하기 20년 전의 일이다. 농부였던 벤자민 제스티(Benjamin Jesty)는 우두를 이용해 자신의 가족에게 백신을 접종했다. 1774년, 천연두가 그의 농장 근처에서 발생했을 때, 그는 감염된 소의 고름을 감침바늘에 묻혀 자신의 아내와 자녀들에게 상처를 입혔다. 그들의 상처에는 염증이 나타났지만 모두 살아남았다. 그 후 1789년, 그의 자녀들은 천연두에 걸렸지만 별다른 반응을 보이지 않았다.[3] 1803년 이 시도에 대해 기록한 한 의사에 따르면, "그 시도는 너무 대담하고 참신해서 가족들은 적잖이 놀랐고 이웃들은 크게 동요했다."[4] 이웃의 외과 의사가 제스티 가족에게 추가 실험을 제안했을 때 제스티 아내의 팔의 염증은 악화되었고, 외과의사는 면허를 잃을 뻔했다. "인간의 몸에 짐승의 병을 도입하는 것"에 대한 반대도 있었다. 제스티는 "이웃의 엄청난 비난"에 저항한 공로를 인정받았다.

놀랍게도 이 최초의 백신 접종을 기록한 사례는 또한 백신 접종에 대한 반대를 기록한 최초의 사례이기도 하다. 그러나 이 경우 반대 의견을 뒷받침하는 근거는 정당했다. 제스티는 의학적 훈련은 물론 제대로 된 장비도 없이 감침바늘을 사용해 병에 걸린 젖소의 젖통에서 얻은 고름으로 그의 가족을 감염시켰는데, 이러한 실험은 위험한 감염을 초래할 수 있었다. 또한 이것은 이물질로 사람의 몸을 오염시킨다는 단순한 개념에 대한 반발과 본능적 공포라는, 역사적으로 지속되는 문제를 제기한 첫 번째 사례였다. 안전에 대한 우려와 이물질의 체내 유입에 대한 두려움은 제스티의 '대담한' 실험 이후 250년이 지나서도 여전히 백신 접종을 거부하는 수사법의 특징이다.

결국 에드워드 제너는 백신을 발견한 공로를 인정받았다. 왜냐하면 그는 우두에 노출되면 나중에 천연두 감염을 막을 수 있다는 생각을 최초로 체계적으로 테스트했기 때문이다. 어린 시절 제너는 천연두 예방접종을 받았다. 그는 의사가 되었고, 백신에 대해 연구하기 전, 다른 새들의 둥지에 뻐꾸기가 알을 낳았을 때 그 둥지에서 숙주 새들의 알을 밀어내는 것은 어버이 뻐꾸기가 아니라 새로 태어난 뻐꾸기들이라는 것을 밝힌 뻐꾸기에 대한 연구로 영국에서 가장 중요한 과학 단체인 왕립협회 회원으로 선출되었다. 왕립협회의 회원이 된다는 것은 그 시대의 가장 위대한 과학적 영예 중 하나였다.

제너는 동물의 가축화가 인간을 동물 질병에 노출시켰고 특정 감염이 동물에서 인간으로 전파되는 것을 이해하며 시작했다.[5] 그러고 나서 그는 이전의 다른 사람들이 했던 것과 근본적으로 같은 관찰 결과를 얻었다. 즉 우두에 걸렸던 젖 짜는 여성들은 약화시킨 천연두를 접종해도 아무 반응도 일으키지 않았다. 이러한 관찰로부터 우두를 접종하면 천연두를 접종한 것과 유사하게 나중에 천연두 감염을 막아준다는 가설을 수립했다. 제너는 이 생각을 뒷받침하는 증례를 꼼꼼히 수집했다. 그는 접종 환자들에게 우두에 걸린 적이 있는지 묻고 천연두 접종 결과를 기록했으며, 천연두에 노출된 환자들은 우두에 영향을 받지 않는다는 것과 그 역의 경우도 관찰했다.

제너가 백신 접종에서 두드러지는 점은 개별적 일화를 체계적으로 수집하려 했다는 것이다. 이것은 벤자민 제스티가 그의 가족을 대상으로 한, 보고되지 않은 단일한 실험보다 더 과학적이다. 과학 시대의 여명기에 나타난 백신 접종은 과학과 더불어 성장했다. 제너는 또한 오늘날 허용되지 않는 인체 실험 방법에 의존했다. 그는 '왜 생각하는가. 왜 실험하지 않는가?' 라는 과학적인 방법을 익혔으며,[6] 때문에 그는 우두가 이후 천연두의 감염을 막아준다는 민간의 지혜가 사실임을 확신한 후, 실험을 했다. 1796년 5월, 젖 짜는 여성이었던 사라 넬메스(Sarah Nelmes)의 손에 난 상처가 우두에 감염되었고, 제너는 약 여덟 살의 건강한 소년에게 이를 실험했다.

1796년 5월 14일 주인의 젖소들에게 감염된, 젖 짜는 여성의 손의 상처에서 채취한 물질은 진피를 가까스로 통과하도록[7] 각각 0.5인치

길이의 두 번의 피부 절개를 통해 소년의 팔에 삽입되었다.[8]

우두 감염이 진행된 이후 1796년 7월 1일, 제너는 그 소년에게 새로운 물집의 천연두를 접종했다. 접종 이후 일반적으로 관찰되는 천연두의 약한 증상은 관찰되지 않았다. 몇 달 후 제너는 그 소년을 다시 감염시키려고 시도했고 비슷한 결과를 얻었다. 만약 개인의 호기심을 충족시키기 위해 건강한 어린이에게 치명적인 질병을 실험적으로 감염시키는 것이 비윤리적으로 보인다면, 그것은 그렇다. 변명의 여지가 없는 행동이란 제너가 그의 실험과는 무관하게 그 어린이에게 천연두를 접종했을 가능성이 높을 경우다. 물론 접종 사망률은 낮았지만 제너는 접종에 대해 아주 잘 알고 있었고 자신이 안전하게 접종할 수 있다고 믿었다. 그는 약 3%에 이르는 인두법으로 인한 사망률을 피하기 위해 우두로 인한 작은 고통쯤은 감내할 가치가 있다고 생각했다.

이때 제너는 바이러스를 냉동하거나 저장할 수 없었기 때문에 다시 한번 우두 감염을 이용할 수 있을 때까지 2년을 기다려야 했다. 1798년 3월, 그는 두 명의 다섯 살짜리 어린이들에게 접종했다. 한 어린이는 열이 나고 병에 걸렸는데, 제너는 그 어린이가 작업실에 있었기 때문이라고 했다. 또 다른 어린이는 열이 나는 다른 어린이에게 접종할 수 있는 물질을 제공했는데, 이 어린이는 천연두에 걸린 것 같이 열은 났지만 물집은 생기지 않았다. 대담해진 제너는 4월에 더 많은 어린이들에게 우두를 접종했다. 우두 접종 이후에는 대부분 천연두 접종을 시도했다. 제너가 이 과정에 붙인 'vaccina-tion'이라는 이름은 소를 뜻하는 라틴어 '*vacca*'에서 유래했다.

백신 접종에 대한 반대는 빠르게 나타났다. 왕립학회는 제너의 원래 논문을 너무 환상적이고 이전에 알려진 것과 배치된다는 이유로 거부했다.[9] 그러나 제너는 자신의 연구 결과를 소책자로 출판했다.[10] 제너의 연구는 인간과 동물 사이의 경계선을 흐리게 할 뿐만 아니라 사회 계층 사이의 경계도 모호하게 하는 것으로 보였다. 목부와 젖을 짜는 여성으로부터 얻은 정보가 교육받은 엘리트의 영역으로 여겨졌던 의학을 발전시킬 수 있다는 사실은 충격적이었다.[11] 경제적 이해관계가 있는 사람들은 특히 신기술에 대해 의구심을 가졌다.

> 인체에 동물의 체액을 주입하면 오랜 세월이 흐른 후 어떤 결과가 초래될지 말할 수 있는 사람이 있을까? 게다가 시간이 흐르면서 사람의 뇌에 어울리지 않는 연상을 유발하는 어떤 생각이 동물적 열기로부터 일어날지 누가 알겠는가? 또한 인간의 특성이 네발짐승의 감각으로부터 이상한 돌연변이를 겪을지도 모른다는 것과 현대의 파시파에[12]가 옛 우화에 필적할 수도 있다는 것을 누가 알까?
> _벤자민 모슬리(Benjamin Moseley)[13]

백신 접종이 설득력을 얻자 이에 대한 반대도 설득력을 얻었다. 백신 접종을 반대하며 그것을 나폴레옹 군대에 반대하는 것과 비교하는 팸플릿이 배포되었다. 백신 접종은 전통 질서에 대한 외래의 공격으로 규정되었다. 그러나 의학계는 이 초기의 반대가 과장되었다고 생각했고 무시했다. 제너는 영향력을 넓히기 위해 빈틈없이 캠페인을 시작했다. 그는 왕과 왕자, 그리고 마침내 영국의 여왕을 만났고, 그들의 승인을 귀족들의 도입을 가속화하는 데 그리고 그들로부터 소작인에게 전파하는 데 사용했다. 제너는 백신 접종이 신속하게 채택되도록 기득권 세력과 동맹을 맺기로 정치적 결정을 내렸다.

백신 접종은 의학계에 즉각 채택되지는 않았지만 1840년에 이르러 '1840년 영국 백신접종법'을 통해 영국에서 불법화된 인두법을 대체했다. 부분적으로 이것은 1837년 모피 상인들이 미국 서부로 퍼뜨린 천연두의 발생 소식에 의해 촉발되었다. 1만 7천 명 이상의 사람이 죽었고(아마도 이 수의 두 배는 될 것이다), 그들 중 다수는 아메리카 원주민이었다. 어느 시점에서는 시체를 더 이상 셀 수 없어 완전한 계수가 이루어지지 않았다. 1840년과 1853년, 1867년, 1871년, 1873년, 1889년, 1898년, 그리고 1907년에 통과된 일련의 법률은 백신에 관한 영국 정책의 초석이 되었다. 1840년의 법은 인두법을 불법화하는 것에 더해 무료 예방접종을 선택할 수 있도록 했다.[14] 이것이 공공 백신 접종 서비스가 되었으며 이후 수십 년 동안 지속되었다는 사실이 중요하다. 1853년의 법은 백신 접종에 대한 최초의 공식적이고 조직적인 반대를 촉발시켰다.

5

최초의 백신 거부 운동

백신 접종에 대한 초기의 반대는 사회 계급, 개인의 자유, 개인적·집단적 권리, 그리고 건강과 의약에 대한 생각의 변화와 밀접하게 연관되어 있었다. 많은 사람들이 처음 수십 년 동안 백신 접종에 대한 아이디어를 싫어했지만, 영국 정부가 백신 접종을 명령하기 전까지는 백신 접종에 대한 조직적 거부가 흔하지 않았다.

1853년 백신접종법은 생후 4개월 이상의 모든 유아에게 백신 접종을 의무화했기 때문에 시민적 자유와 빈곤층에게 백신 접종 비용을 부과하는 데,[1] 소의 물질을 사람에게 투여하는 데, 신체의 온전성을 유지하는 데, 그리고 '자연질서'를 파괴하는 데 따른 수많은 시민적·종교적 우려가 제기되었다. 인간의 건강과 복지를 증진시키는 백신의 힘과 백신 접종을 부과하는 국가의 권리를 믿었던 사람들은 정보 및 문화의 전쟁을 치러야 했다.

많은 사람들의 건강 철학은 과학적 실험이나 분석만을 토대로 형성되지 않았다. 과학에 기반한 의학이라는 새로운 분야는 동종요법, 체액의학,[2] 그리고 '민간의학'과 같은 '대안적' 접근법과 경쟁하고 있었다. 질병을 이해하기 위한 실험적이고 과학적인 접근법에 엄격함이 없었음에도 불구하고 그러한 대안적 접근법들은 매력적이었다. 사실 그 시대에 백신을 투여한 사람들조차도 지금 우리의 시각에서는 비위생적이고, 고통스럽고, 때로는 외모를 손상시키는 방식으로 그렇게 했다. 란셋(lancet)이라 불리는 도구를 써서 백신을 접종받은 사람의 물집에서 고름을 취해 다음 사람에게 백신을 접종하는 데 사용했을 것이다. 식민지의 지배 세력은 백신을 원하지 않는 사람들에게 백신 접종을 강요했을 것이다. 백신 재료는 최근 백신을 접종한 유아의 염증으로부터 수집되었을 것이다. 그리고 이러한 관행은 다른 전염성 질병을 전파했을 것이다.

당시 경제적으로 빈곤한 계층은 깨끗한 물을 얻거나 상처를 치료하기가 힘들었고, 백신 접종을 통해 2차 감염이 발생할 수 있었다. 신체의 온전성을 통해 건강이 유지된다고 믿었던 사람들은 의무적인 백신 접종을 국가가 개인적인 일에 지나치게 간섭하는 것으로 생각했다. 당시 식민지에 살던 사람들은 대개 백신을 단지 인구를 통제하고 지배하기 위한 또 다른 수단으로 여겼다. 사람의 몸은 개인의 자유가 국가의 커져가는 권위에 대항하는 최후의 전쟁터였다.

그 시대의 일련의 행동들은 특히 가난한 사람들과 여성의 몸에 대한 국가의 권리를 주장하는 것처럼 보였다. 해부 및 해부학 연구에 사용할 수 있는 시체의 부족을 해결하기 위한 1832년 해부법은 사형된 살인자의 시체에서 무연고자의 시체까지 사용 가능한 시체의 범위를 넓혔다. 많은 사람들이 볼 때 이 법은 부자들이 가난한 사람들을 해부할 수 있도록 허용한 것이었다. 전염병법은 성매매 의혹자의 동의 여부와 관계없이 그들에게 성병을 검사하기 위한 건강검진을 받도록 했다.

그 시대에 널리 퍼진 백신 거부 정서는 대부분 1854년에 나타났는데, 이때 대지주였던 존 깁스(John Gibbs)는 〈최근에 제안된 입법에 의해 침해받은 우리의 의학적 자유 또는 주체의 개인적 권리: 백신의무접종법, 의료 등록 및 개혁 법안, 그리고 메인법에 대한 의심스러운 관찰〉(*Our medical liberties, or The personal rights of the subject, as infringed by recent and proposed legislation: compromising observations on the compulsory vaccination act, the medical registration and reform bills, and the Maine laws*)이라는 소책자를 출판했다. 그는 의무적인 백신 접종도 간략한 명칭의 법들도 찬성하지 않았다.

깁스는 1853년 백신접종법이 개인의 권리를 침해한 것이며, 의료 거래를 유리하게 하기 위해 제정되었고, 사람들을 자신의 건강에 대한 결정도 내릴 수 없는 어리석은 존재로 취급했으며, 의사들이 보편적으로 받아들이지 않는 관행을 의무화했고, 어떤 개별적인 사례들에서는 실패했다고 비판하는 등 여러 방면에서 공격했다.[3] 그의 소책자에 나타난 주장과 현대의 백신 거부자들이 하는 주장은 놀라울 정도로 유사하다. 깁스는 현대 과학 지식의 관점에서 볼 때 근거가 미약한 주장을 계속했다. 그는 인간 생물학(그리고 질병)의 기본 성질이 간헐적으로 변했고 따라서 질병에 대한 과학적 연구는 쓸모없다고 주장했다. 그는 천연두에 대한 보호 효과와 상관없이 백신 접종이 "일반적으로 체질에 영향을 미칠 수 있다.…백신 접종이 인체의 아주 중요한 저항력을 낮추고 다른 형태의 질병에 걸리기 쉽게 만들거나 아니면 그 질병을 도입하지 않을까?"라고 주장했다. 백신 접종이 의료 거래에 도움이 되었다는 그의 비판은 목욕하거나, 마시거나, 물을 주입하거나, 신체의 여러 부분에 바르는 등 일종의 돌팔이 의학인 수치료법(hydropathy)[4]을 하는 그의 직업과 관련이 있을 수 있다. 그 시대의 위생 관행을 고려할 때, 목욕을 권한 것은 아마도 그가 가졌던 최악의 생각은 아니었지만 천연두 감염을 예방하는 효과적인 방법은 아니었다. 오늘날에도 비슷한 긴장감이 존재한다. 과학 기반 의학은 독점적으로 질병을 치료하는데 반해 그 주변적인 '대체' 의료 종사자들은 증거에 기반하지 않은 방법으로 의료에 접근한다.

백신 접종이 발달하던 동시대에 통계학(statistics)이라는 새로운 과학도 발달했다.[5] 현대의 통계학은 여러 가지 잘 이해된 방법과 결과를 공식화하는 방법을 가진 나름의 수리과학이다. 통계학은 국가들이 분석을 위해 국가에 살고 있는 인구에 대한 정보를 수집하는 방법으로서 시작되었다. 통계학이 해결하는 근본적인 문제는 검정하고자 하는 모든 모수(母數, 추측통계학에서 모집단의 특성을 나타내는 값-옮긴이)로 모집단의 전 구성원을 조사하는 것이 어렵거나 불가능하다는 점이다. 예를 들어, 미국에서 얼마나 많은 사람들이 모자를 쓰고 다니는지 알고 싶다면, 미국의 모든 사람들을 대상으로 설문조사를 하거나 일부 사람들을 조사해 추정치를 얻을 수 있다. 통계학은 얼마나 많은 사람을 조사할 것인지, 결과가 미국 전체 인구를 대표할 가능성이 얼마나 되는지, 그리고 그 데이터를 바탕으로 한 결과를 얼마나 신뢰해야 하는지 결정할 수 있게 해준다.

확률론의 개발로 통계적 방법에 의한 가설 검정이 가능해졌다. 예를 들어, 만약 당신이 설문조사를 위해 무작위로 열 명의 미국인을 뽑았을 때, 운 나쁘게 우연히 열 명의 모자를 쓰거나 쓰지 않는 사람들을 뽑을 수도 있다. 통계학을 사용하면 대표 표본을 가질 확률을 추정할 수 있다. 또한 실제 차이가 아니라 무작위 확률로 인해 두 개의 측정 집단이 차이가 날 가능성을 추정할 수 있다. 만약 우리가 뉴욕에서 열 명, 샌안토니오에서 열 명의 사람을 표본으로 추출했는데 뉴욕에서 열 명의 사람이 모자를 쓰고 샌안토니오에서는 다섯 명만 모자를 썼다면, 통계학은 우리가 합리적인 결론을 도출할 수 있을 정도로 각 도시에서 충분한 사람들을 표본으로 추출했는지에 대해 알려줄 것이다.

그러나 통계학은 잘못 이용될 수도 있고 잘못된 신념을 심어줄 수도 있다. 종종 복잡해 보이는 통계학의 방정식과 기호는 통계학

훈련을 받은 사람들 사이에서는 빠르고 간결하게 의사소통하는 데 사용될 수 있지만 그렇지 않은 사람들을 혼란스럽게 하고, 어리둥절하게 하고, 믿지 못하게 하는 데 이용될 수도 있다. 깁스의 소책자는 후자의 방식으로 접근한다. 과학자들이 흔히 체리피킹(cherry picking)이라고 하는 일종의 편향인, 자신의 견해를 뒷받침하는 것으로 보이는 데이터만을 선택함으로써 그는 겁주는 경향을 암시할 수 있었다. 상관관계와 인과관계 사이의 혼동이라는 방식을 통해 특정 도시에서 홍역으로 인한 사망률이 증가한 것을 백신 접종 탓으로 돌릴 수 있다. 이와 같이 통계 정보를 잘못 전달하는 동일한 수단들을 현대의 백신 거부 운동가들이 오늘날에도 여전히 사용하고 있다.

1853년의 백신접종법에 대한 반응을 이해하기 위해 우리는 그것을 정치적 맥락에서 고려할 필요가 있다. 자연권에 대한 존 로크의 글은 그 당시에도 여전히 영향력이 있었다. 로크는 법적인 권리와는 별개의 것으로서 인간의 법률에 의해 바뀔 수 없는 모든 인간에게 속한 권리가 '자연권'이라고 제안했다. 로크는 그것이 생명, 자유, 그리고 재산이라고 밝혔다.

또 당시 유행한 대안적 견해로서 장 자크 루소(Jean-Jacques Rousseau)가 제안한 사회계약론을 들 수 있다. 루소는 피통치자의 권리는 신의 명령이 아니라 정부와 피통치자 사이의 합의에서 나와야 한다고 말했다. 모든 사람이 정부에 대해 동일한 권리를 포기하고 동일한 의무를 져야 한다. 토머스 홉스(Thomas Hobbes)는 만약 인간이 어떤 행동을 취할 수 있는 자연권을 가지고 태어난다면 그러한 권리는 자원과 안전을 서로 차지하기 위한 '만인과의 전쟁'으로 이어진다고 주장하며 이러한 사고방식을 지지했다. 그러므로 인간은 다른 인간들과 함께 살기 위해 대부분의 권리를 포기해야 한다.

이러한 초기의 백신 거부는 개인의 권리와 집단의 권리가 경쟁한다는 생각이 배경이 되어 일어났다. 오늘날 우리는 여전히 개인의 권리와 집단의 권리의 경계에 대해 토론하고 있으며, 이러한 논쟁은 우리의 현대 정치 철학과 동기를 알려준다.

사람들에게 백신 접종을 부과할 권리가 정부에게 있는지에 대한 문제는 제쳐두고 깁스는 백신 접종이 효과가 있는지에 대한 문제를 제기했다. 이것은 과학과 수학이라는 새로운 분야를 통해 답하기가 더 쉬웠다. 콜레라를 예방하는 데 과학을 이용하는 것이 당시에 성공을 거두었다. 1848년 공중보건법은 콜레라 전염병을 퇴치하고, 위생과 물의 공급을 개선하고, 지역보건위원회를 감독하기 위해 정부보건위원회를 설립했다. 지역보건위원회들은 공중 하수구를 인수하고, 개인 하수구를 구입하고, 거리를 청소하고, 공중 화장실을 제공하고, 물을 공급했을 것이다. 이 모든 과정은 외과의사 존 사이먼 (John Simon)이 주도했는데, 그는 런던 보건의료 담당관, 정부보건위원회의 최고의료책임자, 그리고 후에 추밀원의 최고의료책임자로 임명되었다. 백신 접종을 강력하게 옹호했던 사이먼은 백신 접종이 효과가 없다는 백신 거부 운동가들의 주장을 반박했다. 그는 다음과 같이 썼다.

19세기 중반, 백신 접종의 성공으로 사람들은 그 중요성에 둔감해졌는지도 모른다. 없는 위험에 과감하게 대처하기란, 즉 독의 고통스러운 경험을 겪지 않고 해독제를 경멸하기란 매우 쉽다.[6]

사이먼은 의회와 여왕 문서에 백신 접종을 찬성하는 주장을 전개했다. 그는 백신 때문에 사람들이 소처럼 되고, 뿔이 나고, 짐승처럼 행동하게 된다는 주장에 대응하여 "이렇게 멍청하고 부정직한 것을 읽는 것은 지겨운 일이다"라고 말하면서 백신 거부의 역사를 자세히 설명했다. 그는 또한 의료계의 의견이 일치하지 않아 거부의 목소리를 증폭시킨 경향이 있었지만, 19세기 초 이후로는 대체로 의학계의 의견이 일치되었다는 점을 지적했다. 놀랍게도 그는 백신 접종이 천연두로 인한 사망을 1/10-1/20 감소시켰을 뿐만 아니라 예외적으로 백신 접종 후 질병에 걸렸더라도 그 심각성이 완화될 가능성이 있다는 주장을 통계를 근거로 펼쳤다([그림 5-1]을 참조하라).

그는 백신 접종을 하지 않은 사람의 사망률이 35%인데 반해 백신 접종을 받은 사람의 사망률은 0.5%라는, 런던 천연두 병원의 어느 의사의 연구를 인용했다. 더 나아가 그는 다시 취약해진 사람들에게 백신을 재접종하면 그들 대부분을 천연두로부터 지켜낼 수 있음을 보여주었다. 사이먼은 백신 접종 자체가 해를 끼친다는 생각을 반박하면서 백신 접종 발견 이후 몇 년 동안 전반적으로 사망률이 감소했다는 사실을 제시했다.

[그림 5-1] 런던의 천연두로 인한 사망률(1629-1902년)

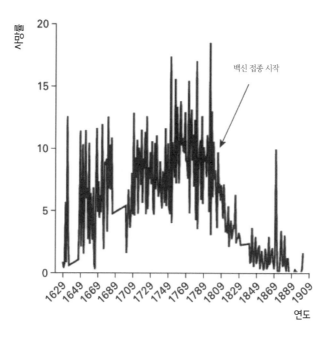

* 백신 접종의 발견과 대중화 이후 런던의 사망자 수는 급격하게 감소했다. 다른 나라의 역사 기록 역시 멀리까지 거슬러 올라가지는 않지만 모두 백신 접종 도입과 동시에 사망자 수가 비슷한 감소세를 보인다. 백신 의무 접종 프로그램을 시행한 국가들은 그렇지 않은 나라들보다 더 큰 감소세를 보였다[W. A. 가이(Guy), "런던의 천연두 250년", *Journal of Statistical Society of London* 45 (1882): 399에서 인용함].

그러나 사이먼은 백신 옹호자들 사이에서 빈번하게 발생하는 실수를 저질렀다. 그는 백신 거부자들이 제공한 과학적 도전에 초점을 맞추었을 뿐 그들이 우려하는 진정한 근본적인 이유를 설명하려는 노력은 하지 않았다.

깁스와 다른 백신 거부 운동가들은 열린 마음으로 그 질문에 접근했기 때문에 과학적 이의를 제기하지 않았고 오히려 과학적 조사를 통해 백신 접종이 비효율적이라고 결론 내렸다. 그들은 백신 접종에 반대하는 개인적인 이유들의 복잡한 네트워크에서 시작해 그들의 주장을 위해 이용할 수 있는 공신력 있는 근거로서 과학에 접근했다. 이 관점에서는 어떤 실험도 충분히 설계될 수 없고, 적절한 대조군도 없으며, 어떤 증거도 설득력이 없다. 예방접종의 효과는 핵심을 벗어났는데, 이는 가장 설득력 있는 사람이 휘두르는 수사적 도구일 뿐이었다. 백신 거부론자들이 과학 분석 이외의 이유로 자신들의 결론에 도달하고 과학 증거에 직면해서도 그들의 견해를 바꾸지 않는 것은 늘 있어온 일이다.

사이먼은 발병 초기부터 질병에 맞선다는 '베니엔티 오쿠리테 모르보'(*venienti occurrite morbo*)를 위해 설립한 런던역학회(The Epidemiological Society of London)의 회원이자 창립자였다.[7] 이 학회는 과학이라는 개발 도구를 사용해 전염병을 연구하고 그 기원과 원인을 더 잘 이해한다는 대담한 의무를 내세웠다. 이 학회는 대부분의 질병을 인간의 통제 밖에 있는 불가사의한 힘으로 보는 것에서 분석하고 이해할 수 있는 자연적이고 기계적인 현상으로 보는 것으로 질병에 대한 생각의 변화를 예고했다. 이 협회의 창립자 중 한 명인 존 스노우(John Snow)는 3만 1천 명의 런던 시민을 사망에 이르게 한 브로드스트리트 콜레라 발생을 연구하기 위해 1854년에 통계를 사용한 것으로 유명하다. 그는 염소(chlorine)로 물을 소독하고 감염의 원인이 되는 물펌프의 손잡이를 제거함으로써 전염병을 종식시켰다. 이 연구는 콜레라가 수인성 전염병이며 미아즈마(miasma, 나쁜 공기)[8]로 인한 것이 아니라는 것을 확실히 보여주었고, 2006년 스티븐 존슨(Steve Johnson)의 《감염도시》(The Ghost Map, 김영사)라는 책에 수록되었다. 같은 해, 한 이탈리아 의사가 콜레라를 일으키는 물에서 사는 작은 생물체를 관찰했는데, 그는 이 생물체가 장에 작용하여 질병을 전염시킨다고 믿었다. 그의 이론은 설사로 인한 손실을 보충하기 위해 전해질과 물을 주입하자는 그의 제안과 마찬가지로 나중에 옳다는 것이 증명되었다.

런던역학회는 의학의 전문화와 응용과학으로서의 의학의 발달이라는 두 가지 경향을 상징했다. 과학적인 연구를 하는 대부분의 사람들과 대중의 인식에서 자연과학자, 정식 과학자, 사회과학자, 응용과학자 사이의 구별은 아직 이루어지지 않았다. 대체로 말하자면, 자연과학은 자연계를 연구하고 그것의 근본 규칙과 메커니즘을 이해하려는 과학인 반면, 응용과학은 세계의 문제를 해결하기 위해 과학적 방법을 통해 얻은 지식을 적용하는 과학이다. 그러나 의학이 실험적으로 검증될 수 있는 것에만 기초해야 한다는 생각은 참신했다. 질병을 치유하고 치료한다고 주장하는 사람들은 면허 없이 진료했으며 어떤 방법과 양식도 사용할 수 있었다.

의사가 전문직 계급의 일원이라는 생각은 이례적이었으며, 그것은 수단을 가진 사람들이 서민들로부터 더 많은 것을 빼앗는 방법인 것 같았다. 많은 면에서 이러한 반대는 충분한 근거가 있었다. 19세기 초, 우리가 현재 알고 있는 의학 전문직의 일원으로 등장한 의사들은 돌팔이보다 별로 나을 것이 없었고, 우리가 지금 말도 안 되는 난센스라고 생각하는 다양한 서비스와 치료법을 제공했다.

전문화는 자신을 의사라고 부르며 치료를 수행할 수 있는 사람뿐만 아니라 이러한 치료의 품질과 사용 방법을 결정하는 수단도 제공했다. 런던역학회는 1853년의 백신접종법이 만들어지는 데 많은 영향을 끼쳤다. 흔히 의례적이고 편안한 환경에서 인두법을 수행하는 알려진 지역사회 구성원들보다는 국가적 권위를 주장하는 낯선 사람들이 진료를 수행했다. 19세기 초 유사과학 및 돌팔이 치료사들이 들끓었던 의료계의 상태를 감안할 때, 이 전문화의 주된 동기는 투자 회수의 욕구였다.[2] 교육을 받지 않은 사람이 그렇게 쉽게 진료할 수 있다면 왜 의과대학에 등록금을 내야 하는가? 1858년 의료법은 의료인의 교육과 등록을 위해 위원회를 설립했으며, 이것은 의학에 전문직의 주요한 특징 중 하나인 자기규제를 부여했다.[10] 오늘날까지 어떤 사람들은 의료인들이 의무적으로 교육을 받아야 한다는 것이 독점을 정당화하려는 불공정한 부과라고 본다. 그러나 그 대안은 의학으로 간주되는 데 필요한 과학적 엄격성과 재현성의 기준을 충족하지 못한 치료법이다.

전문화의 부차적 효과는 직업윤리의 발달이었다. 직업윤리는 의료인이 합의된 윤리강령에 따라 동료의 행동에 영향력과 통제를 행사할 수 있는 수단이다. 1803년 처음으로《의학윤리》(Medical Ethics)를 출판한 토마스 퍼시벌(Thomas Percival)의 연구는 오늘날까지 의료 윤리에 영향을 미치고 있다. 그는 다음과 같이 썼다.

> 위급한 상황에서 환자들의 질병과 증상에 못지않게 환자들의 감정과
> 정서를 알고 유의해야 한다.[11]

빅토리아 시대의 사회 계급과 정치 계급은 극명했다. 토머스 맬서스(Thomas Malthus)는 1798년《인구론》(*An Essay on the Principle of Population*, 동서문화사)을 출판했는데, 이는 논란이 될 만한 생각을 제안했다. 그는 본질적으로 시간이 지남에 따라 인구가 증가하는 경향이 있다고 주장했다. 인구가 증가하기 때문에 시간이 지남에 따라 더 많은 자원을 소비해야 한다. 그러나 특정 자원이 제한적이라는 점을 고려할 때, 맬서스는 인구 증가가 계속되는 한 자원이 부족해지면 더 많은 자녀를 낳게 하는 인센티브가 감소되고 인구가 다시 한번 안정될 때까지 더 큰 빈곤을 초래할 것이라고 주장했다. 그의 관점에서 인구는 새로운 자원이 확보되었을 때의 성장과 그렇지 않을 때의 안정된 균형 사이에서 변동할 것이다.[12] 맬서스가 제안한 해결책들 중 하나는 가난한 사람을 돕는 사회 프로그램을 제거하는 것이었다. 만약 빈곤이 너무 비참해서 번식할 수 없다면, 자녀를 갖는 가난한 사람의 수가 줄어들 것이라고 그는 추론했다.

맬서스의 생각은 1817년에 출판된 데이비드 리카도(David Ricardo)의《정치경제와 과세의 원리》(*On the Principles of Political Economy and Taxation*)에도 깊은 영향을 끼쳤는데, 리카도는 빈곤

을 구제하기 위해 거둬들이는 세금이 임금을 지불하기 위해 사용할 수 있는 자금을 줄이고 게으름을 조장한다고 주장했다. 또 다른 영향력 있는 사상가는 제러미 벤담(Jeremy Bentham)이었다. 벤담은 일찍이 여성의 권리, 노예제도 폐지, 사형제 폐지, 동물 권리, 동성애자 권리를 옹호했다. 그는 또한 무신론자였는데, 그는 신의 권능이 부여한 자연권에 반대했기 때문에 로크의 생각을 크게 차용한 미국 독립선언문을 싫어했다. 벤담의 주된 철학적 입장은 공리주의로 알려져 있는데, 그것은 어떤 행동이 도덕적으로 올바른가는 최대 다수의 사람들에게 최대 선을 행하는가에 달렸다는 견해다. 벤담은 또한 자유시장은 임금을 정해야 하며, 가난한 사람들을 구제하기 위해 세금을 징수하는 것은 자유시장을 방해한다고 믿었다.[13]

이러한 새로운 생각들이 입법자들의 생각에 영향을 미치면서, 정부가 빈곤과 질병에 대처하는 방식을 바꿀 계획이 만들어졌다. 1834년 구빈법 수정법은 가난한 사람들을 구제하는 방법을 바꾸었다. 돈이 주어지고 어떻게 사용할지 스스로 선택하는 것이 아니라 일자리를 구할 수 없는 사람들은 노역장으로 가야 할 것이다. 그곳은 가족을 갈라놓고 아동노동을 장려하는, 지금 우리가 생각하기에 잔인하고 감옥과 같은 혹독한 규율 아래 육체노동이 음식과 옷으로 교환되는 곳이다.[14] 구빈법 수정법은 또한 빈곤 구제에 대한 지역 차원의 통제를 가디언즈위원회(Boards of Guardians)가 감독하는 더 큰 조합으로 통합했다.[15] 몇몇 조합은 1년 이내에 심각한 폭동과 소요를 겪었다. 노동자들은 가두행진을 시작했고 노역장을 대표하는 공무원들은 폭행을 당했지만 반대파는 곧 와해되어 몇 달 안에 무너졌다. 어떤 사람들은 기회를 보아 다시 반대 운동을 시작했다. F. H. 메이벌리(Maberly) 목사는 새 제도를 반대하며 전단을 배포하고 2천 명이나 참석한 회의를 조직했지만 결국 지속적인 운동으로 나아가는 데는 실패했다. 그러나 1830년대 후반 북부에서 조합이 새로운 빈곤법을 시행했을 때, 노동조합주의와 공장개혁운동에서 벗어난 공장의 상황에 반대했던 조직원들은 나중에 백신 접종에 반대하는 지도자가 되었을 것이다.

일반적으로 천연두 백신 접종에 대한 이해 부족뿐만 아니라 구빈법 이후의 불안을 고려하면, 구빈법을 반대했던 많은 사람들이 의무적인 백신 접종을 반대한 것은 놀랄 일이 아니다. 구빈법을 반대하는 과정에서 개발된 방법들이 백신접종법을 반대하는 데에도 활용되었을 뿐만 아니라, 많은 사람들이 그 법 자체를 가난한 사람들에 대한 전쟁에서의 또 다른 총공세이자 자신의 몸을 통제하는 마지막 존엄성마저 앗아가려는 것으로 여겼다.

'대체' 의료인들은 의학의 전문화 시스템을 공격했는데, 이는 시장점유율 하락에 대한 두려움 때문이기도 했고, 당시의 의술이 거의 효과적이지 못했기 때문이기도 했으며,[16] 고급 교육을 받을 여력이 있는 엘리트들에게만 혜택을 주기 때문이기도 했다. 이러한 대체 의료인들은 깁스의 소책자의 경우와 마찬가지로 초기의 백신 접종 거부 운동을 이끌었다. 팸플릿이 회람되자 1855년 "백신의 강제적 접종을 과학·종교·정치 측면에서 간략하게 검토함"이라는 서한이 보건위원회에 발송되었다. 이 팸플릿은 깁스의 많은 주장을 반복했고 또 널리 배포되었다.

1866년, 존 깁스의 사촌 리처드 버틀러 깁스(Richard Butler Gibbs)가 조직한 최초의 백신 거부 단체인 백신강제접종반대연맹 (Anti-Compulsory Vaccination League, ACVL)이 이전의 개혁 운동을 모델로 하여 결성되었다. 이 단체는 몇 년 안에 그 지부가 100개를 넘었다. ACVL은 저널을 발행하고, 회원 자격을 부여했으며, 물론 기부를 받아들였다. 비록 이 단체들이 노동계급을 대표해 백신 접종을 거부한다고 주장했지만 회원들은 대개 중산층이었다. 많은 유사한 단체들이 생겨났고 백신 상처 부위를 담은 전단, 팸플릿, 사진, 환등기 슬라이드가 배포되기 시작했다. 1867년과 1870년대 초, 백신 거부 운동이 확장되자 이에 대응해 일련의 추가적인 백신접종법이 통과되었다. 이것은 백신 접종이 실시되는 과정을 갱신하고 백신 접종이 의무임을 재확인해주었다.

그 시대의 하나의 역사인《신체 문제: 1853-1907년 영국의 백신 접종 거부 운동》(Bodily Matters: The Anti-Vaccination Movement in England, 1853-1907)에 따르면,[17] 많은 빅토리아 시대 사람들이 백신 거부 운동가들을 극단적인 괴짜로 여겼고, 당대의 다른 운동들과 함께 분류했다. 실제로 백신 거부 운동가들은 노동조합, 비국교도, 대체 의료인들의 지지를 받았다. 백신 접종 거부는 확실히 반체제적인 성격을 띠었다.

1880년대까지 백신 거부 운동가들이 공중보건 공무원들을 공격하고 괴롭히는 일은 다반사였다. 백신 거부 운동의 가장 대규모 행진이 1885년 레스터에서 있었다. 특히 논란이 된 것은 백신 접종을 거부한 5천 명의 사람들에 대한 처벌이 시행되고 있었다는 점이었다.[18] 많은 마을과 도시에서 시위자들이 왔고[19] 참석자가 10만 명에 달했다.

많은 도시들과 마찬가지로 레스터에서도 위생 시설과 배수 시설이 인구의 증가를 감당하지 못했다. 1871년의 백신접종법이 백신 접종을 의무화하고 나서 1872–1873년의 천연두 유행으로 300명 이상이 사망하자 많은 사람들이 백신 접종을 불필요하다고 생각했다.[20] 백신이 사람들을 보호하는 데 실패했기 때문이다. 1885년의 폭동까지 이어지는 기간 동안 레스터에 거주하는 60여 명의 사람들이 백신 접종을 하지 않았다는 이유로 투옥되었다. 레스터 시 당국은 감염된 사람들을 격리하고 옷과 침구를 청소하고 소독하고 태웠다. 그리고 환자와 접촉한 사람들도 격리시킴으로써 천연두에 대처하는 자체 방법을 개발했다. 백신 접종은 시 선거에서 논쟁거리였고, 1884년에 이르러 백신 접종률은 1873년의 86%에서 36%로 떨어졌다. 백신 거부 운동가들의 노력으로 인한 결과였다. 3월 말에 50개 이상의 마을에서 백신강제접종반대연맹 대표단이 레스터에 도착했다. 3월 23일, 군중은 템퍼런스 홀에 모여 깃발과 현수막을 들고 장터까지 행진했고, 그곳에서 연설을 들었다.

1879년, 영국의 저명한 백신 거부 운동가 윌리엄 테브(William Tebb)가 뉴욕을 방문했다. 곧 미국 백신반대협회(The Anti-Vaccina-

tion Society of America)가 설립되었고, 곧이어 뉴잉글랜드 백신강제
접종반대연맹(The New England Anti-Compulsory Vaccination League)
과 뉴욕 시 백신접종반대연맹(The Anti-Vaccination League of New
York City)이 설립되었다.[21] 이 단체들은 많은 주에서 백신강제접종법
을 폐지하는 데 성공했다. 1905년 미국 대법원은 백신 접종을 거부
한 목사에게 부과된 5달러의 벌금에 대한 "제이콥슨 대 매사추세츠
사건"(Jacobson v. Massachusetts)을 심리했다. 법원은 만약 대중의 안
전에 큰 위험이 있을 경우 개인의 자유를 제한할 수 있다고 판결했
다.[22] 그러나 양보는 이루어졌다. 비록 주 정부가 백신 접종을 거부한
사람을 벌금이나 구류로 처벌할 수는 있지만 그들에게 강제로 백신
을 접종할 수는 없었다. 이 판결은 또한 어떤 이유로든 의학적으로
백신 접종을 받을 수 없는 사람에게는 의학적 면제를 제공하라고 요
구했다. 보다 큰 공동체를 보호하기 위해 개인의 자유를 축소할 수
도 있는 전시 기간에 비유된 이 판례는 개인의 권리와 집단의 권리
사이의 법적 균형을 확립하는 계기가 되었다.

    1898년에 이르러 영국의 새로운 백신법은 양심적 거부자들이 백
신 접종을 피할 수 있는 선택권의 형태로 백신 거부 운동가들에게
승리를 안겨주었고, 이 승리는 근본적으로 백신에 대한 대중의 관심
을 사라지게 만들었다.

    다른 나라들은 천연두를 다르게 다루었다. 제너의 연구 발표는
영국이 침략을 준비하던 시기와 일치했다. 프랑스는 애초에 백신 접
종을 병사를 아프지 않게 하는 군사기술로 취급하며 시민에게 강제

접종을 요구하지 않았다. 그러나 당국이 백신 접종을 시작하자 천연 두로 인한 프랑스의 연간 사망자 5만–8만 명은 1850년에 이르러 그 1/10 수준으로 떨어졌다.[23]

백신 거부 운동은 결코 영국과 미국에만 국한되지 않았다. 1904 년 오즈와우두 크루스(Oswaldo Cruz) 박사는 브라질 의회에 백신 접 종을 의무화하도록 설득했다. 그러나 무력으로 그 법을 시행하려 한 것은 환영받지 못했다. 닷새 안에 예방접종반대연맹이 결성되어 결 집하기 시작했다. 열흘 후 폭력사태가 발생했고 폭동이 잇달았다. 30명이 죽고 100명 이상이 다쳤다. 한 장군은 대통령 궁으로 행진을 시도했다. 정부는 적어도 한시적으로 물러났다. 그리고 1908년, 리 우데자네이루에서는 천연두로 9천 명이 사망했다.

6

백신 개발과 발달 과정

최초의 백신 거부 운동과 동시에 미생물학과 세균학 분야가 발전하기 시작했다. 루이 파스퇴르(Louis Pasteur)는 대사 과정에서 역할을 하는 미생물에 대한 최초의 이론을 개발했고, 그 결과를 1858년에 발표했다. 그는 미생물이 음식과 음료의 부패 원인이며, 가열(멸균)하면 감염된 우유에 의한 질병 전염을 막을 수 있다는 사실을 발견했다. 이 연구를 알게 된 조지프 리스터(Joseph Lister)는 상처에 괴저가 퍼지는 것을 막기 위해 페놀 용액을 사용하는 실험을 했고, 수술 기구들을 화학적으로 살균해 감염률을 크게 감소시키는 방법을 개발했다. 이러한 발견들은 예를 들어 미아즈마 이론과 같은 질병의 원인에 대한 다른 생각들을 대체하는 데 도움을 주었다. 세균에 의한 질병 이론에 의하면 많은 질병이 미생물에 의해 발생한다.[1]

멸균법이 발달하고, 미생물이 여러 질병을 유발한다는 인식으로 인해 백신을 전달·저장·투여하는 방법도 개선되었다. 1850년 글리세롤은 더 오랜 기간 림프라 불린 백신 물질을 효능을 유지시키며 저장하는 수단으로 사용되었지만, 그 발견은 19세기 후반까지 널리 보급되어 사용되지는 않았다.[2] 20세기 초 이 영향으로 림프 내의 박테리아 수가 감소되었다는 것이 밝혀졌고,[3] 따라서 더 안전해졌으며 환자들에게 의도하지 않은 감염을 일으킬 가능성도 줄어들었다. 또 다른 개선책은 소 옆구리에 접종해 백신 림프를 생산하는 것이었는데, 이 방법은 인간으로부터 림프를 수집하는 것보다 인간 숙주에서 인간 숙주로 전염시킬 가능성이 낮았다.[4] 냉장을 하게 되면서 림프를 장기 저장하는 것이 가능해졌으며, 1950년대에는 펩톤이라 불리는 단백질과 혼합해 바이러스를 동결건조시키는 방법이 개발되었다.[5] 이를 통해 실온에서 효능 저하 없이 훨씬 더 오랫동안 백신 림프를 저장할 수 있게 되었다. 시간이 지나면서 소의 피부에 배양하는 것 외에도 달걀에 배양하거나 접시에서 자란 세포에 배양하는 등 백신 물질을 생산하는 몇 가지 대체 방법이 개발되었다. 흥미롭게도 현재 우리가 가지고 있는 천연두 백신 백시나(vaccinia)를 생산하는 데 사용되는 바이러스는 그 기원을 알 수 없다. 백시나는 우두 바이러스와 관련이 있지만 동일하지는 않다. 많은 세대에 걸쳐 실험실에서 복제를 통해 전달되었으며, 19세기에 백신 접종에 사용된 마두

(horsepox)와 더 밀접하게 관련되어 있을 수 있다.[6]

19세기 후반에 파스퇴르는 매우 적극적으로 미생물의 생명의 본질을 연구했다. 그 당시에는 '자연발생'이 생명의 기원에 대한 일반적인 이론이었다. 이 관점에 따르면, 어떤 조건들은 생명이 발생하기에 자연적으로 적절했고, 그러한 조건이 발생했을 때 생명이 나타날 것이다. 예를 들어, 상한 고기에서는 자연적으로 파리가 발생하고, 육수를 방치하면 자연적으로 박테리아가 발생하는 것으로 생각되었다. 1862년 파스퇴르는 끓인 육수에 미생물이 들어가는 것을 막음으로써 시간이 지나도 육수가 흐려지지 않는다는 것을 보여주었다. 후에 파스퇴르는 역사상 두 번째로 효과적인 백신을 개발했는데, 그 백신은 탄저병을 예방했다. 그는 일찍이 탄저병이 박테리아에 의해 유발된다는 것을 보여주었다.[7] 그는 화학물질을 분리해 탄저균의 감염을 약화시키거나 감염 가능성을 현저히 줄인 탄저병에 대한 면역을 제공하는 백신을 개발할 수 있었다.[8] 1885년에 그는 다시 약독화(弱毒化) 방법을 사용하여 광견병에 대해 개발한 백신을 최초로 인간에게 성공적으로 실험했다. 여러 가지 방법으로 약독화한 백신은 오늘날까지 다양한 형태로 사용되고 있다.

빅토리아 시대 말기에는 여전히 산발적으로 천연두가 발생했다. 1885년에는 몬트리올에서 천연두가 발병했다. 1876년과 1880년 사이에도 더 작은 규모의 전염병이 발생했지만 시 당국은 거의 아무 일도 하지 않았다.[9] 이 바이러스는 감염된 사람에 의해 궤도차를 통해 몬트리올로 옮겨졌고, 보스턴은 같은 궤도차에서 가벼운 발병이 있었지만 재빨리 백신을 접종했기 때문에 도시에서는 오직 여섯 명만이 감염되었다. 몬트리올 시 당국은 준비가 미비했고 백신 입수에도 속도가 느렸다. 백신 접종이 의무화된다는 소식이 알려졌을 때, 백신 접종 거부 수사학은 매우 효과적으로 힘을 발휘해 수천 명의 군중이 거리를 점령했다. 이들은 보건소를 파괴하고, 의사들과 시 보건 관계자의 사무실 창문에 돌을 던졌다. 결국 질서는 회복되었지만 캐나다 기병대와의 교전은 소총을 장전하라는 명령을 받고서야 끝났다. 비록 이것이 선진국 도시에서의 주요한 마지막 천연두 발생이었지만, 천연두가 완전히 소멸되기까지는 거의 100년이 더 걸렸다. 몬트리올 시민들은 백신 거부 수사학에 미혹되었고, 감염에 노출되었다. 다른 도시에서도 종종 천연두가 발생하긴 했지만 백신 접종률이 전염병을 예방할 수 있을 정도로 높았다.

천연두 발병이 두드러지게 된 사실 자체가 주목할 만하다. [그림 5.1](63쪽)은 1629년과 1902년 사이에 런던에서 발생한 천연두로 인한 사망률을 보여준다. 백신 접종을 발견하기 전에는 런던에서 천연두로 인한 사망률이 10%에 약간 못 미쳤고, 1870년 팬데믹을 제외하고는 1850년대에는 5% 미만으로 떨어졌다. 천연두 백신 접종과 같은 기술을 통해 생명을 건진 수를 추정하는 것은 쉽지 않다. 퇴치 몇십 년 전만 해도 1000만-1500만 명의 사람들이 새로 감염되었고, 매년 150만-200만 명의 사람들이 특히 개발도상국에서 사망했다.[10] 20세기에 들어서만 약 3억 명의 사람이 천연두로 사망한 것으로 추정되는데, 이것은 2019년 뉴욕 시의 전체 인구가 서른다섯 번 사망한 것과 같다. 천연두를 제거함으로써 생명을 구했을 뿐만 아니라 천연두로 인해 피해를 입었을 사람들의 고통과 기형과 실명도 종식시켰다. 만약 1980년 이후 천연두가 제거된 덕분에 살아남은 사람들을 줄 세우고 그들 각자에게 인사하는 데 1분이 걸린다고 가정한다면, 당신은 천연두로 죽지 않은 사람들과 인사하는 데 144년을 보내야 할 것이다.

7
20세기의 백신 거부 운동

20세기 초에는 백신 거부 운동이 소강상태였다. 백신 접종에 대한 법적 문제는 19세기 말 영국에서 법 개정으로 해결되었고 미국에서는 대법원의 판례로 해결되었다. 이 법들은 백신 거부자들이 백신 접종을 하지 않을 수 있도록 허용했지만, 백신 접종을 하지 않을 경우 공립 학교에 진학하지 못할 수도 있었다. 백신 거부 운동가들과 공중보건 관계자들은 불편한 긴장 완화 상태였다.

　그런데도 이전 수십 년 동안의 백신 접종 거부 견해는 여전히 영향력이 있었다. 1921년 인도 독립운동의 지도자이자 작가인 마하트마 간디(Mahatma Ghandi)는 질병에 대한 자신의 견해를 요약한《건강 가이드》(A Guide to Health)를 출판했다. 간디는 천연두가 전염성이 있는 질병이 아니라 오히려 "장 질환으로 인해 피가 불순해지며, 그리고 체내에 축적된 독은 천연두의 형태로 퇴출된다"고 믿었다.[1]

백신 접종에 대해 그는 "백신 접종은 미개한 행위이고, 우리 시대의 모든 망상 중 가장 치명적인 것 중 하나이며, 세계의 소위 야만 인종들에서조차 찾아볼 수 없는 것이다. 그 지지자들은 이에 반대하지 않는 사람들이 접종받는 것에 만족하지 않고 모든 사람들에게 형법이나 엄중한 처벌을 가하며 접종시키려고 한다"며 "백신 접종이 종교와 도덕에 위배되는 것이라고 느끼지 않을 수 없다. 죽은 동물의 피를 마시는 것은 습관적인 육식가들조차도 공포스럽게 생각한다. 하지만 백신 접종은 무고한 살아 있는 동물의 독극물 피를 빨아들이는 것이 아닐까? 하나님을 두려워하는 사람은 그런 신성모독 행위를 범하느니 차라리 수천 번 천연두의 희생자가 되거나 심지어 끔찍한 죽음을 맞이하는 편이 낫다"라고 썼다.[2]

그는 백신 접종에 반대하는 다섯 가지 주장을 개략적으로 설명했다. 백신을 마련하기 위해 죄 없는 소들이 고통을 겪어야 한다. 백신 접종을 통해 천연두 이외의 질병을 퍼뜨릴 수 있다. 천연두 백신은 면역을 보장할 수 없다. 백신은 불결하다. 그리고 질병은 오물로 치유될 수 없다.

하지만 1930년에 이르러 간디는 적어도 부분적으로 그의 생각을 바꾼 것 같다. 천연두 발병 후 간디의 견해를 따라 백신 접종을 하지 않은 여러 어린이가 죽는 것을 보고 그는 "나는 잠을 잘 수가 없다.

어린이들이 작은 꽃봉오리처럼 사라지고 있다. 그들의 죽음이 내 어깨를 짓누르고 있음을 느낀다. 나는 그들의 부모에게 백신을 접종하지 말라고 설득했다. 그런데 지금 어린이들이 세상을 떠나고 있다. 그것은, 두려운 마음으로 고백하는데, 나의 무지와 고집의 결과일 수 있다. 나는 지금 매우 불행하다"라고 말했다고 전해진다. 그는 비록 백신 접종을 신뢰하지는 않았지만, 이후 자녀들에게 백신을 접종시키고자 하는 부모들을 방해하지는 않았을 것이다.[3]

간디의 견해는 어느 정도 일리가 있었다. 백신 접종은 그가 반대하는 억압적인 정부가 강요하는 치료법이었다. 그 강요는 그와 함께 투쟁하는 사람들의 육체적 자율성을 앗아갔다. 그것은 사람들을 가장 친밀한 방법으로 통제하는 또 다른 방법처럼 보였을 것이다. 영국 정부는 백신이 도입되는 문화적 맥락과 치료가 수용되는 방식을 이해하려는 노력 없이 인도 민중에게 백신 접종을 강요했다.

20세기 초 소아마비는 반복되는 재앙으로 절정에 이르고 있었다. 부모들은 소아마비가 어떻게 전염되는지 모른 채 소아마비의 결과를 보며 자녀들이 여름에 밖에서 노는 것을 두려워했다. 소아마비는 마비와 사망을 일으킬 수 있었다. 1930년대에 두 연구팀이 백신을 개발하기 위해 노력했지만 결과는 참담했다. 템플 대학의 존 콜머(John Kolmer)는 짧은꼬리원숭이에서 계대배양(繼代培養, 5-7일마다 주기적으로 새로운 배지에 이식시키는 세포증식 방법-옮긴이)을 통해 살아 있는 소아마비 바이러스를 약독화시켜 백신을 개발했다.[4] 콜머는 1만 명의 어린이들을 대상으로 백신을 시험했다. 제레미야 밀뱅크

(Jeremiah Milbank)와 모리스 브로디(Maurice Brodie)는 다른 버전의 소아마비 백신을 개발했는데, 이 백신은 포름알데히드에 의해 비활성화된 바이러스를 사용했다. 이 백신도 같은 해에 수천 명의 어린이들에게 투여되었다. 브로디의 백신은 효과는 나타내지 않고 알레르기 반응을 일으켰다. 이 두 백신 시험으로 여섯 명의 어린이가 죽고 열 명이 마비 증세를 보였다.

이러한 비극적 사건 이후 대중의 정당한 분노는 소아마비 치료법 개발을 적어도 20년 후퇴시켰다고 주장되어왔다.[5] 비록 콜머가 부모의 허락을 구했고 브로디는 스스로 백신을 실험했지만, 생체 해부 반대 운동은 인체 실험이 행해지는 정도를 과장하고 고아들에게 백신을 시험했다며 그 실험을 모함했다.

15년 후 일련의 소아마비 전염병으로 인해 백신의 필요성이 분명해졌다. 최초로 널리 사용할 안전한 소아마비 백신을 개발하려는 노력이 시작되었고, 두 가지 접근법이 사용되었다. 조너스 소크(Jonas Salk)는 배양된 바이러스를 사용했고 그 후 포르말린으로 죽였다. 앨버트 세이빈(Albert Sabin)은 약독화 바이러스를 사용해 또 다른 형태의 소아마비 백신을 개발했다. 이 바이러스는 돌연변이를 일으키는 조건 아래 비인간 배양세포에서 자라났다. 많은 계대배양 후 돌연변이 바이러스는 인간의 세포는 덜 감염시키면서 야생의 소아마비 바이러스주와 충분히 비슷하게 인간에게 면역성을 부여했다.

소크의 백신은 1952년에 처음 개발되었고, 몇 년 안에 60만 명 이상이 참여하면서 역사상 가장 널리 시험된 생물의약품 중 하나가

되었다. 소아마비구제모금운동(March of Dimes)[6]은 집단적인 면역 운동을 이끌었고, 미국의 소아마비 발병은 1953년 3만 5천 건에서 4년 후 6천 건 이하로 떨어졌다. 1955년에 세이빈은 그의 약독화된 소아마비 백신에 대한 유망한 결과를 처음으로 발표했다. 각 종류의 백신은 모두 장단점이 있었다. 비활성화된 백신은 수명이 더 짧았고 장기적인 예방을 위해서는 추가로 주사를 맞아야 했다. 살아 있는 약독화 백신은 경구 투여할 수 있으며, 따라서 소아마비의 주요 체내 진입로 중 하나인 목구멍을 보호할 수 있다. 그러나 살아 있는 약독화 백신은 백신으로 인한 소아마비 발생 가능성이 없지 않았다. 경구용 백신을 사용하면 약독화된 바이러스가 위장관에서 증식하고 대변으로 분비되는데, 백신 접종률이 낮은 집단의 위생 상태가 좋지 않을 때, 그것은 다른 사람들에게 전파될 수 있다. 이러한 상황에서 살아 있는 바이러스는 변이할 수 있고 확산되며 더 치명적일 수 있다. 수십억 건의 경구용 소아마비 백신 접종 이후 소수의 발병 사례가 있었고, 이러한 합병증을 더 줄이기 위한 변형 백신이 2016년에 출시되었다. 또한 더 많은 사람들이 경구용 소아마비 백신을 접종하면서 소수의 발병도 중단되었다. 미국에서는 주로 소크의 백신이 사용되고 있지만, 전 세계적으로는 세이빈의 약독화 바이러스 백신이 훨씬 더 많은 사람들에게 사용되었다.

1955년 4월, 커터와 와이어스 연구소(Cutter and Wyeth Laboratories)에서 생산된 10만 투여량 이상의 소아마비 백신이 부적절하게 비활성화되어 250명의 마비성 소아마비 환자와 열한 명의 사망자를 낸 것이 명백해지면서 역사상 최악의 제약 사고가 벌어졌다. 주사된 팔에만 마비가 왔다는 보고는 백신이 감염의 원인이었음을 강하게 시사했다. 이러한 사건은 새로운 소아마비 백신에 대한 대중의 신뢰를 흔들었고, 대중에게 접종하기 전 모든 소아마비 백신을 시험하는 상설위원회가 발족하도록 이끌었다.[7]

'커터와 와이어스 사건'의 여파는 오늘날까지 백신 정책과 백신 거부에 영향을 미치고 있다. 어떤 부모들은 백신 접종이 본래 안전하지 않다고 믿기 시작했다. 어떤 의료 전문가들은 오염의 위험 때문에 소아마비 백신 접종 프로그램에 참여하는 것을 거부하기도 했다. 영국 의학연구위원회(British Medical Research Council)는 소크의 백신 실험을 중단했고, 많은 유럽 국가들이 계획된 예방접종 프로그램을 중단했다.[8] 하지만 '커터와 와이어스 사건'은 백신 제조에 대한 훨씬 더 엄격한 감시와 시험으로 이어졌다. 비록 오늘날 백신 거부 운동가들이 그 사건을 알지 못한다고 하더라도 그 뒤에 일어난 사건들에 영향을 받았을 가능성이 높다.

1974년 과학자 쿨렌캄프(M. Kulenkampf), 슈바르츠만(J. S. Schwartzman), 그리고 윌슨(J. Wilson)은 "백일해 접종의 신경학적 합병증"이라는 논문을 출판했다.[9] 이 논문은 디프테리아, 백일해, 파상풍의 복합 백신인 DTaP가 36명의 어린이에게 발작, 경련, 비명, 구토, 무의식 또는 감염 등의 증상을 포함해 뇌장애를 유발했으며, 이는 네 차례의 DTaP 주사나 부스터 투여 직후부터 2주 사이에 산발적으로 발생했다고 주장했다. 이 환자들은 의심 증상의 심각성과 그 증상이 DTaP 접종과 관련이 있다는 과학자들의 믿음 때문에 선택되었다. 과학 문헌 발표에서 가끔 있는 일처럼 이 논문의 결과는 나중에 사실이 아닌 것으로 판명되었다. 하지만 일단 출판되면 저자들은 더 이상 그들의 논문이 사용되는 방법을 통제할 수 없다.

이런 종류의 소규모 임상 보고서는 흔하며, DTaP 접종 후 합병증을 찾으라는 이 보고서의 조언은 온건하고 심지어 합리적이었다. 그러나 뒤따른 대중의 반응은 '커터와 와이어스 사건' 이후 지속된 백신에 대한 공포를 크게 되살렸다. 이 논문은 장애인 복지 정치가 변화하고 장애인의 삶을 개선하기 위한 많은 정책이 제정되던 시기에 나왔다. 1973년, 어린이들의 뇌 손상을 소아마비 백신 탓으로 여긴 어머니들인 로즈메리 폭스(Rosemary Fox)와 르네 레논(Renee Lennon)은 백신피해아동부모협회(Association of Parents of Vaccine Damaged Children, APVDC)를 설립하고 "백신 접종으로 뇌가 손상된 어린이들을 위한 협회를 만들어 보다 큰 힘을 가진 입장에서 정부에 보상 압력을 가하고자 했다."[10] 그해 3월 〈영국의학저널〉(*British Medical Journal*)에 익명의 편지가 게재되었는데, 다른 유럽 국가와 마찬가지로 영국도 백신 접종으로 인해 장애를 얻은 사람이라면 누구나 정부로부터 금전적 보상을 받을 수 있는 제도를 채택하자고 제안했다.[11] 이 서한은 백신 접종에 의해 개인에게 야기되는 작은 위험이 존재하고 예방접종이 사회 전체에 이익을 준다면, 정부는 운이 나쁘고 피해를 입은 소수의 사람들에게 보상해야 한다는 윤리적 논쟁 형태로 정당성을 제공했다.[12] 사실상 이것은 미국의 '백신 법정'

(vaccine court)의 기초가 되는 것과 같은 주장이다.

도덕적 논쟁으로 무장하고 성공적인 장애 옹호 집단을 모델로 삼은 백신피해아동부모협회는 정부로부터 보상받을 수 있는 입법을 모색했다. 1974년 논문은 그들의 입장을 지지하는 것처럼 보였고, 따라서 백신피해아동부모협회에게 그 논문은 엄청난 중요성을 가졌다. 백신피해아동부모협회는 백신을 둘러싼 의심을 불러일으키기 위해 DTaP 백신에 초점을 맞추기로 결정하고 이 논문을 증거로 제시할 수 있었다. 그들의 운동은 부모들에게 백신 접종을 하지 말라고 설득하는 데 효과적이었다. 1977년에 이르러 백신 접종률이 50퍼센트로 감소했고, 질병이 발생할 가능성이 보였다.

결국 정부는 보상 프로그램을 마련해 백신피해아동부모협회를 완화하고 국민의 두려움이 가라앉기를 바라며 굴복했다. 그 결과는 1979년의 '백신피해지급법'(Vaccine Damage Payments Act)이다. 이러한 성공에도 불구하고 백신피해아동부모협회는 1979년에 유행한 백일해로 인해 많은 비난을 받았다. 1979년부터 1980년대 초까지 백일해가 발생했으며[13] 이 발병 이후 예방접종률은 회복되어 심지어 1974년 이전 수준을 넘어 약 95%에 달했다.

그러나 이 운동과 1974년 논문의 영향력은 전 세계로 파급되었다. 1982년, 워싱턴 DC에 본부를 둔 NBC 계열사인 WRC-TV가 제작한 프로그램 〈백신 룰렛〉(Vaccine Roulette)이 방송되었다. 30분짜리 프로그램은 11분 동안 장애아들의 모습을 보여주었고, 기침을 하는 소녀에게는 약 2분의 시간을 할애했다.[14] 이 프로그램으로 인해 의사와 관계자 들은 수천 건의 걱정스러운 전화를 받았다. 그리고 1986년 책《DTaP: 어둠 속의 주사》(*DPT: A Shot in the Dark*)는 백일해 백신 접종이 위험하다고 주장했다. 이러한 우려가 제기되었음에도 불구하고 폴란드, 헝가리, 구 동독과 마찬가지로 미국에서도 높은 예방접종률을 유지했다.

스웨덴에서는 DTaP 백신 접종률이 1974년 90%에서 1979년 12%로 떨어졌고, 1983년과 1985년 사이에 백일해가 발생했다.[15] 1981년과 1983년 사이에 백일해로 입원한 환자의 4%가 신경학적 합병증에 걸렸고, 그중 14%가 폐렴에 걸리고 세 명이 사망했다. 일본에서는 백일해 백신 접종을 거부하는 운동이 일어났고, 보건후생성은 전세포 백일해 백신(whole-cell pertussis vaccination) 접종을 폐지했다. 백신 접종 비율은 1974년 80%에서 1976년 10%로 떨어졌다. 여기서도 발병 후 새로운 백신이 도입되기 전 41명의 사망자를 냈다. 러시아연방에서 몇몇 소아과 의사들이 백일해 백신 접종을 거부하는 운동을 주도했고, 이것은 결국 백신의 신뢰도 하락과 동시에 전염병으로 이어졌다. 아일랜드의 백신 접종률은 1976년 30%로 떨어졌고, 1985년과 1989년에 전염병이 발생했다. 오스트레일리아에서도 마찬가지로 신뢰도 하락, 의료 기관들의 백신 접종 권고 중단, 백일해 발생이 순차적으로 일어났다.

이러한 국가들이 백일해 백신 접종과 신경학적 장애 사이의 연관성에 대한 주장에 반응하는 방식에서 한 가지 패턴이 나타났다. 백신에 반대하는 언사들이 있었지만 공중보건 관계자들은 강력한 질병 감시를 유지하고, 대중을 안심시키기 위한 조치를 취했으며, 강력한 예방접종 프로그램을 유지했다. 백일해는 돌아오지 않았다. 보건 당국이 의심을 품고 백일해 백신 접종을 포기하고 항복한 국가에서는 백신 접종률이 떨어지고 전염병도 발생했다. 일단 예방접종이 재개되면 발병은 중단되었다. 이 결론은 예방접종과 관련해 정부와 개인의 동기가 서로 다르다는 것을 보여주는 연구와 양립할 수 있다. 정부는 주로 비용에 관심이 있는 반면 개인은 주로 인식된 위험에 관심을 갖는다. 집단 백신 접종은 집단면역을 통해 백신을 접종하지 않은 개인을 보호하기도 한다. 집단적인 동기가 없다면, 개인의 백신 접종률은 더 낮아질 것이다.[16]

미국에서는 DTaP 공포로 인해 DTaP 백신 제조사 세 곳을 상대로 일련의 소송이 제기되었다. 와이어스연구소(Wyeth Laboratories)는 낮은 수익성과 소송의 위험 때문에 백신 생산을 중단했다.[17] 1984년까지 이 백신의 3대 주요 제조업체 중 두 번째인 코넛연구소(Connaught Laboratories)가 소송 위험을 이유로 생산을 중단했다. 이러한 중단 사태는 백일해 백신의 부족을 초래했다.[18] DTaP 백신과 관련된 소송 건수는 1978년 2건에서 1986년에는 250건 이상으로 증가했고, 후자는 총 31억 6200만 달러를 청구했다.[19] 몇 건은 대규모로 지불되었고, 여러 가지 해결이 이루어졌다. 의심이 생긴 곳에는 변호사들이 몰려들어 의뢰인과 자신에 대한 거액의 보상금을 요구했다. 이러한 법적 조치에 의해 야기된 백신 부족으로 DTaP 백신 접종률이 떨어질 위험에 처했고, 공중보건 관계자들은 전염병의 발생을 우려하게 되었다.

1986년의 국가소아백신상해법(National Childhood Vaccine Injury Act, NCVIA)은 이러한 백신 가용성의 위험에 대한 미국 의회의 대응이었다. 이 법의 취지는 백신으로부터 발생할 수 있는 미지의 반응을 감시하는 시스템을 만들고, 일정한 기준을 충족한 환자들이 공중보건 유지에 필요한 백신의 공급을 위협하지 않고도 보상을 받을 수 있도록 하는 것이었다. 이 법은 공중보건에 필요한 민간의 백신 제조에 법적 보호가 필요함을 인정했다. 백신 제조에 수익성이 없다면 기업들은 흥미를 잃을 것이다.

이 법의 더욱 주목할 결과 중 하나는 1988년 일상적인 소아 백신 접종에 의해 해를 입은 어린이의 부모에게 보상하기 위한 국가백신상해보상프로그램(National Vaccine Injury Compensation Program, VICP)을 제정한 것이다. 비록 DTaP 백신에 대한 우려는 근거가 없는 것으로 밝혀졌지만, 때때로 일부 백신에서 부작용이 일어난다. 국가백신상해보상프로그램은 이런 부작용의 목록을 제공하며, 지정된 시간 내에 목록상의 부작용을 경험한 환자는 보상을 요청할 수 있다. 이 프로그램은 현재 의료 및 법률 비용을 보상하고, 통증과 고통에 대해 최대 25만 달러를 제공하며, 25만 달러의 사망보험금을 제공한다. 소송비용은 청구가 받아들여지지 않더라도 국가백신상해보상프로그램이 부담할 수 있다.[20]

때때로 백신 거부 운동가들은 백신이 정말로 위험하다는 것을 널리 알리기 위해 '백신 법정'의 존재나 국가백신상해보상프로그램을 통해 보상받으려는 사람들의 존재를 이용한다. 그러나 증거의 법적 기준은 증거의 과학적 기준과 동일하지 않다. 법적 판단은 과학적 진실을 결정하지 않는다. 국가백신상해보상프로그램은 형사 재판이나 과학 연구에 사용되는 것보다 증거의 수준이 더 낮다. 국가백신상해보상프로그램은 '증거의 우월성'(preponderance of evidence)에 기초해 보상할 것이다. 즉 청구에 대한 증거를 평가하는 사람이 해당 주장이 사실일 확률을 50% 이상이라고 믿는다는 것이다.[21]

2005년 미국 연방순회항소법원 판례 "앨턴 대 보건복지부 장관"(Althen v. Secretary of Health and Human Services)[22]은 법원이 "의료계와 문헌에서 나온 의학적 타당성에 대한 확증"을 요구한 개별 소송에서 국가소아백신상해법은 증거 기준으로 "객관적 확증"을 요구하지 않고 오직 의료 기록이나 의학적 의견만을 요구한다는 것을 확인시켜주었다. 사실상 이 소송의 판결은 생물학적 타당성과 과학적 증거가 백신 피해에 대한 법적 판단과 무관하다며 증거의 기준을 낮추었다.

2008년부터 이 낮은 증거 기준들이 그 이후 몇 년 동안 몇몇 사건에 적용되어 만성피로증후군, 섬유근육통, 다발성경화증과 같은 백신 접종과 생물학적으로 연관성이 없는 다양한 질병에 대한 보상이 가능해졌다.[23] 한 가지 잘 알려진 사례는 19개월에 디프테리아, 파상풍, 비세포성 백일해, Hib, MMR, 수두, 소아마비 백신을 접종받은 해너 폴링(Hannah Poling)의 경우였다.[24] 몇 달 후 해너 폴링은 발달장애증후군을 일으켰고 미토콘드리아-효소 결핍으로 인한 뇌병증 진단을 받았다. 폴링은 생물학적 타당성 또는 인과관계의 과학적 증거가 없음에도 불구하고 국가백신상해보상프로그램을 통해 보상을 받았다. 그들은 법적 판결을 발표하는 기자회견을 열었고 질병통제예방센터는 이 판결이 백신과 자폐증 사이에 연관성이 있다는 증거가 아니라고 지적하며 대응했다. 그런데도 백신 거부 운동가들은 백신 접종과 자폐증 사이의 연관성이 법정에서 증명되었음을 암시하기 위해 이 소송을 이용해왔다.

법적 판결은 과학적·의학적 진리를 담보하지 않는다. 과학자들과 마찬가지로 법조인들도 진실을 찾는 데 관심이 있다. 그러나 법조인이 결정을 내리기 위해 사용하는 수단은 과학에서 사용되는 수단과 다르다. 법적 판결에서는 결정이 반드시 내려져야 한다. 과학적 탐구에서는 모든 조사의 출발점인 '나는 모르겠다'가 기본 인식론적 관점이며 조사의 가장 일반적인 종점이다. 과학자들이 증거를 평가하는 동안 곧이곧대로 따라야 하는 구체적인 규칙은 없지만, 과학자들이 증거를 수행하고 평가하고 동료들을 검토할 때 따르고 적용하는 경험칙과 과학적인 장점들이 있다. 과학 문헌에 발표된 결과는 최종적인 것으로 간주되지 않으며, 추가 증거, 상충되는 실험 또는 새로운 발견에 비추어 언제라도 재고될 수 있다. 과학적 주장이 '이론'으로 간주될 정도로 승격되는 경우는 드물며, 추가 증거가 있을 때까지 받아들여지거나 기존 데이터를 더 잘 설명하는 새로운 모델이 되기도 한다. 국가백신상해보상프로그램의 법적 판결은 과학적 진리를 결정하는 것이 아니라 제시된 사례가 법에 규정된 기준을 충족하는지 여부를 결정한다. 이 기준들은 종종 결함이 있고 부분적이다. 도로시(Dorothy) 폴링이 국가백신상해보상프로그램으로 보상받을 자격이 있다는 판결은 보상을 받기 위해 법에 명시된 법적 요건을 충족한다는 판결이었다. 이 판결은 과학적 질문에 해당되지 않았다.

국가소아백신상해법은 또한 백신부작용보고시스템(Vaccine Adverse Event Reporting Systems, VAERS)을 수립하게 했다. 이 시스템을 통해 의료 사업자와 개인은 백신 접종에 따른 부작용을 보고할 수 있다. 질병통제예방센터와 식품의약국(FDA)이 백신에 대해 알려지지 않은 부작용을 탐지하고, 일부 환자가 부작용 위험에 노출되는 요인을 식별하며, 안전 문제를 확인하고, 만약 발생한다면 백신의 잘못된 분량이나 군집을 식별할 수 있다. 백신부작용보고시스템은 백신 접종 후 지정된 시간 내에 백신 투여에 따른 어깨 통증, 실신 및 사망 등과 같은 특정 사건을 의료 사업자가 보고하도록 요구한다.

의료 종사자가 아닌 사람도 백신부작용보고시스템에 보고할 수 있으며, 이 시스템에 보고된 사건이 실제로 백신 접종과 관련될 필요는 없다. 이 점이 이용되었다. MMR 백신과 자폐증 사이의 연관성을 도출하려고 시도한, 결국 철회된 1998년의 〈란셋〉(Lancet) 논문 이후 백신부작용보고시스템을 통한 자폐증 보고 건수는 급증했다.[25] 그러한 보고를 하는 사람들은 백신과 자폐증을 어울리지 않게 연관시켰고, 많은 사람들이 개인 웹사이트를 정보의 출처로 인용했다. 2006년 연구에 따르면, 소송과 관련된 백신부작용보고시스템의 보고 수는 시간이 지남에 따라 증가하고 있으며, 이러한 보고의 상당 부분이 소송을 원하는 변호사들에 의해 제기되었다.[26] 이러한 데이터를 사용해 만들어진 연관성이 의심스럽다는 것을 증명하기 위해 제임스 라이들러(James Laidler)는 독감 백신 접종 이후 만화 주인공이 헐크로 변했다는 보고서를 백신부작용보고시스템에 제출했다.[27] 물론 그는 보고서를 철회하라는 요청을 받고 그렇게 했다. 이러한 한계에도 불구하고 백신부작용보고시스템은 잠재적 한계를 이해하고 적절한 통계 방법을 사용하는 한 부작용의 가능한 패턴을 밝히기 원하는 합법적인 연구자들에게 유용한 도구다.

백신부작용보고시스템에서도 보건복지부 내에 국가백신프로그램사무소(National Vaccine Program Office)를 설립했다.[28] 이 사무소는 국가백신자문위원회(Vaccine Advisory Committee)의 인력뿐만 아니라 백신의 안전과 배포 및 개발에서 역할을 하는 여러 연방 기관과 사무소 간의 조정을 담당한다.

국가소아백신상해법은 의료 사업자에게 특정 예방접종과 함께 백신정보명세서를 환자에게 제공하도록 요구했다. 이 명세서는 질병통제예방센터가 개발한 것으로, 투여하는 백신, 예방하는 질병, 백신이 거부반응을 일으키는 사람들에 대한 정보를 포함한다. 예를 들어, 2018년 독감 백신은 심각한 알레르기를 가진 환자들에게는 금지되었다. 독감 백신을 생산할 때 종종 알레르기 반응을 일으킬 수 있는 달걀을 사용하기 때문이다.[29] 이러한 명세서들은 또한 백신과 관련된 가능한 위험과 부작용이 발생했을 때 어떻게 대처해야 하는지에 대한 정보도 포함한다. 그러나 보고 요구사항에도 불구하고 늘 시간에 쫓기는 의료 제공자들은 모든 환자에게 백신정보명세서를 제공할 기회를 갖지 못할 수 있다.[30]

8

백신의 자폐증 야기 논란

1990년대 후반부터 백신 거부 운동가들이 제기한 많은 주장은 자폐증과 관련이 있다. 무엇이 논의되고 있는지 이해하기 위해서는 자폐증이 실제로 무엇인지 자폐증의 기원과 치료에 대해 우리가 알고 있는 것을 파악하는 것이 도움이 될 것이다. 그다음 이러한 주장에 대해 좀 더 자세히 논의할 수 있다.

오늘날 자폐스펙트럼장애(autism spectrum disorder, ASD)는 사회적 상황과 의사소통 모두에서 반복적인 행동을 하며 어려움을 겪는 것이 특징인 광범위한 신경발달장애를 가리킨다.[1] 현재 1-2%의 어린이들이 자폐 범주인 것으로 진단받고 있는데, 과거에는 이런 어린이들의 수가 더 적었다. 이러한 변화는 대부분 자폐증에 대한 정의와 이해가 개선 및 향상되고, 자폐아 부모들을 위한 자원 접근성과 진단 접근성이 확대됨은 물론 더 나아가 의료에 대한 폭넓은 접근성 때문일 것이다. 비록 1750년대에 자폐증 진단을 받은 사람은 없었지만 그 당시에도 자폐증 환자들은 존재했다. 적절하게 분류되지 않았을 뿐이다.

1943년 정신과 의사 레오 캐너(Leo Kanner)의 논문 "정서적 접촉의 자폐적 장애"(Autistic Disturbances of Affective Contact)에서 최초로 자폐증에 대한 설명(및 용어의 창안)이 이루어졌다.[2] 캐너는 해당 증후군이 그가 모은 소수의 사례가 지시하는 것보다 더 흔할 것이며 그가 연구한 몇몇 어린이들은 보통 "멍청이나 바보"로 취급된다고 말했다. 캐너의 논문 출판 이후, 자폐증은 광범위한 행동과 증상까지 아우르는 것으로 그 정의가 확대되었고, 현재 자폐증은 심각한 장애에서 비교적 작은 차이를 드러내는 사회적 행동에 이르기까지 넓은 스펙트럼 안에서 이해되고 있다.

자폐증을 정의할 때 어려운 점은 여러 행동과 많은 사람들에게 '자폐증'이라는 단일한 표지를 붙여야 한다는 데 있다. 자폐적 행동으로 발달하는 다양한 근본적인 요소들이 있을 가능성이 크다. 부모에서 자녀로 전해지는 유전적 또는 후생적 요소에 비해 변화 가능한 환경적 요소에 의해 주어진 형질이 어느 정도 발달하느냐에 대한 이해와 정보가 필요하다.

과학자들은 형질이 유전되는 정도를 이해하고자 유전력지수라고 불리는 통계를 개발하는데, 이는 모집단의 형질 변이 중 어느 부분이 유전으로 설명될 수 있는지를 나타낸다. 예를 들어, 형질 '고집'의 유전력지수는 0.7일 수 있다. 그렇다고 해서 한 개인의 고집이 70%는 유전자에 의해, 30%는 환경에 의해 발생한다는 뜻은 아니다. 오히려 그것은 그 사람의 부모에게 그 형질이 있는 것에 의해 그형질 변이의 70퍼센트가 설명됨을 의미한다. 환경이 변화하고 고집의 변이가 발생하면 고집의 유전력이 증가한다. 몇몇 형질은 유전될수 있지만 엄격하게 유전학을 통한 것은 아니다. 예를 들어, 유전력지수는 대학 교육이 계승될 수 있음을 암시한다. 그것은 교육이 유전적 형질이라는 것이 아니라 사회적·환경적 요인들 또한 부모로부터 자녀에게 전달될 수 있음을 의미한다.

자폐증에 대한 유전력지수는 지속적으로 약 0.9로 측정된다. 일란성 쌍둥이가 자폐증을 가질 경우 자폐증 확률은 약 64%인 반면, 동일한 DNA를 공유하지 않는 이란성 쌍둥이가 자폐증을 가질 가능성은 9%다.[3] 이에 비해 쌍둥이가 아닌 형제자매는 자폐증을 가질 확률이 3%에 불과하다. 약 40%의 사례에서 자폐증을 가진 개인의 유전학을 연구하면, 취약X증후군[4] 같은 염색체 이상이나 자폐스펙트럼장애와 관련된 다형성 같은 근본적인 유전적 원인을 지적할 수 있다. 이 모든 자료는 자폐증이 대부분 유전학을 포함한 유전적·생물학적 요인에 의해 통제된다는 것을 강하게 시사한다.[5] 2019년, 200만 명 이상이 참가한, 이제까지 가장 크고 통계적으로 강력한 연구에서 자폐스펙트럼장애는 약 80%의 유전력을 가지는 것으로 나타

났다.[6]

왜 단일한 자폐증 유전자는 발견되지 않았을까? 키와 같은 몇몇 형질은 소위 다유전자 형질이다. 이것은 인간의 경우 하나 이상의 유전자 변이가 개인의 키를 최종적으로 결정할 수 있음을 의미한다. 키가 크고 작은 사람만 있는 것이 아니라 평균 키를 중심으로 한키의 스펙트럼이 있으며, 대부분의 개인은 평균에 가깝고 소수의 개인은 평균보다 훨씬 크거나 훨씬 작다. Y염색체의 존재와 같은 몇몇 유전적 요인은 키에 큰 영향을 미치는 반면 다른 유전적 요인들은 적은 영향을 미친다. Y염색체와 X염색체를 가진 사람은 평균적으로 두 개의 X염색체를 가진 사람보다 키가 클 가능성이 높지만, Y염색체와 X염색체를 가진 사람이 두 개의 X염색체를 가진 사람보다키가 작은 예도 많다. 그래서 소수의 경우를 제외하고는 어떤 사람의 키를 아는 것만으로 그 사람의 유전적 변이의 정확한 조합을 아는 것은 불가능하다.[7] 마찬가지로 자폐증을 일으키는 단일한 유전자는 단 한 가지도 없으며 자폐적 행동만으로 누군가의 유전자를 예측하는 것도 불가능하다.

자폐스펙트럼장애라는 용어를 부여하는 복잡한 행동 특성들의집합은 최종 관찰된 형질에 기여하는 복잡한 유전자의 집합을 가지고 있다. 우리는 그들 중 일부만 알고 있으며, 다른 것들을 발견하기위한 연구는 현재 진행 중이다. 수백 개의 유전자 변이가 가장 큰 기여를 할 것이다.[8] 이 연구의 목적은 자폐증 범주에 속한 사람들의 삶의 질을 향상시키는 새로운 방법을 발견하고, 조기 진단을 제공하며, 교육 자원을 개선하고, 자폐스펙트럼장애 진행에 영향을 미치는 유전자에 대해 이해하여, 잠재적 부모들에게 더 나은 유전자 상담을 제공할 수 있도록 하는 것이다. 자폐증 진단은 행동에 기초하며, 행동에는 많은 원인이 있을 수 있기 때문에, 우리는 결코 모든 경우를 설명하는 단 하나의 원인을 찾지는 못할 것이다.

가장 빨리 감지되는 자폐스펙트럼장애 징후는 생후 2–6개월 사이에 나타나며, 이때 유아의 눈에서 주의력이 저하된다.[9] 자폐스펙트럼장애가 있는 어린이의 경우 두 살에 이르면 눈을 마주치는 것이 상당히 어려울 수 있다.[10] 자폐스펙트럼장애는 대개 생후 36개월 안에 진단받지만 성인이 되어 진단받는 경우도 많다. 남학생은 여학생보다 4 대 1 또는 3 대 1 정도로 자폐스펙트럼장애 진단을 받는 경우가 더 많은데,[11] 여학생들은 아예 진단을 받지 않는 경우가 많기 때문일 가능성이 높고 그 연구 결과도 매우 다양하다. 자폐스펙트럼장애의 증상에는 눈을 거의 마주치지 못하고, 말과 언어능력이 지연되며, 환경 변화에 힘들어하고, 냄새나 소리와 같은 특정 감각 자극에 민감하며, 반복 행동 및 협소한 관심 등을 드러내는 것 등이 포함된다.

1990년대 후반에는 자폐증의 원인에 대해 지금보다 더 적게 알려져 있었지만, 사람들은 그 공백을 메우기 위해 노력했다. 지난 20년 동안 개발된 많은 백신 거부 주장들이 어린이들의 자폐증 발달과 관련된 두려움을 언급해왔다. 이러한 주장은 대개 두 개의 병렬 트랙을 따랐는데, 종종 서로 모순되기도 했다. 첫 번째는 영국에서 사용된 복합 MMR 백신이 일종의 '퇴행성 자폐증'을 야기한다고 주장한 과학 논문에 초점을 맞춘다. 두 번째는 1930년대부터 시작해 2000년대에 대부분 끝난, 백신에 사용된 방부제인 티메로살(thimerosal)이 일종의 중금속 중독을 통해 자폐증 증상을 일으킨다는 데 초점을 맞춘다. 이 두 가지 주장은 모두 거짓으로 판명되었다.

9
웨이크필드의 논문으로
촉발된 백신 논쟁

거짓은 날아가고 진실은 그다음에 절뚝거리며 온다.
그래서 사람들이 속지 않을 때가 되면, 너무 늦다. 농담은 끝났고,
이야기는 효과를 거뒀다. 마치 이야기가 바뀌었을 때 또는 모임이
흩어졌을 때 그럴듯한 말재간을 떠올린 사람처럼,
또는 환자가 죽은 후 약이 잘못되었다는 것을 깨달은 의사처럼.

_조너선 스위프트(Jonathan Swift)

특정 사건을 현대 백신 거부 운동의 도화선이라고 할 수 있다면, 그
것은 1998년 학술지 〈란셋〉의 연구 논문 "아동의 회장 결절성 림
프양 증식증, 비특이적 염증, 전반적 발달장애"(Ileal-Lymphoid-
Nodular Hyperplasia, Non-specific Colitis, and Pervasive Developmental
Disorder in Children)의 출판이다. 이 연구의 주 저자는 앤드류 웨이
크필드다. 이 논문은 당시 영국에서 제공된 MMR 백신과 그렇지 않
았으면 건강하게 자랐을 어린이들이 퇴행하기 시작한 새로운 종류
의 자폐성 퇴행 사이에 연관성이 있다고 주장했다. 이후 조사에 따
르면, 다른 과학자들은 웨이크필드의 결과를 재현할 수 없었고, 탐

사 기자 브라이언 디어(Brian Deer)는 이 논문이 과학적 사기 사건의 중요한 사례라는 것을 밝혔다. 이 논문은 2010년 철회되었다.[1] 논문 철회 이후 결국 웨이크필드는 조사를 받았고 의사 면허를 잃었다. 그리고 나서 그는 미국으로 여행을 갔는데, 그곳에서 백신 거부 운동의 순교자라는 자신의 지위를 이용해 다양한 모험을 시작했다. 이러한 사건들에도 불구하고 논문에 대한 언론의 보도는 오늘날까지 남아 있는 백신에 대한 공포와 백신과 자폐증의 연관에 대한 믿음을 부채질하는 데 중추적 역할을 했다.

웨이크필드의 논문은 정상적으로 발달하다가 기능과 언어를 잃기 시작하고 설사와 복통을 앓게 된 열두 명의 어린이들 사례를 보고했다.[2] 일련의 평가가 어린이들을 대상으로 실시되었다. 어린이들은 MRI와 EEG 같은 기술을 사용해 비정상적인 신경학적 증상을 검사받았고, 내장의 내시경 검사와 점막층 조직 검사를 받았다. 그들은 또한 만성소화장애증과 살모넬라균 같은 박테리아 감염 검사를 받았다. 그들은 오줌에서 메틸말론산 수치가 높은 것으로 나타났는데, 이는 비타민 B^{12} 결핍의 지표를 갖는 지수다. 또 그들의 위장관의 내시경 이미지들은 갑상선비대증뿐만 아니라 많은 장애의 증상일 수 있는 크론병의 초기 지표를 보여주었다. 또한 어린이들의 병력은 증상이 시작되기 직전 어린이들에게 MMR 백신을 접종했다는 사실을 부모들에게 상기시켰다.

〈란셋〉 논문은 보고된 의료 소견에 대해 가능한 원인을 추측하여 결론을 내린다. 자폐증 유사 증상의 원인에 대한 한 가지 가설은 특정 식이 단백질이 펩타이드로 분해되어 야기되는 오피오이드(opi-oid, 아편류의 총칭-옮긴이)의 과잉이었다. 이 오피오이드는 과다하게 흡수되어 신경계와 상호작용한다. 이 논문은 MMR 백신과 그러한 증상들 사이의 연관성을 끌어냈는데, 자폐증의 첫 증상은 백신 접종 후 몇 주 내에 나타났지만 그 인과관계를 규정하는 데는 부족했다고 언급했다.

〈란셋〉은 이 논문을 발표했지만 같은 호에 그에 비판적인 논평을 같이 수록했다.[3] 논평은 어떤 백신도 완벽하게 안전하지는 않음을 인정하며 논문에서 주장하는 특정한 논점들을 계속 다루었다. 백신은 수백만 명의 사람들에게 투여되기 때문에 접종자 1%의 1/10에서만 부작용이 발생한다고 해도 용납되기 어렵다. 그러나 그러한 사건들을 발견하고 식별하기 위한 메커니즘은 자폐증의 발달과 관련된 어떤 부작용도 밝히지 못했다. 논평은 백신 접종과 부작용 사이의 인과관계를 추론하기 위해서는 부작용에 대한 의문이 매우 구체적인 방법으로 다루어져야 한다고 지적했다.

불과 2주 전 〈영국의학저널〉은 나쁜 매체가 어떻게 백신 커버리지에 부정적인 영향을 미칠 수 있는지를 검토하고, MMR 백신과 염증성 장 질환을 연관시킨 이전의 보도가 과학적 연구와 부합하지 않았음에도 이미 부정적인 영향을 미쳤다고 언급하는 사설을 발표했다. 이 사설은 1993년에 백신 거부 프로그램을 방송한 덴마크의 텔레비전 방송국을 거론하며 이로 인해 이제까지 덴마크는 가장 낮은 백신 접종률을 나타낸다고 말했다.[4] 〈영국의학저널〉과 〈란셋〉에 실린 이 글들은 많은 사람이 〈란셋〉 논문의 출판이 임박했음을 알고 있었고 그러한 편집진의 결정에 못마땅해했음을 시사한다.

비록 〈란셋〉이 출판한 것과 같은 보고서는 연구의 새로운 방향을 가리키거나 백신 접종과 장 질환 데이터가 서로 연관되었을 가능성을 사전에 제공할 수 있겠지만, 그것은 모집단 내에 그런 효과가 실제로 존재한다고 할 수 있을 정도로 대규모의 통계 검정을 하지는 않았다. 수백만 명의 어린이들에게 광범위하게 백신을 접종한 결과 홍역 발병 건수에 대한 보고는 현저히 감소했지만, 수백만 건의 사례 중 백신 접종 후 발생하는 장 질환이나 행동장애에 대한 보고는 기록되지 않았다.

〈란셋〉 논문에서 보고된 증상은 특이하거나 특별히 희귀하지 않았으며, MMR 백신이 도입되기 전에도 존재했다. MMR 백신 접종과 관련된 연구에서 부모들은 선택적 기억편향으로 설명할 수 있다. 선택적 기억편향은 어떤 사람에게 사건을 소급해 보고해달라고 요청할 때 발생한다. 일반적으로 사람들은 증상이 언제 시작되었는지 정확히 기억하기 어렵다.[5] 누군가에게 '증상이 언제 시작되었는가?' 라고 묻는다면, 증상이 나타난 대로 기록한 쪽보다 항상 덜 정확한 대답을 듣게 될 것이다.

또한 주장된 연관 메커니즘, 즉 과민성대장증후군과 접종 이후 자폐증을 유발하는 백신은 보고된 사례를 살펴보면 사건 순서와 일치하지 않았다. 환자들은 장 증상 이전에 행동 증상의 발달을 먼저 알아차렸다. 〈란셋〉의 논평은 많은 발달장애가 대부분의 백신이 접종되는 기간인 한 살 때 동일하게 나타난다고 지적했다. 단순히 근접한 시간으로부터 인과 효과를 가정하는 것은 잘못된 연관을 맺게 한다.

> 웨이크필드와 그 동료가 보고한 백신-안전성에 대한 우려는 눈덩이처럼 불어나 미디어와 대중이 연관성을 인과관계와 혼동하고 예방접종을 회피하는 사회적 비극이 될 수 있다.[6]

〈란셋〉은 같은 호에 염증성 장 질환의 형태인 크론병과 궤양성 대장염을 가진 환자들의 표본을 조사한 연구 서한을 수록했다. 이들 질환에서 염증이 생긴 원인이 홍역이라면 이 표본에서 홍역 유전물질이 검출되어야 하는데, 그러한 연관성은 나타나지 않았다.[7]

이 논평과 연구 서한이 수록된 〈란셋〉을 읽은 과학자들은 명확한 메시지를 깨달을 수 있었다. 비록 학술지가 자폐증과 백신 접종 사이의 연관성을 시사하는 초기 보고서를 발표했지만, 편집자들은 그 결론에 회의적이었다는 점이다. 실제로 이 학술지는 이 연구 결과를 게재할 것인지 결정하기 위해 세 번의 회의를 열었다. 연구는 기재된 대로 적절하게 수행되었고, 합당한 방법과 프로토콜이 지켜진 것으로 보였다. 결과가 사실이라면 출판할 정도로 중요했다. 출판 여부는 사용된 방법의 유효성과 그 분야에서의 중요성에 따라 결정된다.

그러나 논평과 연구 서한에서 보듯이, 그 결과는 기존의 문헌과 모순되고 심지어 잠재적으로 위험해 보였다. 편집자들은 1970년대에 서른여덟 명의 어린이들에 대한 DTaP와 신경학적 결손 사이의 연관성을 제시한 〈영국의학저널〉의 보고서로 인해[8] 다시 불붙은 백신 공포 현상을 알고 있었고, 바로 전달인 1998년 1월에는 1982년에 방영한 〈백신 룰렛〉이 어떻게 공중보건의 위험을 초래했고 결국 전 세계적인 백일해를 발생시켰는지에 대해 상세히 기술한 역사 문헌을 출판했다.[9]

의도적이지는 않았지만 1998년 〈란셋〉 논문의 출판 직전에 이 역사 문헌을 출판한 것은 불가사의한 선견지명이었다. 편집자들은 어려운 선택에 직면했지만 결국 출판을 진행했고, 그 논문을 정식 보도자료에는 포함하지 않기로 결정했다. 학술지는 그 논문을 홍보하지 않기로 선택했지만, 웨이크필드의 고용주인 로열프리병원은 논문이 발행되기 전에 열린 기자회견에서 언론에 직접 발표하기로 결정했다. 그 논문에 대해 각각 다른 견해를 가진 다섯 명의 의사가 패널을 맡았다. 다섯 명 모두 예행 연습을 했고 추가 연구가 이루어질 때까지 MMR 백신 접종을 계속해야 한다는 데 동의했다. 그러나 이 합의는 회의 중에 앤드류 웨이크필드가 단일백신을 1년 간격으로 접종하는 것을 옹호하고 다른 사람들은 이에 격렬하게 반대하면서 결렬되었다.[10] MMR 백신이 위험하다는 주장은 웨이크필드의 논문 결론보다 훨씬 더 도를 넘는 것이었다. 비록 웨이크필드는 MMR 복합백신이 위험하고 단일백신은 더 안전할 것이라고 말했지만, 그 당시 시장에 나온 단일백신은 하나도 없었다. 웨이크필드의 말은 결국 부모들에게 백신을 접종하지 말라고 하는 것과 같았다.

> 이것을 한 가지 이상 사용하는 것은 너무 과다하다. …나는 그것을 도
> 덕적인 문제라고 생각하며 이 문제가 해결될 때까지 나는 이 세 가지
> 백신을 함께 사용하는 것을 지지할 수 없다.[11]

피해가 발생했다. 다음 날 언론에는 〈란셋〉 논문에 대응해 즉각
행동해야 한다는 경고성 머리기사들이 등장했다. 〈가디언〉 1면은
"어린이에 대한 주사를 조심하라"라고 보도했다. 두 살까지의 어린
이에 대한 MMR 예방접종은 다음 해 91.5%에서 2004년 79%라는
낮은 수준으로 떨어졌다.[12] 그러나 그다음 해에 백신 접종과 자폐증
이 연관이 있다는 주장에 대한 경각심이 저절로 생겨났다. 널리 시
청되는 뉴스 프로그램[13]에서 다뤄진 일련의 의회 청문회, 백신 접종
률 감소, 그리고 많은 아픈 어린이들이 차례로 나타났다. 물론 이 논
문이 발표되기 전에도 백신에 대한 공포 분위기는 있었지만, 웨이크
필드와 그 뒤를 이은 사람들이 백신 거부 믿음을 고수하는 과학적
허식을 제공했고, 환경에서 예측할 수 없는 많은 유전자의 비의도적
행동이라기보다는 고약한 인간의 음모가 자폐증에 책임이 있다고
믿기 원하는 사람들을 위한 대체 서사를 만들어냈다.

몇 년 후 〈란셋〉 논문이 비정상적인 상황에서 생산되었다는 것이
명백해졌다. 2004년, 탐사 기자 브라이언 디어는 〈선데이타임즈〉에
웨이크필드가 1996년 8월에 열 명의 어린이들에게서 MMR 백신과

자폐증 사이의 연관성을 조사하기 위해 법률구조위원회로부터 5만 5천 파운드(약 21만 달러)를 확보했다는 기사를 실었다. 한 달 후 웨이크필드는 정부의 최고의료책임자에게 MMR 백신에 대한 반대를 촉구하는 편지를 보냈다. 〈란셋〉에 발표된 연구에서 네다섯 명의 어린이들이 자폐증과 MMR 백신 사이의 연관성을 찾는 웨이크필드의 계약에 포함되었다.

과학 학술지는 종종 이해 상충을 밝힐 기회를 제공하는데, 이것은 보통 사소하다. 약물 시험을 하는 회사를 위해 종종 행하는 컨설팅 연구가 그런 갈등 중 하나인데, 편집자들은 논문을 받아들이거나 거부할 때 그것을 고려한다. 웨이크필드는 법적 절차를 정당화하기 위해 MMR 백신과 자폐증 사이의 연관성을 도출하는 과정에서 실제로 돈을 받았다고 자신의 이해 상충을 밝히지 않았다. 그리고 이 명백한 이해 상충은 일반 대중과 원고의 공동 저자에게 공개되지 않았다.[14] 이 논문을 승인한 편집자는 그러한 갈등을 알았더라면 출판을 승인하지 않았을 것이라고 말했다.

웨이크필드는 어린이들이 법적 소송을 제기하는 것을 돕기 위해 돈을 받았기 때문에 어린이들이 연구에 포함되었다고 인정했다. 디어의 탐사 보도에 이어 로열프리 병원, 유니버시티칼리지 의과대학, 로열프리 햄프스테드 국립 보건재단은 그들이 이해 상충에 대해 알았다면 그것을 보고하라고 충고했을 것이라는 성명을 발표했다.[15] 열두 명의 논문 저자 중 열 명은 후에 "해석의 철회"라는 성명을 발표했다. 그 성명에서 그들은 "우리는 자료가 불충분했기 때문에 MMR 백신과 자폐증 사이에 어떤 인과관계도 성립되지 않았음을 분명히하고 싶다"라고 말했다.[16] 웨이크필드는 디어를 명예훼손으로 고소했으나 곧 기각되었다. 소송대리인 리처드 바(Richard Barr)는 부모들이 백신 접종에 의해 야기된 것으로 믿고 있는 상해와 관련된 사건들을 추적해왔다. 바는 MMR 백신과 자폐증 사이의 주장된 연관성 연구를 위해 웨이크필드에게 접근하고 돈을 지불하는 데 JABS(Justice, Awareness, and Basic Support)[17]라는 단체를 이용했다. 시간이 지나면 웨이크필드는 43만 5643파운드(오늘날 인플레이션에 따라 조정하면 100만 달러보다 조금 많은 금액)의 비용을 추가로 받게 될 것이다.[18] JABS 회원들은 MMR 백신을 제조한 세 회사를 상대로 한 소송에 연루되어 있었다.[19] 웨이크필드는 이미 MMR 백신과 장 질환 사이의 연관성을 찾기 위해 노력했기 때문에 그에게 접근해 MMR 백신과 다른 질환 사이의 관계를 찾게 한 것은 일리가 있었다.

언론은 1998년 논문의 결과를 홍보하고 확대하며 기민하게 대응했지만, 과학계는 좀 더 신중하게 대응했다. 1998년 3월, 〈란셋〉은 웨이크필드의 논문[20]에 대해 "발달 지연은 그 자리에서 단번에 인지되는 것이 아니라 시간이 지남에 따라 차차 인지된다" "연구에 대조군이 없었다"[21] "맹검법에 의해 환자의 선발이 이루어지지 않았다"[22] "백신 접종 이후 증상이 바로 관찰되었다면 백신 접종이 증상의 원인이라고 추론하기에 충분하지 않다"는 반박 내용을 발표했다.

같은 달 〈영국의학저널〉 역시 유사한 결론의 사설을 수록·출간했다.[23] 매년 수십만 명의 어린이들이 백신을 접종받지만 MMR 백신을 자폐증과 연관시킬 역학적 이유는 없었다. 세계보건기구(World Health Organization, WHO)는 그러한 연관의 생물학적·역학적 타당성을 검토한 결과,[24] 홍역을 염증성 장 질환의 원인으로 연루시킬 증거가 거의 없으며 "현재의 과학적 데이터로는 홍역 바이러스와[만성 염증성 장 질환 사이]의 인과관계를 도출할 수 없다"는 것을 발견했다. 실제로 MMR 백신 접종에 사용된 홍역 바이러스가 염증성 장 질환의 원인 인자인지에 대한 의문을 밝히려고 시도한 많은 연구가 있었지만,[25] 모두 이 가설을 입증하는 데 실패했다.[26]

1999년 6월, 〈란셋〉은 498명의 자폐증 사례 연구를 발표했다.[27] 명확하게 국제질병분류(International Classification of Diseases, ICD)가 진단한 자폐증이 이 연구에 포함되기 위한 기준으로 사용되었고, 참가자의 부모들이 법적 소송의 성립을 위해 조사자에게 돈을 지불하지 않았다. 연구자들은 백신을 접종한 시기와 자폐증 증상 사이에 연관성이 없음을 발견했는데, 이는 웨이크필드의 MMR 백신 접종 가설에 타격을 주는 결과였다.

연구는 계속해서 주장된 연결고리들을 찾았다. 퇴행하지 않은 어린이와 비교해 퇴행한 것으로 보이는 자폐아들은 다른 시기에 증상이 나타나지 않았고, 이러한 어린이들에게서 염증성 장 질환이 더 자주 나타나지도 않았다.[28] 자폐증 진단은 1988-1999년에 일곱 배 증가했지만, 예방접종률은 약 95퍼센트로 비교적 안정적이었다.[29]

50만 명 이상의 어린이들을 대상으로 한 후향연구(A retrospective study)에 의하면, 백신 접종 후 몇 달 동안 자폐증에 걸릴 위험이 증가하지 않았고 자폐아와 염증성 장 질환으로 인한 입원 사이의 연관성도 없었다.[30] 장 증상의 발병률과 발달성 퇴행의 발병률은 MMR 백신 도입 이전과 이후가 다르지 않았다.[31] 자폐아 및 비자폐아에 대한 사례–대조군 연구는 백신 성분에 대한 노출 증가가 자폐증의 위험을 증가시키는 승산비를 계산했다. 교차비 = 1은 노출이 결과의 승산에 영향을 주지 않음을 나타낸다. 승산비 > 1은 노출이 위험을 더 높이는 것과 관련이 있음을 나타내고, 승산비 < 1은 노출이 위험을 더 낮추는 것과 관련이 있음을 나타낸다.[32] 승산비는 최대 3개월 노출될 경우 0.999, 최대 7개월 노출될 경우 0.999, 최대 2년 노출될 경우 0.999로 나타났다.[33] 이는 백신 노출과 자폐증 진단 사이에 관계가 없음을 알려준다. 2014년의 메타분석은 이용 가능한 고품질 연구의 결과를 묶어 연구했고, 백신 접종과 자폐증, 백신 접종과 자폐스펙트럼장애, 자폐증과 MMR 백신, 자폐증과 티메로살, 자폐증과 수은 사이의 관계를 발견하지 못했다.[34]

웨이크필드의 연구보다 더 많은 방법론이 채택되고 훨씬 더 많은 참여자들이 지원한 수십 개의 연구가 MMR 백신과 자폐증 사이의 연관성을 찾기 위해 수행되었다. 모두 MMR 백신과 자폐증 발달, 염증성 장 질환의 발달 또는 발달 퇴행이라는 특징을 갖는 새로운 자폐증의 하위 유형 사이에 아무 연관성이 없다는 동일한 결론에 도달했다.

과학 훈련을 받은 사람이 행한 정직한 조사라면 그 과학 연구의 양과 질을 무시할 수 없다. 그러나 이 의문들에 대해 연구한 과학자들의 연구 결과를 웨이크필드의 연구 결과와 마찬가지로 언론이 숨 가쁘게 그리고 흥분하며 다루었을까? 그렇지 않았다. 2002년 BBC 는 다큐멘터리 프로그램 〈파노라마〉를 통해 "MMR 백신은 얼마나 안전한가?"라는 주제에 대해 연속 방송했다. 〈썬〉과 〈데일리메일〉 은 어린이들이 감염에 취약한 기간을 늘릴 수 있는 조치인 홍역, 볼 거리, 풍진[35] 등에 대한 단일백신을 주장했다. 많은 뉴스 매체가 백신 접종을 논의할 때 이른바 '균형'을 맞추기 위해 애썼다.[36] 그러나 균 형은 논쟁을 보도할 때는 언론의 미덕이지만, 과학적 의문에 균형을 도입하는 것은 종종 웨이크필드와 같은 극단적 소수자의 입장을 잘 못된 동등성의 불균형적 지위로 끌어올린다. 이것을 잘못된 균형이 라 한다.

유명인사들이 끼어들기 시작했다. 제니 매카시(Jenny McCarthy) 는 2006년에 처음에는 자신의 아들을 "크리스털 아이"로 불렀는 데, 나중에 보니 자폐증이었다. 그의 아들이 의학적으로 자폐증 진 단을 받았는지는 불분명하다. 제니 매카시는 백신이 자폐증을 일으 킬 수 있다고 주장하며 〈오프라윈프리쇼〉〈래리킹라이브〉〈프런트 라인〉 등에 출연했다. 2008년에 그는 유사과학에 기여한 공로로 제 임스랜디교육재단(James Randi Educational Foundation)의 피가수스 상(Pigasus Award)을[37] 받았다. 제나 엘프먼(Jenna Elfman)은 부모의 권리를 침해한다는 근거로 백신면제 규정에 관한 캘리포니아의 법 (SB-277) 강화에 반대하는 집회에 참가했다. 짐 캐리(Jim Carrey)는 〈허핑턴포스트〉에 백신과 자폐증 사이의 연관성을 시사하는 사설을 썼다.[38] 얼리샤 실버스톤(Alicia Silverstone)은 유아 백신 접종(그리고 기저귀를 사용하거나 임신 중 육류 제품을 먹는 것)에 반대하는 육아 책을 썼다.[39] 커스티 앨리(Kirstie Alley)는 법안(SB-277)에 반대하는 트윗을 올렸고, 셀마 블레어(Selma Blair), 게임 쇼 진행자이자 전 부동산 개발업자였던 도널드 트럼프(Donald Trump), 에린 브로코비치(Erin Brockovich), 빌 마허(Bill Maher)[40]를 포함한 여러 유명인사가 백신을 거부한다는 내용의 트윗을 올렸다.

매카시가 그의 책을 홍보하기 위해 언론 투어를 떠난 직후 ABC 방송은 환각에 시달리며 가상의 백신 보존제인 티메로살이 자녀의 자폐증을 일으켰다고 믿는 부모들을 대신해 '소시민을 위해 싸우겠다'고 결심하고 제약회사와 대적하는 기업 변호사가 주인공인 〈일라이스톤〉(Eli Stone) 첫 회를 방영했다.[41] 이 드라마는 미국소아과학회 등 다수의 전문 단체의 항의를 받았지만, 드라마의 그 회사가 허구라는 경고 없이 방송되었다.[42]

물론 유명인사들은 종종 증거를 평가하고 해석하는 능력 이외의 이유로 명성을 얻는다. 연기나 스포츠 경기 또는 미디어 출연 기술은 과학 증거를 평가하고 최상의 데이터에 기초해 선택하는 기술과 같지 않다. 광고주와 영화 마케팅 담당자들이 오랫동안 연예인을 많은 사람에게 다가갈 수 있는 플랫폼으로 인식해온 데서 알 수 있듯 그들은 영향력을 발휘할 수 있는 위치에 있다. 하지만 수많은 연예인들이 법안(SB-277)에 반대하는 발언을 하고, 그 발언이 연예 산업이 많은 부분을 차지하는 캘리포니아 주에 영향을 끼쳤음에도 불구하고 법안은 통과되어 공포되었다.

기자와 과학자 모두 진실을 찾는다. 그런데 언론은 왜 웨이크필드의 논문에 나타난 비교적 취약한 결과는 보도하면서 그 논문과 동시대에 그리고 그 이후 몇 년 동안 나타난 광범위한 과학 연구의 상태를 보도하는 데는 대개 실패한 것일까? 간단히 말해 언론의 중요한 목적은 새로운 것을 보도하는 것이다. MMR 백신이 안전하지 않다는 웨이크필드의 연구는 새로운 것이었다. 이에 반해 과학적 현상태가 현 상태로 남아 있다는 계속된 보고는 새로운 것도 아니고 특별히 흥미로운 것도 아니다.

기자들은 과학자들과 매우 다른 사회적 역할을 하고, 언론 또한 과학 기관과는 다른 역할을 한다.[43] 과학자들과 연구 기관들이 대중과 소통하는 동기는 언론인들의 그것과 부분적으로만 겹칠 뿐이다. 과학자의 관점에서 미디어는 과학자들이 제시한 증거의 강도에 비례해 정확하게 과학적인 결과를 전파해야 한다. 공중보건 연구자는 백신 접종률이 향상되고 사망과 질병으로 고통받는 사람들이 줄어들기를 바라는 욕구에 의해 동기부여를 받는다. 반면에 기자들은 '특정한 이익'를 위해 일한다는 인상을 주지 않으려고 애쓴다. 뉴스 미디어는 즐거움을 주고, 위험과 실패를 경고하며, 사건을 보도·설명 또는 논평하는 것을 목표로 한다. 질병을 예방하는 것은 이러한 목표들 중 하나가 아니다.

이러한 언론의 장점은 예를 들어 원자로를 냉각시키기 위해 사용한 폐수를 강에 버리는 기업에 대해 보도하는 기자를 생각할 때 타당하다. 대중은 강물의 온도 변화가 물고기를 죽이고 또 다른 환경 피해를 야기한다는 사실에 관심을 가지고 있기 때문에, 기자는 폐수가 안전하다는 기업의 진술을 그대로 보도하지 않고, 그들 자신의 사실 확인과 해석을 하지 않은 상태에서 무슨 일이 일어났는지 밝혀내기 위해 열심히 취재한다. 마찬가지로 과학자와 기관장을 인터뷰할 때 기자들은 기업 지도자나 정치인과 마찬가지로 과학자들을 개인의 이익을 가진 당사자로서 잠재적으로 편향된 권력 보유자로 본다. 과학자는 그들만의 사회적 기능과 지적 미덕을 가지고 있다. 과학은 새롭고 생명을 구하는 기술, 새로운 무기, 새로운 도구를 개발한다. 그것은 우리가 사는 세계, 그 세계를 차지하고 있는 생물, 우리의 행동, 그리고 우리의 생물학적·물리적·화학적 기원을 이해하는 데 도움을 준다.

또한 기자들은 마감일에 맞춰 일한다. 과학자들 역시 연구 결과를 출판하려는 동기가 있지만, 과학 연구의 속도는 종종 인내심을 보상하고 일을 바로잡는다. 단일 과학 출판물은 몇 년 동안의 연구를 담을 수 있으며, 평판이 좋은 학술지에 채택되려면 여러 차례의 동료 검토, 새로운 실험 및 개정을 거쳐야 한다. 신문 발행이나 텔레비전 프로그램 방영 전에 기사를 전달해야 하는 기자들 역시 사실 정보만을 제시하려 하지만 '바로잡을' 시간이 부족해서 적절하지 않은 사람들을 인터뷰하거나, 중요한 특색을 놓치거나, 출처를 추적하지 못할 수도 있다. 웨이크필드의 이해 상충에 대한 디어의 조사와 같은 장기적인 탐사 언론은 이러한 격차를 서서히 메울 수 있다.

부정적인 결과들은 보고되지 않고 발표되기도 어려운 소위 서류함효과(file-drawer effect)로 인해 과학은 종종 낭패를 겪는다.[44] 이것은 그 자체로 문제를 일으키고, 보고된 위양성의 위험을 증가시키며, 이전 그룹의 부정적인 결과를 이용할 수 없기 때문에 여러 그룹이 반복된 연구를 하게 만든다. 이에 반해 뉴스 미디어는 부정적인 이야기를 강조하거나 부정적인 프레임을 사용해 보도하는 경향이 있다.[45] 사람들 또한 건강상 별로 위험하지 않거나 전혀 위험하지 않은 연구보다는 건강상 위험에 관한 연구를 더 신뢰할 만하다고 생각하는 경향이 있다.[46] 결과적으로 뉴스는 부정적인 이야기를 보도하는 것, 기관이나 개인을 악당처럼 묘사하는 것, 그리고 언론이 감시자 역할을 하는 기회를 제공하는 것에 치우쳐 있다. 이것은 다시 위험을 암시하는 정보에 대한 더 큰 가용성으로 이어질 수 있으며, 그리고 이것은 위험한 사건이 일어날 가능성에 대해 개인들이 더 의식하도록 만든다.[47] 뉴스는 정의상 새로운 것이므로, 현상을 강화하는 보도보다 새로운 현상을 전달하는 보도가 자연히 더 매력적일 것이다.

과학 언론이 한결같이 나쁘다고 할 수는 없다. 과학 뉴스의 질은 천차만별이다.[48] 어떤 것은 과학적 합의를 반영하는 매우 정확한 보도를 하며 또 어떤 것은 잘못된 정보를 퍼뜨린다.

인식론(지식에 관한 연구)에 대한 최근의 철학적 접근법은 과학과 뉴스 매체 사이의 분열을 메우는 데 도움이 될 수 있다. 미덕인식론(Virtue epistemology)은 고정된 기술과 메커니즘의 코드화된 집합에 의해서가 아니라 도덕적 미덕에 대한 유추를 끌어냄으로써 지식 추구를 체계화한다. 과학자는 가설에 의한 연구, 꼼꼼한 노트 작성, 깨끗한 유리 기구를 유지하는 것과 같은 인식론적 장점을 가지고 있다. 기자는 균형, 출처 추적, 결과의 교차검증과 같은 장점을 보유할 수 있다. 과학자들은 언론의 덕목과 기자들이 사회에서 그들의 역할을 어떻게 생각하는지를 이해함으로써, 과학적인 이야기와 정확한 공중보건 정보를 전파하기 위해 기자와 상호작용해야 하는 상황을 더 잘 헤쳐나갈 수 있을 것이다.

기자들은 과학 지식을 밝혀내는 과정과 방법이 그들이 진실을 알아내는 데 채택하는 접근법의 범위를 벗어난다는 것을 알아야 한다. 과학에서 종종 현상을 전복하는 이야기들은 흥미로울 수가 없는데, 왜냐하면 그것은 거짓일 가능성이 높기 때문이다. 과학에서 개인의 의견은 거의 중요하지 않고 개별 인터뷰는 사실을 결정하는 데 거의 쓸모가 없을 수 있다. 이슈들이 동등한 대표성을 가질 자격이 있는 동등한 과학적 가치의 '양면'을 가지는 경우는 드물다. 자격을 갖추는 것만으로는 별 의미가 없다. 과학자나 의사로서 자신을 대표하는 사람들은 박사학위를 가지고 있을 수도 있지만 그들은 또한 자신의 영역 외에서도 말을 잘할 수 있다. 악덕 기업에 대항하는 소시민의 이야기는 설득력이 있을 수 있지만 종종 그 소시민은 나쁜 과학을 토대로 자신의 이야기를 할 수 있다. 과학자들은 대개 정확하고 적절한 언어를 사용해 매우 조심스럽게 말한다. 자신의 견해를 정확하게 표현하기 위해 주의를 기울여야 하기 때문이다. 과학자들의 의사

소통을 '간소화' 하려 하면, 진술들이 맥락상 의미를 잃어버리거나 공격받기 쉬워지거나 완전히 왜곡되어 혼란에 빠지게 된다.

브라이언 디어는 웨이크필드의 논문을 계속 조사했다. 그는 보고된 것과 상반되는 의료 기록을 제공한 연구와 관련된 어린이들의 부모를 추적했다.[49] 종합의료위원회(General Medical Council, GMC)는 웨이크필드 사례를 217일 동안 평가했고 2010년 1월 웨이크필드가 자신의 논문과 관련해 비행을 저질렀다는 것을 발견했다.[50] 어린이들은 내시경 및 요추천자와 같은 침습 절차를 거쳤지만, 이러한 절차는 해당 윤리위원회에 의해 심의되지 않았다. 2010년 2월, 〈란셋〉은 1998년 논문을 철회했다. 2010년 3월, 종합의료위원회는 웨이크필드의 의료 면허를 박탈했다.

게다가 논문의 구체적인 주장 중 많은 것들이 무너지기 시작했다. 이 논문에 기록된 많은 어린이들이 퇴행성 자폐증이 아닌 아스퍼거증후군을 앓고 있었거나 혹은 전혀 질병을 앓지 않은 것으로 드러났다. '이전에는 정상이었다' 고 했던 일부 어린이들이 실제로는 이미 이전에 발달 지연이나 이상의 기록이 있는 상태였다. 디어는 연구에 참여한 모든 어린이들이 어떤 식으로든 논문의 서사에 맞게 병력을 바꾸거나 왜곡 전달되었음을 밝혔다.

디어는 또 다른 보도에서 웨이크필드가 1995년 "장 조직, 장 산물 또는 체액"의 홍역 바이러스로부터 크론병을 발견하는 방법에 대해 특허를 냈다고 밝혔다.[51] 그것을 적용한 서비스가 영리회사의 기초가 될 수 있음을 암시하는 것이었다. 웨이크필드에게 돈을 지불한 변호사 리처드 바는 자신이 〈란셋〉 논문 연구에 돈을 지불했다고 직접 진술했다. 기자회견이 끝난 뒤 웨이크필드는 벤처 투자가와 만나 '이뉴노스페시픽스 바이오테크놀러지'(Immunospecifics Biotechnologies Ltd.)사의 출범에 대해 논의했다. 이 회사는 홍역 단일백신을 판매할 예정이었다. 2001년 웨이크필드는 그가 착수한 사업이 아직 입증되지 않은 연구에 기초한 계획이며, 이것이 로열프리 병원에서의 그의 연구와 이해 상충을 빚고 있다는 우려를 나타내는 서신을 받았다. 더 많은 어린이들로 〈란셋〉 논문의 연구 결과를 재현하자는 제안이 있었지만, 웨이크필드는 그렇게 하지 못했다. 그는 퇴직금은 받을 수 있었지만 병원을 그만둬야 했다.

웨이크필드는 공개적으로 어떤 비행도 시인하지 않았고 자신의 초기 논문을 철회하지도 않았다. 이 책을 집필하며 그의 비서를 통해 그에게 인터뷰 요청을 했지만, 웨이크필드는 아무 응답도 하지 않았다. 여러 인터뷰에서 그는 자신의 연구에 대한 부정적 해석이 음모론 때문이라고 주장해왔다. 디어와 대부분의 과학자들은 웨이크필드가 과학적 부정을 저질렀다고 판단했다.[52] 그는 소송이 진행되는 것을 돕고 자신의 대체 홍역 백신을 판매하는 데 도움이 되는 그럴듯한 과학 문헌을 출간하면서 대가를 받았다. 그는 연구를 수행할 때 이것을 숨겼으며, 어린이들을 검사할 때 윤리규정을 어겼고, 그들의 환자 기록과 진단을 왜곡해 전달했다. 이 연구 부정행위 사례는 그의 다른 출판물도 의심스럽게 만들었다.

웨이크필드는 로열프리 병원과 결별한 후 결국 미국으로 이주했다. 2004년, 텍사스 오스틴에서 그는 '어린이를 위한 사려 깊은 센터' (Thoughtful House Center for Children)의 설립을 도왔으며, 그곳에서 연구 책임자로 종사하며[53] 매년 약 25만 달러를 수령했다.[54] 그러나 결국 종합의료위원회 청문회 즈음인 2010년에 사임했다. 2011년에 그 기관의 이름은 존슨아동보건발달센터(Johnson Center for Child Health and Development)로 바뀌었다. 그 후 웨이크필드는 '자폐증에 대한 전략적 계획' (Strategic Autism Initiative, SAI)이라는 자선 단체를 설립했다. 2012년 현재 SAI가 지출한 돈의 약 58%가 급여 명목이었고, 그중 대부분은 웨이크필드에게 지출되었다.[55] 2012년에는 수입보다 더 많은 돈이 급여로 지출되었다. 세금신고서에 따르면, 2013년까지 SAI는 5만 498달러를 벌어들였고 9만 7514달러의 적자를 냈다. 또한 웨이크필드는 2010년에 '오티즘파일글로벌' (Autism File Global)이라는 회사를 등록했고 2011년에는 이 회사의 이름을 '오티즘미디어채널' (Autism Media Channel)로 바꾸었다.

2010년, 웨이크필드는 미네소타에 있는 소말리아계 미국인들에게 소말리아에는 자폐증이 존재하지 않는다는 잘못된 내용의 연설을 했다.[56] 2017년, 이 공동체는 최근 기억으로는 미네소타에서 가장 큰 홍역 발병의 중심이 되었다.

2013년, 웨이크필드는 오티즘미디어채널을 대표해 자폐증 관련 장염이 있는 어린이들을 진단하고 그 어린이들을 치료하는 '자폐증팀'에 관한 '리얼리티' 텔레비전 프로그램을 방영했다.[57] 자폐증 관련 장염은 웨이크필드가 만든 용어로, 공인된 질병이 아니다. 오티즘미디어채널의 유튜브 채널은 몇 년 동안 휴면 상태이며, 페이스북 계정 역시 2017년 2월 이후 업데이트되지 않았고, 웹사이트도 업로드되지 않고 있다.

2016년 웨이크필드는 오티즘미디어채널 제작 다큐멘터리 영화 〈백스드: 은폐에서 파국까지〉(Vaxxed: From Cover-up to Catastrophe)를 감독했다. 이 영화는 처음에 트리베카영화제에 초청되었으나 결국 철회되었다.[58] 배우 로버트 드 니로(Robert De Niro)가 과학자들과 함께 이 영화를 검토하고 백신을 둘러싼 공중보건 논의에 기여하지 않을 것이라고 결론 내린 이후 철회되었다. 이 철회를 둘러싼 언론 보도는 아마도 은폐와 은닉 정보에 관한 음모적 신념에 빠져 있는 이 영화의 인지도를 높였을 것이다.

10
과학 부정의 모든 기준을
충족하는 영화 〈백스드〉

〈백스드〉는 사실을 객관적으로 전달는 데 실패한 영화다. 영화는 주장하는 이들이 진실이라고 믿는 결론에서 출발한 다음 이념적 체리피킹을 통해 그 결론을 지지하는 것처럼 보이는 이야기를 만들기 위해 역행한다.

2009년 논문 "거부론: 이것은 무엇이며, 과학자들은 어떻게 대응해야 하는가?"(Denialism: What Is It, and How Should Scientists Respond?)의 저자들은 '과학 거부'가 다음의 다섯 가지 특징을 부분적 또는 전체적으로 공유함으로써 성립한다고 정의했다.[1] 첫째, 음모론에 의존해 과학적 합의를 설명한다. 둘째, 가짜 전문가, 즉 특정 전문

지식을 가지고 있는 척하지만 기존 전문지식에 역행하는 사람들을 이용해 기존 전문가의 신용을 떨어뜨린다. 셋째, 체리피킹 데이터나 일반적 합의에 반하는 고립된 논문만을 선택한다. 넷째, 과학은 항상 완벽해야 하므로 불가능한 결과를 요구하거나 불가능한 질문으로 시험한다. 다섯째, 잘못된 논리를 사용한다. 〈백스드〉는 이 모든 기준을 충족했다.

〈백스드〉는 질병통제예방센터가 데이터를 해석하며 기만을 저질렀다는 한 연구를 중심으로 삼은 음모론에 초점을 맞추었는데, 이 영화의 제작자들은 그 연구가 아프리카계 미국 소년들의 MMR 백신 접종과 증상의 시작 사이의 연관성을 보여준다고 믿었다. 이것은 체리피킹과 음모론 모두에 의존하는 것이다.

2004년 연구는 환자-대조군 설계를 사용하여 애틀랜타 지역 학교의 자폐아 624명과 비자폐아 1824명을 조사했다.[2] 환자-대조군 연구에서 희귀질환의 원인을 잘 찾는 것은 많은 사람을 선발해 거기에서 질병이 있는 사람을 확보하는 것이 아니라 해당 질환의 대상자를 파악해 그들을 연구에 포함시키기 때문이다.

2004년 연구에서는, 어린이들이 입학하는 데 필요한 서류 양식이 백신 접종 시기를 정하는 데 사용되었다. 출생증명서는 "모성 및 출생 요인"을 측정하는 데 사용되었다. 조사 결과 생후 12-17개월 사이에 MMR 백신을 접종한 자폐 및 비자폐 어린이는 각각 70.5%, 67.5%로 비슷했고, 생후 36개월 이전에 백신을 접종한 어린이는 각각 93.4%, 90.6%로 조금 더 많았다. 이런 현상은 3-5세 사이의 어린이들에서 더 일반적으로 나타나는데, 그것은 부모들이 자폐증에 대한 '공식' 진단을 받아 조기 개입 프로그램에 등록하기 때문이다.

연구에 사용된 방법은 간단했다. 진단 및 통계 매뉴얼(Diagnostics and Statistical Manual IV, DSM4)을 사용해 자폐증을 진단하는 훈련을 받은 전문가들은 자폐아를 밝혀내기 위해 학교와 병원, 그리고 임상 기록을 검토했다. 연구원들은 987명의 어린이 중 660명의 접종 기록을 얻을 수 있었다. 연구자들이 연구한 모든 자폐아에 대해 같은 해에 태어난, 같은 성별의, 같은 학교에 다니는 자폐증을 앓지 않는 대조군 어린이 세 명 또한 연구되었다.

웨이크필드의 '퇴행적' 형태의 자폐증 주장에 대응하여, 연구자들은 한동안 정상적으로 성장했지만 그 후 퇴행했을지도 모르는 어린이들과 특정 발달 단계에서 정체되었을지도 모르는 어린이들 모두를 확인하고자 했다.

결과는 분명했다. 모든 경우에 대해 승산비는 1과 유의미하게 다르지 않았다. 36개월 이전에 백신 접종을 받은 3-5세 사이의 어린이들만이 약하지만 유의미한 승산비를 나타냈다.

퇴행 또는 정체, 정신지체 유무 등 기존 조건에 대해 정의한 하위 집단을 사용한 출생증명서 하위 집단은 유의미한 승산비를 나타내지 않았다. 인종뿐만 아니라 산모의 나이와 교육 정도 등 산모와 출생의 특성을 고려했을 때, 어떤 유의미한 영향도 나타나지 않았다. 36개월 이후 백신 접종을 한 어린이의 경우 대부분 백신 접종을 하기 전에 발달지체가 감지되었다.

〈백스드〉는 이 연구의 저자들이 몇 가지 점에서 정직하지 못했다고 주장한다. 이 영화에 주로 등장하는 인터뷰 대상자인 브라이언 후커(Brian Hooker)는 2004년 MMR 백신 연구에서 얻은 질병통제예방센터 데이터의 재분석 결과를 2014년에 재분석해 그 결과를 〈신경퇴행의 임상이행〉(Translational Neurodegeneration)이라는 학술지에 발표했다.[3] 학술지의 편집자들은 후커가 이해 상충을 밝히지 않았고 방법론적·통계적 문제의 심각성이 명백해졌다는 이유로 이 논문을 철회시켰다.[4] 후커의 논문은, 2004년 연구의 원래 데이터에는 36개월 이전에 백신을 접종하면 아프리카계 미국인 소년들의 위험성이 통계적으로 유의미하게 증가한다는 보고되지 않은 내용이 포함되어 있다고 주장했다. 그러나 이 영향은 표본의 수가 작을 뿐더러 이용 가능한 출생증명서에서 수집된 체중과 같은 자폐증의 위험성과 관련된 교란 요인을 적절하게 고려하면 사라진다.[5]

후커의 논문은 데이터의 작은 영향력을 부각시키기 위해 통계적 조작이 필요하다는 웨이크필드 가설의 과학적 약점을 드러내는 것 같다. 후커는 이 데이터를 아프리카계 미국 어린이와 다른 모든 어린이로 나누었고, 교란 변수를 통제했던 원래의 논문과 달리 체중[6]과 같은 교란 변수를 제어할 수 없는 카이제곱검정(관찰된 빈도가 기대되는 빈도와 의미 있게 다른지 여부를 검정하기 위해 사용되는 검정 방법-옮긴이)으로 결론을 이끌어냈다.

2004년 연구의 저자 중 한 명인 윌리엄 톰슨(William Thompson)과의 전화 통화를 비밀 녹음한 것이 〈백스드〉에서 재생되었다. 그것은 후커의 논문의 통계 분석이 공개되는 것을 원하지 않았던 질병통제예방센터 과학자들의 '은폐'에 대해 톰슨이 내부고발자였음을 암시한다.

톰슨은 변호사를 통해 2014년에 다음과 같은 입장을 발표했다.

> 나는 공동 저자들과 학술지 〈소아과학〉(*Pediatics*)에 게재한 2004년 논문에서 통계적으로 중요한 정보를 빠뜨린 것을 후회한다. 누락된 데이터는 36개월 이전에 MMR 백신을 접종한 아프리카계 미국인 남성들이 자폐증에 걸릴 위험이 높다는 것을 암시했다. 데이터를 수집한 후 어떤 결과를 보고할 것인지에 대한 결정이 내려졌으며, 최종 연구 프로토콜은 지켜지지 않았다고 생각한다. 나는 백신이 수많은 생명을 구했고 계속해서 생명을 구하리라는 것을 확실히하고 싶다. 나는 어떤 부모의 어떤 인종의 어린이들에게도 백신 접종을 피하라고 주장하지 않을 것이다. 백신은 심각한 질병을 예방하고, 그 개인적·사회적 이익은 백신 투여와 관련된 위험보다 훨씬 더 크다.

후커와 톰슨 사이의 통화 녹취록 중 몇 개는 케빈 배리(Kevin Barry)의 책 《백신 내부고발자: 질병통제예방센터에서의 자폐증 연구 기만을 폭로한다》(*Vaccine Whistleblower: Exposing Autism Research Fraud at the CDC*)를 통해 입수할 수 있었다.[7] 톰슨이 후커와 접촉한 정확한 동기가 무엇이었는지는 분명하지 않지만, 그들은 친해진 것 같다.[8] 그러나 녹취록에서 톰슨이 심지어 그가 저자였던 과학 연구에서도 그것을 잘못 해석하는 경향이 있었다는 것은 분명하다. 톰슨의 녹취록은, 그가 다중 비교를 통제하지 않는 연구들과 관련해 나타나는 수단을 체리피킹하거나, 연구가 어떤 개입이나 형질 그리고 자폐증 사이의 연관성을 보여주었다고 주장했음을 알려준다. 톰슨은 부정적으로 보이는 연관성만 선택하고 긍정적으로 보이는 연관성은 선택하지 않았다.

질병통제예방센터의 혐의 중 일부는 연구와 관련된 서류들을 파기하기 위한 회의가 열렸다는 것이다. 이것은 악의적으로 보이지만, 사실은 그렇지 않다. 과학 연구는 종종 많은 양의 데이터를 생성하며, 많은 기관들은 정부 및 기관의 규칙에 따라 하드 카피를 보관해야 하는 기간이 있다. 필요한 저장 기간이 지나면, 특히 이 연구의 경우와 마찬가지로 디지털 백업 복사본이 존재하는 경우 원본 데이터를 삭제하는 것이 상당히 일반적이다.[2] 데이터의 디지털 백업 복사본이 파괴되지 않았기 때문에 후커는 톰슨으로부터 그의 (철회된) 재분석을 위한 데이터를 얻을 수 있었다.

마지막으로, 연구가 연구 이전에 수립된 분석 계획에서 벗어났다는 주장이 제기되었다. 만약 그렇다면, 그것은 통계적으로 우려할 만한 원인이 될 것이다. 예를 들어, 사전 분석 등록은 연구자가 원하는 결과를 찾지 못해 그 결과가 '유의미한' 것이 될 때까지 더 많은 데이터를 수집하기 위해 되돌아가는 것과 같은, 특정한 종류의 통계적 오류를 예방하는 데 도움이 되기 때문이다. 그러나 분석 계획을 정확히 읽은 결과, 이 계획은 "전체 표본을 사용하여 잠재적 교란 요인으로 평가할 수 있는 유일한 변수는 어린이의 인종"이라고 명시했다.[10] 후커와 웨이크필드는 이것을 연구에서 데이터를 나누고 보고하기 위한 방법으로 인종이 통계적으로 검정된다는 의미로 받아들인다. 그러나 그렇지 않다는 것은 분명하다. 인종은 연구에서 사용된 것처럼 로지스틱회귀(logistic regression, 독립 변수의 선형 결합을 이용해 사건의 발생 가능성을 예측하는 데 사용되는 통계 기법-옮긴이)에서 가능한 교란 공변량으로만 사용되었다.

이 영화는 2004년 논문을 쓴 톰슨과 다른 질병통제예방센터 과학자들 사이의 과학적 불일치를 MMR 백신이 자폐증을 유발한다는 사실을 폭로하는 방대한 음모론적 은폐와 자폐아들의 일부(가장 심각하고 충격적이며 착취적인 이미지로 선택된) 불안한 장면들, 그리고 일련의 백신 거부 운동가들의 인터뷰로 확장하는 데 초점을 맞추고 있다. 영화에는 백신 거부 운동가 마크 블락실(Mark Blaxill), 백신 거부 잡지 〈오티즘 파일〉(The Autism File)의 편집자 폴리 토미(Polly Tommey)와 존 토미(John Tommey), 웨이크필드와 함께 연설에 참여한 쉴라 일리(Sheila Ealey), 노벨상을 받은 이후 다양한 형태의 사기에 찬성해온 뤼크 몽타니에(Luc Montagnier),[11] 이전에 웨이크필드와 일했고 자폐증의 엉터리 '해독' 이론을 옹호하는 도린 그란피셰(Doreen Granpeesh), 2032년경에는 태어나는 모든 남자 어린이의 80%가 자폐증에 걸릴 것이라는 주장을 위해 터무니없는 추론을 하는 MIT의 컴퓨터과학자 스테파니 세네프(Stephanie Seneff), 영화를 감독한 (아마도 스스로를 인터뷰한) 앤드류 웨이크필드, 영화 제작자이자 이 영화에서 불가해한 인터뷰를 한 델 빅트리(Del Bigtree), 빅트리의 이전 작품 〈닥터스〉의 몇몇 의사들의 인터뷰가 나온다. 이러한 "가짜 전문가들"은 과학 부정의 또 다른 기준이다.

후커는 자신의 아들에 대해 "생후 15개월에 백신을 접종하고 2주 후 그는 모든 언어능력을 상실했다. 눈을 맞추려 하지 않았다. 일으켜 세우면 절뚝거릴 것이다"라고 말했다. 그러나 후커는 자신의 사건을 '백신 법정'으로 가져갔으며(7장 "20세기의 백신 거부 운동"에서 '국가백신상해보상프로그램' 부분을 참조하라), 따라서 해당 기록을 살펴볼 수 있다.[12] '백신 법정'은 청구인이 백신 접종 이후 지정된 기간 내에 부작용을 제시하거나 백신 접종과 특정 부작용 사이에 인과관계가 있음을 나타내는 '증거의 우월성'을 제시할 경우 보상한다. '백신 법정'이 사용하는 기준에 의료 문헌의 '결정적' 증거는 포함되지 않지만 의료 전문가의 의견은 포함될 수 있다. 전문가는 법적으로 특정한 의미를 갖는데, 이것은 일반적인 용법과 정확히 같지는 않다.

백신 접종에 의한 자폐증을 주장하는 사례가 많아지자 MMR 백신의 홍역 성분과 티메로살이 자폐증을 유발한다는 두 가지 메커니즘을 시험하기 위해 180명의 법조인이 몇 가지 '검정 사례'를 시도하는 특별한 절차가 개발되었다.[13] 여섯 개의 검정 사례는 각각 기각되었다. 그 후 후커 사건을 포함한 몇몇 사건이 재판에 회부되었지만, 대부분의 미결 사건들은 더 이상 심리하지 않는 것으로 결정되었다. 후커의 변호사들은 21개월 동안 그들의 사건을 지지할 전문가를 찾으려고 노력하면서 열 편의 현황 보고서를 판사에게 제출했다. 그들은 마침내 면허가 취소된 의사로부터 얻은, 허위로 드러난 많은 이론이 담긴 보고서를 제출했다. 결국 다섯 편의 전문가 보고서가 제출되었고, 심리는 진행되었다.

생후 첫 해에 작성된 의료 기록은 후커의 아들이 백신 접종 이전에 발달이 지연되었음을 알려주었다. 따라서 백신 접종이 아들의 언어능력 상실을 촉발했다는 〈백스드〉에서의 후커의 진술은 사실이 아니다.[14] 질병통제예방센터의 내부고발자 이야기와 마찬가지로 약간의 사실 확인만으로 후커의 이야기는 산산조각이 났다.

2032년경에는 남아의 80%가 자폐증을 갖게 된다는 스테파니 세네프의 주장은 어떤가? 자폐증 진단을 받는 환자의 수가 시간이 지남에 따라 증가한 것은 사실이지만, 대부분의 과학자는 이것이 실제로 자폐증 발생이 증가한 것이라기보다는 인위적이라는 데에 동의한다. 의사들이 자폐아를 진단할 가능성이 커졌다. 우리는 실제로 자폐증 환자가 증가하는 전염병을 겪고 있는 것이 아니다. 오히려 우리는 이전에는 아예 진단을 받지 않거나 다른 진단을 받았던 더 많은 경우에 자폐증이라는 용어를 적용하기 시작했다. 질병통제예방센터는 자폐스펙트럼장애의 확산을 감시하는 '자폐증 및 발달장애 모니터링 네트워크'(Autism and Developmental Disabilities Monitoring Network, ADDM)를 유지하며, 자폐스펙트럼장애의 확산을 미국 전역에 걸쳐 비교하고, 그것이 미국 사회에 미치는 영향을 파악한다.[15] '자폐증 및 발달장애 모니터링 네트워크'는 2002년 아동

150명당 한 명, 2006년 110명당 한 명, 2008년 88명당 한 명, 2010년 68명당 한 명, 그리고 2012년에는 비슷한 수치로, 시간에 따라 유병률이 나타난다고 보고했다.

자폐증 환자가 증가한 명백한 한 가지 요소는 선별 및 진단에서의 인종적 불균형과 관련이 있다.[16] 비히스패닉 백인 어린이는 흑인이나 히스패닉 어린이보다 자폐스펙트럼장애 진단을 받을 가능성이 훨씬 더 크다. 그러나 시간이 흐르면서 이 어린이들이 백인 어린이들을 '따라잡기' 시작했다. '자폐증 및 발달장애 모니터링 네트워크'에 있는 십여 개 정도의 사이트 내에서 추정 유병률의 변동성도 큰데, 이는 문화적 요인이 진단 속도에 작용하고 있음을 나타낸다. 마찬가지로 지적 장애가 없는 어린이들의 진단 비율이 증가했는데, 그러한 어린이들은 과거에는 아예 진단을 받지 않았을 것이다.

'자폐증 및 발달장애 모니터링 네트워크'의 데이터로 내려야 할 진정한 결론은 현재 자폐스펙트럼장애로 진단되지 않은 어린이가 많을 가능성이 있다는 것이다. 선별 과정이 개선되면 진단율이 높아진다. 마찬가지로 독감 또는 소아암에 대해 더 나은 검사 프로그램을 배치하면 사실상 유병률 증가를 나타내지 않는 진단율을 증가시키는 결과가 초래될 것이다.

스테파니 세네프는 MIT의 생물학자이자 컴퓨터과학자지만, 그의 생물학 자질은 의심스럽다. 스테파니는 1968년 생물물리학 학사, 1980년 전기공학 석사, 1985년 컴퓨터공학 박사 학위를 취득했다. 그리고 2011년부터 그 분야의 전문가들이 엉터리라고 널리 간주해

온 생물학 논문을 발표하기 시작했다. 스테파니의 방법에는 '이야기'를 만들어내기 위해 해당 분야의 문헌을 컴퓨터 처리하는 것이 포함된다.

> 모든 것이 컴퓨터과학이고, 모든 것이 합성이다. 그래서 기본적으로 내가 하는 일은 논문을 읽고 컴퓨터로 처리해서 그것을 이해하고 해석하고 일반화하고 이야기를 만드는 것이다. 그것은 정말로 연구의 문제다. 내가 지금 하는 일은 대부분 연구한 다음 쓰는 것이다. 생물학을 이해하려고 노력하고 있다. _스테파니 스네프[17]

스테파니의 생물학 논문 제목은 종종 "콜레스테롤–황산염 결핍이 자폐스펙트럼장애의 발달에 기여할까?"와 같은 질문을 포함하고 있는데, 주로 파급력이 거의 없는 공개 학술지에 수록된다.[18] 그리고 생물학적 사건, '일어날 수 있지만' 실제로 그런 일이 일어나는지는 검정하지 않는 메커니즘을 가정한다. 나는 그의 출판물 세 편에서 '방법'(methods)이라는 단어를 찾아보았는데 결국 찾아내지 못했다. 이 논문에서 다루는 주요 주제는 글루텐, 제초제 글리포세이트(glyphosate),[19] 또는 백신과 같은 다양한 환경 요인이 어떻게 여러 질병을 일으킬 수 있는지에 대한 설명 등이다. 모든 생물학자가 말하듯이, 가설의 가치를 궁극적으로 결정하는 것은 실제적인 실험이다.

〈백스드〉는 뉴스 진행자, 전문가, 연예인 들이 2014년의 디즈니랜드 홍역 발생에 대해 토론하는 장면으로 마무리되는데, 마치 백신 접종을 제대로 받지 않은 집단에서 홍역의 잠재적 복귀가 우스개에 지나지 않는 그다지 중요하지 않은 고려사항이라고 암시하는 것처럼 보인다. 이것은 현재 이용 가능한 홍역 백신이 안전하지 않다는 의견을 확고히 받아들인 영화의 매우 이상한 배경인 것 같다.

단일한 연구를 체리피킹하고, 과학적 합의를 설명하기 위해 음모론에 의지하고, 잘못된 논리에 의존하며, 실제 전문가를 부정하고, 가짜 전문가를 내세우며, 확실성 측면에서 연구가 제공해야 할 결과에 대해 불가능한 기대를 만들어내면서 〈백스드〉는 과학 부정의 모든 기준을 충족한다.

나는 자신을 백신 거부자라고 밝힌 한 친구와 함께 〈백스드〉를 관람했다. 그 친구는 의사에 대한 불신으로 인해 백신에 대해서도 불신을 갖게 되었다. 그를 진단한 의사들은 갑상선 호르몬의 적절한 복용량을 찾는 데 오랜 시간을 끌었고 결국 그 친구는 갑상선을 제거하게 되었다.[20]

〈백스드〉가 끝났을 때 나는 내 친구에게 이 영화를 통해 확신을 갖게 되었는지 물었다. 친구는 그렇다고 말했다. 나는 어떻게 하면 그가 마음을 바꿀 수 있을지 물었다. 그는 자폐증의 확실한 원인을 밝혀내는 과학자와 의사만이 자신을 설득할 수 있을 것이라고 말했다. 자폐증의 다인성을 감안할 때 그것은 불가능한 목표로 남을 가능성이 높다. 이 영화에 대한 우리의 의견 차이에도 불구하고 우리는 여전히 친구다.

11

"조금 늦어져도 괜찮아!"

웨이크필드의 논문이 발표된 후 20년 동안 다른 많은 믿음직한 사람들이 백신 거부 견해를 홍보하며 유명세를 탔다. 그들 중 몇몇은 설득력 있는 토론으로 주목을 받았다.

2007년, '밥 박사'(Dr. Bob)라고 불리는 소아과 의사 로버트 시어스(Robert Sears)는 《백신 책: 자녀를 위한 올바른 결정》(*The Vaccine Book: Making the Right Decision*)을 출판했다. 그 책에서 그는 전반적으로 백신 접종을 권장하지 않는다. 이 책은 두 가지 일정을 제시하는데, 하나는 "밥 박사의 백신 대안 일정"으로 일부 백신의 접종을 미루는 것이고, 다른 하나는 시어스가 중요하다고 여기는 백신

만 접종받는 것이다.[1]

이 책은 많은 비논리적인 거짓 주장을 하며 잘못된 논리로 결론에 도달한다. 《백신 책》 추론의 일차적인 문제점은 그것이 안전성에 접근하는 방법이다. 과학자들이 안전성을 평가하는 방법은 복잡하지만, 과학은 일반적으로 우리가 찾는 현상이 존재하지 않을 것이라고 가정한다. 의약품은 부작용 발생을 대비해 사용 전에 검사를 해야 한다는 예방의 원칙이 있다. 그러나 《백신 책》은 위험이 존재할 수 있고, 밥 박사가 만족할 만한 수준으로 검사를 받을 때까지 그 위험이 존재한다고 가정해야 하며, 모든 합리적 의심을 넘어 검사를 마친 후에도 여전히 위험이 존재한다고 가정해야 한다는 반대 가정으로부터 출발한다.

밥 박사는 《아기 책》(*The Baby Book*, 1993), 《임신 책》(*The Pregnancy Book*, 1997), 그리고 《기독교 양육 및 육아 전서》(*The Complete Book of Christian Parenting and Child Care*, 1997)를 포함하는 시어스 육아 총서의 저자 ('윌 박사'로 불리는) 윌리엄(William) 시어스의 아들이다. 윌 박사는 또한 〈오프라윈프리쇼〉와 〈굿모닝아메리카〉를 포함한 많은 토크쇼에 출연한 방송인이다. 윌 박사의 자녀 중 세 명이 의사가 되었으며, 그중 짐(Jim) 시어스는 〈닥터필쇼〉에서 파생한 〈닥터스〉에 출연한 텔레비전 방송인이다. 이 프로그램은 델 빅트리가 제작했다. 《백신 책》과 시어스라는 이름이 널리 알려진 것을 감안하면, 가업에 대한 로버트 시어스의 기여는 그의 부친의 것과 혼동하기 쉽다.

《백신 책》이 모든 백신에 대한 접종을 반대한다고는 할 수 없기 때문에 시어스를 적극적으로 백신 접종을 거부하는 사람들과 같은 범주에 포함하는 것을 적절하지 않다고 생각할 수도 있다. 그러나 그의 책은 좀 더 미묘하게 위험하다. 그것은 백신 거부 운동의 주장을 차용하며, 부모들에게 백신과 관련된 좋은 문헌과 과학 연구의 본체를 가르치기보다는 친근한 의사로서 자신의 주장을 신뢰하게 하면서 단점은 심각하고 장점은 없는 '대안' 일정을 판촉한다. 그 때문에 부모들은 (백신 거부자들과 달리) 자신이 합리적이고 지혜롭게 고려한 선택을 한 것처럼 느낀다.

로버트 시어스가 중점을 둔 백신 성분 중 하나는 알루미늄이다. 알루미늄을 함유한 분자는 보통 명반으로, 백신에 면역증강제로 사용된다. 면역증강제는 면역계의 반응을 향상시키기 위해 백신에 포함된 성분이다. 명반은 1920년대 초 디프테리아 독소(diphtheria toxin, DT)와 함께 작용하는 것에 대해 처음으로 검사를 받았다.[2]

명반이 어떻게 백신의 면역 반응을 향상시키는지에 대해 우리는 점점 더 정확하게 이해하고 있다.[3] 한 가지 가설은 비축이라고 알려져 있다. 연구자들은 기니피그의 피부에 (불용성 상태로 만들어진) 침전된 디프테리아 독소나 수용성 디프테리아 독소 유사체를 주입했다. 그리고 이 피부를 균질화해(기본적으로 갈아서) 새로운 기니피그에게 주입했다. 새로 주입한 기니피그에서, 명반으로 침전시킨 DT를 피부에 주입한 기니피그는 면역이 되었지만 수용성 DT를 주입한 기니피그는 면역이 되지 않았다. 이 때문에 연구자들은 명반으로 침전시킨 DT가 덜 빨리 제거되었고 지속적인 면역반응이 면역력을 유발한다는 가설을 세우게 되었다.[4] 이 모형에서 명반은 조직 내의 항원에 달라붙어 천천히 그것들을 방출한다. 이 가설은 보편적으로 받아들여지지 않는다. 다른 사람들은 주입된 명반이 항원-발현 세포를 모집하는데, 이는 적응면역 반응의 후속 단계를 촉발할 수 있거나[5] 또는 항원을 갖는 항원-발현 세포가 림프조직으로 이동하도록 명반이 도와준다는 가설을 세웠다.

작용의 정밀한 메커니즘과는 관계없이 우리는 이제 백신에서 알루미늄을 함유한 화합물을 사용하는 데 관한 90년 이상의 경험적 데이터를 가지고 있다. 경험적으로 우리는 그것이 작동하며 안전하다는 것을 안다. 특히 알루미늄(또는 기타 성분)을 함유한 각 백신의 안전성은 승인되기 전에 엄격한 검사를 받는다. 미국에서 백신 1회 투여량당 알루미늄의 양은 약 0.125-0.85밀리그램이다.[6]

시어스는 질병통제예방센터가 권장하는 일정에 따라 어린이가 접종받은 백신 내의 알루미늄이 축적되어 개별 투여량보다 더 큰 영향을 미칠 수 있다고 우려했다. 그러나 알루미늄이 안전하다는 평가는 지난 수십 년 동안 검사를 거치며 확립되었다. 게다가 우리는 이미 환경에서 소량의 알루미늄에 노출되지만 나쁜 영향은 없었다. 모유에는 소량의 알루미늄이 함유되어 있으며,[7] 유아용 조제분유에는 상당한 양의 알루미늄이 함유되어 있다.[8] 실제로 1리터의 이유식에 포함된 알루미늄의 양은 백신 1회 투여량에 들어 있는 양과 비슷하다. 콩을 기반으로 하는 이유식을 먹는 유아는 생후 6개월 동안 백신을 통해 투여되는 것보다 거의 20배나 많은 양의 알루미늄을 섭취하지만, 유아는 콩 이유식의 과다한 알루미늄을 성공적으로 제거할 수 있다.[9] 시어스가 알루미늄을 싫어하는 것은 증거에 근거한 것이 아니다.

백신 접종을 늦췄을 때 발생하는 부정적 효과의 예를 들며 전문가들은 독감 예방주사를 생후 6개월부터 시작하라고 권고한다. 독감 예방주사는 감염률을 낮출 뿐만 아니라 독감의 심각성도 줄여준다. 예방주사 접종 후 감염되어 병에 걸린 사람들은 사망하거나 입원할 가능성이 낮다.[10] 2017년 미국에서는 180명의 유아, 어린이, 청소년을 포함해 8만 명 이상이 독감으로 사망했다.[11] 이것은 이례적으로 높은 수치다. 2009년 독감 유행 기간에도 거의 6천만 명의 사람들이 감염되었지만 사망자 수는 더 적었다. 매년 유아 사망으로 이어지는 독감 발생 건수는 많지 않지만, 통계에 잡히지 않은 상태에서 독감으로 입원하는 어린이가 매년 수만 명에 달한다.[12] 또 다른 예로 홍역을 들면, 어린이들은 홍역이나 B형 간염에 취약할 뿐만 아니라 감염에 훨씬 더 취약한 유아 형제자매에게 홍역을 전염시킬 수 있다.

백신 접종 주기를 넓히라는 시어스의 권고는 전문가가 개발한 모범 사례에 어긋나며 안전을 개선하는 데에 아무 도움이 되지 않는다. 백신 접종 주기를 넓히면 더 많이 진료실에 방문해야 하는데, 시어스의 일정에 따르면 생후 5년 동안 열아홉 번 진료실을 방문해야 한다. 진료실 방문 횟수가 많을수록 약속을 지킬 가능성이 낮아지고, 비용이 증가하며, 이미 과중한 업무에 시달리는 소아과 의사와 조수 및 간호사의 업무량이 늘어난다. 상대적으로 미량의 알루미늄이 축적되는 것을 막기 위해, 그것이 어떻게 해를 끼칠 수 있는지 또는 어떤 해를 일으키리라고 추측하는지에 대해 시어스가 타당한 설명을 제공하지 않음에도 불구하고 이 모든 것은 감염과 사망의 위험, 비용 증가, 시간 낭비, 질병 부담의 증가를 대가로 요구한다. 가상의 위험을 피하기 위해 가시적인 피해를 허용하는 것이다.

시어스는 10대 청소년에게 수막구균 백신(meningococcal conjugate vaccine)을 접종하는 것에 반대한다. 《백신 책》이 처음 출간되었을 무렵, 백신 접종 직후 길랭-바레 증후군(Guillain-Barré syndrome)에 대한 다섯 건의 보고가 있어 백신부작용보고시스템에 우려가 제기되었다. 길랭-바레 증후군은 희귀한 자가면역질환이다. 자가면역질환은 면역계가 우리 몸에 속한 것과 우리 몸에 속하지 않은 것을 결정하는 기능을 하지 못할 때 발생한다. 그래서 면역계가 조직과 세포에 공격을 가하기 시작한다. 길랭-바레 증후군의 경우 공격받는 조직은 뇌와 척수 외부의 일부 신경계다.[13] 길랭-바레 증후군은 정확한 원인을 알 수 없기 때문에 제기된 원인들이 사실인지 여부도 알 수 없다. 특정 바이러스에 감염되면 위험이 증가할 수 있다고 알려져 있으며, 1976년 독감 백신이 길랭-바레 증후군의 위험을 증가시킨다는 주장이 있었다.[14] 그러나 2012년에 수막구균 백신과 길랭-바레 증후군의 발달 사이에 연관성이 있는지 여부를 결정하기 위한 두 개의 크고 다소 포괄적인 코호트 연구가 수행되었고,

그러한 연관성은 발견되지 않았다.[15] 이것은 이 백신을 거부하는 부모들이 아무 이익이 없는데도 질병의 위험을 받아들이고 있음을 의미한다.

《백신 책》에서 제기한 또 다른 주장은 Hib 백신을 접종한 어린이들에서 접종 후 짧은 기간 안에 B형 헤모필루스 인플루엔자 감염 발생 위험이 증가했다는 것이다. 이 의심스러운 연관성은 초기 Hib 백신의 효능 시험 실시 후 1980년대 말에 처음 주장되었다. 게다가 한 번 백신 접종을 받은 후에도 일부 접종자들은 여전히 Hib에 감염되는 것으로 보였다. 여러 곳에서 연구가 진행되었으며, 감염을 막아주는 백신의 효능은 매우 제각각이었다. 북부 캘리포니아에서는 12만 명의 어린이를 기준으로 68%,[16] 탁아소에 대한 환자–대조군 연구에서 45%,[17] 미네소타에 기반을 둔 환자–대조군 연구에서 58%,[18] 코네티컷 주 댈러스 카운티에서 88%, 그리고 더 큰 피츠버그에서 81%가 효능이 있는 것으로 추정되었다.[19] 또한 이 몇몇 연구는 예방접종 후 일주일 동안 위험이 증가할 수 있다고 주장했다.

첫 주에 발생한 사례의 군집을 설명할 수 있는 두 가지 가설이 제시되었다. 첫 번째 가설은 백신이 이미 혈액에 존재하는 항체와 상호작용해 사용 가능한 항체의 수를 감소시킨다는 것이었다. 두 번째 가설은 이미 감염된 어린이들의 경우 백신 접종이 잠복기를 단축시켜 증상이 빨리 나타나 그들이 아프게 되었다는 것이다.

시어스는 자신의 우려를 뒷받침하기 위해 세 개의 논문을 인용했다. 1986년에 출판된 첫 번째 논문은 그가 예상하고 제시한 결론에 도달하지 못했다. 연구는 Hib 백신을 접종받고 Hib에 걸린 55명의 어린이를 대상으로 그들의 혈액 속 항체 수치를 백신 접종을 받지 않고 Hib에 걸린 어린이들과 비교했다. 이들 중 33명(대조군 환자 331 명 대비)의 Hib에 대한 항체 수준이 낮았다.[20] 저자들은 이 경우 백신을 작용하지 못하게 하는 일부 유전적 요인이 있을 수 있다고 결론지었다. 이것은 백신이 이 어린이들을 더 감염되기 쉽게 했음을 의미하지 않는다. 이 연구의 어린이들은 Hib 백신이 감염을 막아주지 못한 드문 사례로 이미 선발되었다. 이것은 이 어린이들이 이차적인 (유전자적) 요인 때문에 항체 수치가 낮았음을 의미하며, 이것이 그들의 경우 백신이 효력이 없었던 이유다. 대조군 어린이들은 백신을 접종하지 않았으므로 동일한 기본 인자를 가진 하위 집단이 존재할 수 있지만, 백신 실패로 인해 그러한 인자가 선택되지는 않았다.

두 번째 연구는 Hib 백신 접종 후 3일 동안 어린이와 성인의 혈청 내 항체 수치를 조사했고, 혈청-항체 수치가 15-25% 감소한 결과를 나타냈다.[21] 그러나 접종 7일 후, 검출 가능한 항체 수치는 다시 증가해 접종 전 값을 초과했다. 같은 해의 다른 연구는 백신 접종 전에 이미 검출 가능한 항체 수준을 가진 어린이들에서만 항체 수준이 저하될 수 있다고 주장했다.[22] 비록 다양한 연구들이 백신을 접종한 18개월 이상의 어린이들에서 약 7일 동안 약간의 면역성 감소 가능성을 나타냈지만, 백신을 접종할 때 발병률 추정치는 백신 접종 이후 Hib의 유병률 감소에 비추어 볼 때 최대 1.6환자/10만 명 이하였다.[23] 그런데 이러한 연구는 1985~1988년까지 시판되었다가 어린이에게 적절한 면역성을 부여하지 못해 철회된 비결합 Hib 백신만을 조사했다. 면역증강제와 결합하는 현재 형태의 Hib 백신은 감염 위험 증가와 전혀 관련이 없다. 논문 출판 당시 19년 동안 시판되지 않았던 백신과 현재의 Hib 백신 사이의 연결고리를 그리는 것은 위험성을 논하기 위한 이상한 방법이고 그저 불필요한 두려움을 만들어낼 뿐이다.

《백신 책》은 또한 MMR 백신이 자폐증과 연관이 있을 수 있다는 주장뿐만 아니라 티메로살의 수은에 대한 주장도 반복하고 있다. 나는 이러한 주장에 대해 이 책의 다른 장에서 상세히 다루었다. 시어스가 신경 쓴 또 다른 백신 성분은 소의 태아 혈청(fetal bovine serum, FBS)이다. FBS는 소의 혈액에서 추출한 조직 배양에 사용되는 제품이다. FBS는 배양세포의 성장을 촉진하는 단백질과 펩타이드를 함유하고 있어 플라스틱 접시라는 외부 환경에서 잘 자라고 쉽게 분열된다. 과학자들은 FBS에 대한 몇 가지 대안을 고려했지만,[24] 이들이 세포의 행동을 바꿀 수 있기 때문에 많은 확립된 프로토콜에서 이러한 대안들로 전환하는 것을 꺼린다. 한 성장 배지에서 알려져 있고 예측 가능한 방식으로 행동하는 세포주는 다른 배지에서는 예측할 수 없는 방식으로 행동할 수 있다. 물론 시어스는 포유류 조직 배양과 FBS를 사용해 비슷하게 생산된 다른 많은 의약품들을 공격하지는 않는다.[25]

그 우려의 주된 이유는 광우병이[26] 전염될 가능성이었다. 광우병은 소의 신경계에 영향을 미쳐 특이한 행동과 경련, 그리고 결국 죽음을 초래하는 것으로 알려져 있다. 비록 광우병이 병에 걸린 동물의 조직에 오염된 사료를 먹는 것과 관련이 있지만, 분자 수준에서 질병의 원인이 무엇인지는 아무도 확실히 알지 못한다. 근거 있는 가설 중 하나는 그 질병이 프리온(prion)이라는 것에 의해 발생한다는 것이다.

단백질은 아미노산이라 불리는 작은 분자로 이루어진 사슬이다. 사슬에 들어 있는 각각의 아미노산은 뚜렷한 특성을 가지며, 아미노산이 리보솜이라고 알려진 세포하 구조에 의해 결합할 때 그들은 접히기 시작한다. 최종 단백질의 3차원 구조는 아미노산의 배열뿐만 아니라 다른 단백질의 존재에 따라 달라지는데, 이는 아미노산 서열이 정확한 형태를 취하도록 도와준다. 그래서 단백질의 1차원 구조, 그 서열이라고도 불리는 것이 동일해도 단백질이 취할 수 있는 여러 가지 3차원 형태가 존재한다. 프리온은 잘못된 형태를 취하고서 같은 종류의 다른 단백질이 동일하게 잘못된 형태를 취하도록 이끄는 단백질이다. 결국 이렇게 잘못 접힌 단백질이 축적되어 세포가 제대로 기능하지 못하게 된다. 뇌에 잘못 접힌 단백질이 축적되면 뇌의 기능을 방해하고 광우병에 걸릴 것이라는 가설이 세워진다.

광우병은 사람에게 전염될 수 있지만, 이 시점에서 우리는 그것을 광우병이라고 부르지 않고 200명 이상의 사람들이 앓았고 알려진 치료법이 없는 변종 크로이츠펠트-야코프병(variant Creutzfeld-Jakob disease, vCJD)이라고 부른다. 궁극적으로 이 질병은 죽음을 초래한다. vCJD는 혈액제품으로 전염될 수 있기 때문에,[27] 시어스는 백신용 살아 있는 바이러스나 죽은 바이러스를 생산하는 세포를 유지하기 위해 사용되는 FBS가 vCJD를 유발하는 프리온에 오염될 수 있다는 것이다. 인간의 성장 호르몬이 더 이상 이런 식으로 생성되지는 않지만, 아마도 관련된 크로이츠펠트-야코프병은 과거 인간 시체에서 파생된 인간 성장 호르몬의 오염된 투여분에 의해 전염된다고 알려져 있다.[28]

만약 미국에서 광우병이 유행했다면, 이것은 타당한 우려일 수 있지만, 그러한 전염병은 없었다. 미국은 유럽과 같이 1인당 매년 120킬로그램의 고기를 소비하는데,[29] 이는 1인당 연간 136킬로그램을 소비하는 영국 다음으로 많은 양이다. 종종 이 고기 중 일부는 여러 마리의 소들로부터 나오지만 미국에서는 네 건의 vCJD만이 보고되었고, 모두 미국 밖에서 살았던 사람들이다.[30] vCJD가 확산되는 광범위한 문제가 있었다면, 오염된 고기를 통해 발병했을 것이다. (고기를 조리해도 질병의 전파를 막지는 못한다.)

미국에는 출생 이후 열여덟 살까지 권장하는 예방접종 일정이 있다(우리나라도 '표준예방접종일정표'가 질병관리청 홈페이지에 공시되어 있다-옮긴이). 많은 직장과 교육 기관들은 직원들과 학생들을 보호하기 위해 고용과 등록 조건으로 예방접종을 요구한다. 첫 번째 권장 백신은 출생 시 HepB에 대한 것이고, 1-2개월 후 추가 접종을 한다. 그리고 나서 두 달째에는 DTaP, Hib, 폐렴구균 결합제, 그리고 소아마비를 위한 백신을 접종해야 하고, 생후 4개월에는 두 번째 접종을 한다. 6개월이 되면 매년 독감 예방접종을 시작해야 한다(어린이와 노

인은 위험성이 크다). 그리고 1년이 되면 MMR, 수두, HepA 백신을 접종하기 시작해야 한다.[31]

이러한 권고사항은 여러 요인을 고려해 미국예방접종자문위원회(Advisory Committee on Immunization Practices)가 검토한다. 고려 요인에는 특정 연령의 안전성, 백신이 예방하는 질병의 심각성, 백신을 접종하지 않은 집단의 감염률, 백신 적용으로 발생할 수 있는 잠재적 합병증이 포함된다. 이 권고안은 미국소아과학회, 미국가정의학아카데미, 미국산부인과학회 등의 승인을 받아 질병통제예방센터가 정한다.[32] 시어스는 관련 문헌을 추측하고 잘못 해석한 내용을 토대로 이러한 권고사항들에 반대한다.

《백신 책》은 합리적으로 보이기 위해 많은 노력을 기울이는 한편, 주요 출처를 찾고 방법과 결론을 주의 깊게 검토할 시간이 없는 사람들에게는 어려울 수 있는 언뜻 과학적으로 보이는 우려들을 담고 있다. 그래서 백신 접종을 늦출 이유가 없고 그렇게 하면 심각한 위험을 초래할 수 있음에도 불구하고 일부 백신 옹호자들조차 "조금 늦어져도 괜찮아!"라고 태평하게 말하며 타협하게 된다.

12

티메로살의 위험성 논쟁

2005년, 변호사 로버트 케네디 주니어(Robert F. Kennedy Jr.)는 〈롤링스톤〉(*Rolling Stone*)과 '살롱'(salon.com)에 "치명적 면역"(Deadly Immunity)이라는 글을 썼다. 물론 '살롱'은 나중에 그 글을 철회시켰지만,[1] 그렇게 되기까지 다섯 번의 수정 과정과 6년이란 시간이 걸렸다. 이 글은 질병통제예방센터가 2000년 조지아컨퍼런스센터에서 백신에 티메로살을 사용하는 것과 관련된 위험성을 논의하기 위해 개최한 회의에 초점을 맞췄다. 케네디는 그것을 비밀 회의라고 잘못 해석했는데, 그는 그곳에서 과학자들이 티메로살의 위험을 증명하는 자료를 은폐하기 위해 만났다고 생각했다. 그는 과학자들과 공중보건 관리들이 제약회사의 이익을 보호하려는 목적으로 대중의 눈을 속인다는 것을 보여주기 위해 회의 녹취록에서 맥락 없이 내용을 뽑아 인용했다. 그의 견해에 따르면, 과학자들은 오로지 티메로살이 효과가 없다는 것을 보여주기 위해 그것에 대한 연구를 하고 있었다.[2] 그는 백신에 반대하는 의사 마크 가이어(Mark Geier)의 연구를 선전했다. 마크 가이어는 자폐아들에게 호르몬 수치를 조절하는 약을 처방하는 위험천만한 엉터리 자폐증 치료법을 홍보했으며, 또 위험할 수도 있고 확실히 불필요한 킬레이트 제품을 판매했다. 그리고 2011년에 의료 면허를 박탈당했다(13장 "비효과적이고 때로는 위험한 '대안' "을 참조하라).

〈롤링스톤〉이 그 글의 사실 확인을 했는데, 맥락 없는 인용과 사실에 대한 오류로 가득 차 있었다. 예를 들어, 티메로살-자폐증의 잠재적 연관성에 대한 연구가 진행되어서는 안 되며, 그룹 밖의 누군가가 사용하기 전에 그 결과를 숨겨야 한다는 것을 암시한다는, 회의에 참석한 어떤 과학자의 말을 인용했는데, 실제 녹취록을 검토하면 맥락이 명확하게 잘 드러난다. 그 과학자는 연구의 비논리적인 결과에 근거해 소송을 제기하여 이익을 얻고자 하는 변호사들이 연구 결과와 회의 결과를 오용할지 모른다고 우려했다.[3]

"치명적 면역"은 그 회의가 비밀이라고 주장했다. 질병통제예방센터는 녹취록 보도를 제한했지만, 그것을 그달 말에 공개할 예정이었다. 그 글은 또한 회의의 내용 대부분이 티메로살과 자폐증 사이의 연관성을 주장하며 그 후 데이터를 은폐하는 방법을 논의하는 것이었다고 주장했지만, 그것은 사실이 아니었다. 녹취록은 대다수 참가자가 증거가 매우 약하다고 생각했다는 사실과 그것을 은폐하는 방법에 대한 어떤 논의도 없었음을 보여준다.[4] 케네디는 실제로 일어났던 일과 정반대의 일이 일어난 것처럼 보이기 위해 그 회의의 녹취록을 뽑아낸 것이 분명했다. 실제로 그 글은 심지어 질병통제예방센터가 티메로살-자폐증의 연관성을 은폐하기 위해 의학연구소(Institute of Medicine)에 돈을 지불했다고 주장하면서 그 주장을 뒷받침할 만한 증거를 제시하지는 않았다.[5]

'살롱'이 글을 철회하는 바람에 케네디는 신뢰를 얻는 데 어려움을 겪었다. 그는 월드머큐리프로젝트(World Mercury Project)의 웹사이트에서 '살롱'의 철회에 대응했다. "나를 비판하는 사람들은 내 신용을 떨어뜨리기 위해 살롱이 글을 철회한 사실과 티메로살이 의약품에 들어가서는 안 될 잠재적인 신경독이라는 내 주장을 널리 인용했다. 최근 몇 년 동안 신문 편집자들과 텔레비전 제작자들은 내 칼럼이나 기사, 편지를 내보내지 않거나 백신의 안전과 관련해 내가 방송 중에 이야기할 수 없도록 한 '살롱'의 결정이 정당하다고 편집자에게 반복해 말했다."[6] 케네디는 '살롱'의 철회가 "제약회사 카르텔"의 의견을 채택하는 것이었고(17장 "'빅 파마'와 음모론에 대하여"를 참조하라), 세스 무킨의 책 《패닉 바이러스》의 출간과 시간을 맞춘 결정이었다고 주장했다.

2014년 케네디는 《티메로살: 과학이 말하게 하라》(*Thimerosal: Let the Science Speak*)라는 아이러니한 제목의 책을 출판했는데, 이 책은 백신의 티메로살이 위험하다는 가설을 옹호하기 위해 과학을 애써 왜곡했다. 티메로살이 제약회사 노벤티스가 제조한 독감 백신 한 종류에만 존재하며, 부모와 임상의가 보통 자폐증 징후를 발견하는 이후인 네 살이 안 된 어린이에게는 이 백신을 접종하지 않는다는 점을 감안할 때, 이는 이상한 주장이다. 비록 티메로살이 여전히 미국 외의 여러 나라의 여러 백신에 사용되고 있지만, 티메로살과 자폐증 또는 다른 신경 질환 사이의 연관성을 암시하는 증거는 없다.

티메로살은 박테리아를 죽이는 방식으로 박테리아 단백질의 특정 아미노산과 반응하는 중금속의 성질을 이용한다. 같은 원리로 특정 금속 도구, 숟가락, 기구, 황동 문손잡이는 박테리아를 죽여 스스로 멸균할 수 있다. 이런 항균 효과로 인해 백신 한 병을 여러 번 접종하는 데 사용할 수 있기 때문에 유리하다. 티메로살에 대한 논쟁은 화합물에 존재하는 원자 중 하나인 수은을 대상으로 삼았다.[7] 탄소 원자와 결합되지 않은 무기수은은 뇌에 축적되어 신경통, 경련, 지능 저하 등 여러 바람직하지 않은 효과를 일으킬 수 있는 것으로 알려져 있다. 어떤 사람들은 "모자장수처럼 미친"이라는 말이 모자를 만들기 위해 수은염을 필요로 했던 모자 제조업자들이 겪은 수은 중독에서 유래했다고 믿지만, 이것은 거짓일 가능성이 있다.

사람은 대부분 물고기를 섭취하면서 수은에 노출되며, 그다음으로 치과용 아말감[8]을 통해, 그리고 직업상 수은에 노출된다. 혈압계[9]와 온도계에 수은을 사용하는 것과 같이 수은을 접하게 하는 환경 요인들은 천천히 단계적으로 줄어들었다. 그러나 여전히 많은 가정의 가스를 공급하는 온도조절 장치와 압력조절 장치에 수은 스위치가 포함되어 있다. 모든 공급원이 질병을 축적하거나 유발하는 데 동일한 작용을 하는 것은 아니다. 실제로 수은은 증기와 수은염 같은 무기수은 형태로 존재할 수 있고, 유기수은은 메틸이나 에틸 또는 다른 형태로 존재할 수 있다.[10] 이들 각각은 다른 방식으로 신체와 상호작용한다. 예를 들어, 어류에서 주로 발견되는 형태인 메틸수은은 내장을 통해 흡수될 수 있고 일단 뇌로 들어가면 무기물 형태로 전환될 수 있다. 무기수은은 치과용 아말감에서 가스로 배출되어 흡입될 수 있다. 티메로살에서 수은과 같은 물질의 안전성을 평가할 때, 우리는 투여량의 약동학뿐만 아니라 그것의 (에틸수은으로 존재하는) 형태를 고려하는 데 주의할 필요가 있다. 약동학은 일단 투여된 물질이 몸 안에서 어떻게 움직이는지, 어떤 조직으로 분배되는지, 신체에서 얼마나 빨리 제거되는지, 그리고 어떻게 대사되는지를 연구하는 과학의 한 분야다. 예를 들어, 에틸수은은 메틸수은보다 세 배 정도 빠르게 몸에서 제거된다. 약동학에서는 투여량(티메로살의 양), 분해에 걸리는 시간, 몸에서 제거되는 속도, 혈액-뇌 장벽을 통과하는 등 다른 구획에 들어갈 수 있는 속도 등의 측정치를 이해할 수 있는 수단으로 제공한다.

1999년 FDA 조사에 따르면, 생후 첫 2년 동안 백신 접종으로 인한 어린이의 누적 에틸수은 피폭률을 메틸수은 피폭 지침과 비교한 결과 에틸수은 노출은 미국환경보호청(Environmental Protection

Agency, EPA)의 지침을 초과한 것으로 드러났다.[11] 티메로살로는 과민반응이 거의 발생하지 않았고, (아동기 초기 노출의 1000배 이상의) 극단적인 투여량에서 신경학적 및 신장 문제와 관련이 있었다.[12] 티메로살이 실제 위험을 야기하는지는 분명하지 않지만, 주의가 필요하다는 의견들이 승리를 거둬 백신 제조업체들에게 다중 투여를 단계적으로 폐지하고 티메로살을 포함하지 않은 단일 투여를 장려했다. 이 결정으로 인해 논란이 일었다. 백신 거부 운동가들은 그것을 티메로살이 정말로 위험함을 증명하는 것으로 본 반면, 그 결정을 내린 사람들은 너무 빨리 그리고 위험이 실재한다는 증거 없이 행동했다는 비판을 받았다.

2003년 클락슨(T. W. Clarkson) 등은 출판한 리뷰논문에서[13] 티메로살이 유아의 혈액에서 빠르게 변으로 제거되어 안전하지 않은 수준까지 축적되지 않는다고[14] 주장했다. 반감기는 체내에 도입된 물질의 농도가 반감되는 기간을 나타내는 약동학적 성질이다. 예를 들어, 만약 물질 X의 반감기가 하루인데 누군가 100밀리그램의 물질 X를 주입한다면, 우리는 하루가 지나면 50밀리그램, 이틀이 지나면 25밀리그램, 사흘이 지나면 12.5밀리그램이 남은 것을 발견할 것이고, 이후에도 남은 양을 감지할 수 없을 때까지 계속 반감할 것이다. 유아에서 에틸수은의 반감기는 메틸수은보다 다섯 배 짧으므로, 2개월 간격으로 백신을 접종하면 수은이 안전하지 않은 수준으로 축적되지 않을 것으로 계산할 수 있다.[15]

위해의 증거가 없음에도 불구하고 FDA는 티메로살 제거를 권고하고 수준을 낮추거나 대안을 찾기 위해 백신 제조업체와 협력하기 시작했다.[16] 이러한 협력을 통해 안전한 수준으로 계속 낮아짐에 따라 연구 또한 위해성 문제를 계속 진행했다. 2001년 문헌 검토는 드물게 나타나는 급성 과민성 이외의 위해 증거를 제시하지 않았다.[17] 같은 해에 새롭게 제조된 소아 백신에서 티메로살은 제거되었고, 2003년에는 남아 있던 백신마저 유효기간이 지나 더 이상 사용할 수 없게 되었다. 단일 투약용 주사제가 사용 가능하고 일반적이었음에도 2004년에는 생후 6-23개월까지의 어린이에게 티메로살을 사용한 다중 투여 독감 백신이 권장되었다.

첨가제의 안전성에 대한 연구는 계속되었고, 2003년에 두 가지 주요 연구가 발표되었다. 유아 10만 명 이상의 데이터를 사용한 한 연구에서는 티메로살 노출과 신경발달장애 사이에 일관된 통계적 연관성이 나타나지 않았다.[18] 또 다른 한 연구에서는 1990년대 초에 백신에서 티메로살을 제거했던 스웨덴과 덴마크의 자폐증 진단율을 조사했지만 아무런 연관성도 발견되지 않았다. 그 당시 많은 백신 거부 운동가들이 자폐증 진단의 증가 이유가 백신에 티메로살이 존재하기 때문이라고 했지만, 자폐증은 티메로살의 존재와 상관없이 발생했다.[19] 2004년에 의학연구소[현재 미국의학원(National Academy of Medicine)]는 백신과 자폐증 사이의 연관성을 찾는 200건이 넘는 과학 연구를 검토했다.[20] 리뷰는 백신 접종 또는 티메로살을 포함한 백신과 자폐증 사이의 인과관계를 뒷받침할 충분한 증거가 없다는 결론을 내렸다. 위험에 대한 엄격한 과학 증거가 없음에도 불구하고 다른 연구들은 그 질문을 계속 검토했으나,[21] 백신 내의 티메로살에 대한 초기 노출과 발달장애 사이에 일관되는 연관성이 나타나지 않았다.

그러한 연관성이 없음을 암시하는 놀랄 만한 분량의 증거에도 불구하고, 케네디와 같은 백신 거부 운동가들은 백신이 티메로살이나 '독소'를 함유하고 있다고 계속해서 비난했다.

2017년 1월 케네디는 당시 미국 대통령 당선자였던 도널드 트럼프가 그에게 백신에 관한 새로운 위원회의 의장을 맡아달라고 요청했다고 발표했다.[22] 전 부동산 개발업자이자 게임쇼 진행자였던 대통령 당선자는 신뢰도가 낮은 백신-자폐증에 관한 트윗을 한 이력이 있었고, 당시 백신 거부 운동가들을 만났었다.[23] 케네디가 트럼프와 논의한 백신 위원회는 실현되지 못했다. 사실상 연방정부에는 이미 백신의 안전성을 보장하는 데 주력하고 있는 단체가 있었고, 두 번째 위원회가 무엇을 달성하려 했는지는 분명하지 않다. 트럼프의 입장은 2019년 미국 홍역 사태 이후 부분적으로 바뀌었다.[24]

2017년 2월 배우 로버트 드 니로 옆에 선 케네디는 기자회견을 열고 "유아들에게 수은을 주입하는 것이 안전하다는 것을 증명하는 연구"를 할 수 있는 누구에게든 10만 달러를 제공하겠다는 '챌린지'를 시작했다. 이 챌린지는 언론 보도를 위해서는 효과적이었지만, 신중하게 지원한 사람은 없었던 것 같다. 이 챌린지는 티메로살을 반대하는 이데올로기를 신봉하는 '선택의 책임'(skin in the game)과 함께하는 사람들이 주도했다. 케네디의 과거는 과학적 증거의 규칙을 무시하려는 그의 의지를 보여주었다. 그 챌린지가 선의로 이루어진 것이 아니라는 증거는 많다. 게다가 단 한 번의 연구로는 아무것도 증명할 수 없을 것이다. 수학 이외의 과학은 증명하거나 반증하는 것이 아니라 명제를 지지하거나 반증하는 증거를 제공할 뿐이다. 어떤 것이 어떤 종류의 위해를 가하지 않는다는, 부정을 증명하는 것은 특히 어렵다.

주사 부위의 통증에서부터 즉시 불을 내뿜는 용으로 변신하는 데 이르기까지, 티메로살에서 가능한 해악이 무한한 경우로 이미지화될 수 있으며, 검정을 무한히 실행해야 하기 때문에 그중 어느 것도 합리적으로 이루어질 수 없음을 보여줄 수 있다. 이 챌린지를 제임스랜디교육재단(James Randi Education Foundation, JREF)에서 이전에 제안했던 챌린지 과제와 비교해보자. 1964년부터 2015년까지 제임스랜디교육재단은 초자연적 힘이나 능력을 가졌다는 것을 증명하는 사람에게 100만 달러의 상금을 주겠다고 제안했다. 상금을 노리는 사람들은 제임스랜디교육재단과 협력하여 그들이 서면으로 동의하는 실험 계획을 수립하고 승리에 대한 명확한 기준을 제시할 것이다. 물론 제임스 랜디는 인간이 초자연적 힘을 가질 수 있다고 믿지 않는다는 점에서 '편향적'이었지만, 합의된 프로토콜이 실행되고 그 기준이 충족된다면, 제임스랜디교육재단은 법적으로 상금을 지불할 의무가 있었다. 그 챌린지 기간 동안 1천여 명의 사람들이 검사를 받았고, 아무도 초자연적 능력을 보여주지 못했다.

대조적으로 케네디의 챌린지에 응한 사람들은 승리 기준을 협상하거나 승리 조건에 동의할 기회를 갖지 못했다. 케네디는 분명 어떤 도전자를 명확히 거부하거나 불특정 다수 전문가에게 도전장을 보낼 수 있다. 도전자들이 50달러의 지원금을 보내면 공정한 기회를 얻을 것이라고 믿을 이유가 없었다. 마지막으로 챌린지는 입증책임을 전복하는 것이다. 과학적 주장을 입증해야 할 부담은 항상 그 주장을 하는 사람에게 달렸다. 티메로살이 자폐증을 야기한다는 것을 보여주려 했던 모든 사람들이 실패했다. 크레이그 포스터(Craig Foster)는 〈백신〉(Vaccine)에 수록된 그의 글에서 그 챌린지를 좀 더 철저히 검토했다.[25]

케네디는 계속해서 논문과 책, 그리고 이목을 끄는 여러 행동으로 뉴스를 만들어왔다. 그의 목표가 무엇인지는 명확하지 않다. 티메로살은 이미 20년 전에 백신에서 거의 완전히 제거되었기 때문에 중금속 노출은 환경적 공급원이 훨씬 더 중요해졌다. 플린트 시의 상수도 위기가 보여주었듯이, 오래된 기반 시설은 종종 납 파이프를 사용했고, 이전의 주유소 부지는 여전히 납으로 오염되어 있을 수 있다. 어떤 계층은 지금도 물고기로부터 상당한 양의 생물농축된 수은을 받아들인다. 취약한 계층일수록 중금속 노출의 실제 중요한 공급원에 반대하는 저명한 운동가들의 활동에서 큰 혜택을 받을 수 있다.

13

비효과적이고 때로는 위험한 '대안'

백신이 어떻게 자폐증을 일으킬 수 있는지에 대해 웨이크필드의 퇴행적 자폐증과 케네디의 티메로살이라는 두 가지 대안적 서사가 전개되는 한편 자폐아를 둔 부모들은 질병에 대한 '대안적' 치료법을 찾고 있다. 물론 시장이 있는 곳에서는 상품들이 팔릴 것이다. 백신을 거부하는 부모들의 비백신 치료법에 대한 욕구는 치료와 만병통치약과 관련된 큰 시장을 먹여 살렸다. 물론 그것은 거의 아무 효과가 없으며, 그중 일부는 그 자체로 아주 위험하다. 이러한 치료법은 치료에 대해 '의료 제도'가 결정하도록 내버려두지 않겠다는 사람들의 반권위주의적 욕구에 호소한다. 또한 치료가 더 '자연적'일수록 좋고, 더 오랫동안 사용한 치료일수록 더 낫다는 믿음에도 호소한다. 자연에서 발견되는 어떤 것들은 안전하지만, 다른 것들은 그렇지 않다. 어떤 치료법은 오래되었고 효과적이고 안전하지만, 다른 치료법은 그렇지 않다. 이런 것들은 치료를 평가하는 좋지 않은 방법이고 많은 사람들이 '대체' 의학을 선택하도록 이끌었다.

백신 접종을 거부하는 사람들이 제안한 대안 중 하나는 수두 파티다. 수두 파티는 실제로 면역을 도입할 수 있다는 점에서 개념적으로 인두법과 유사하지만, 완전한 질병의 발병으로 이어진다는 점에서 다르다. 부모들은 수두 파티를 하는 동안 자녀들이 수두나 홍역과 같은 아동기 질병에 감염되어 백신 접종을 피할 수 있기를 바라면서 고의로 자녀들을 질병에 노출시킨다.

수두 백신이 개발되기 전이라면, 수두가 너무 널리 퍼져서 결국 거의 모든 어린이들이 수두에 걸렸을 때 편리한 시간에 그것을 빨리 끝낸다는 생각은 어느 정도 일리가 있었을지 모른다. 그러나 현재 부모들에게 자녀를 그러한 파티에 데려가도록 유도하는 주장은 두 가지 잘못된 믿음에 토대를 두고 있다. 첫째, 백신 접종은 높은 위험을 수반한다.[1] 둘째, 어린이들이 노출되는 질병은 매우 위험이 낮거나 근본적으로 전혀 위험이 없다. 그러나 수두와 홍역 둘 다 그 이상의 질병이나 사망을 초래하는 합병증의 위험을 안고 있다.

수두 때문에 발생한 사망은 중요하지 않았고 중요하지도 않다. 미국에서 매년 약 100명의 어린이가 수두 때문에 죽었다. 이것은 수두 백신이 없었더라면 죽었을 어린이들이 매년 100명씩 산다는 것을 의미한다. 어떤 부모들은 다른 부모들에게 그들의 자녀들이 수두에 걸리도록 수두에 오염된 사탕을 우편으로 보내주는 불법을 저질렀다.[2] 이러한 관행은 우체국 근로자와 또 다른 가정의 면역력 약한 어린이들을 질병에 노출시킬 수 있다.

모유 수유는 (분유 수유와 비교해) 유아들의 면역계를 강화시켜 질병에 대한 면역력을 높인다고 종종 주장되었다. 그러나 19세기 후반 분유가 발명되기 전, 유아를 먹이는 주된 수단은 모유 수유 또는 유모 수유였고 동물 우유는 거의 사용되지 않았다.[3] 모유 수유가 모든 질병을 예방하기에 충분했다면, 질병이 실제보다 훨씬 덜 확산되었을 것이기 때문에 백신을 개발할 필요도 없었을 것이다. 말하자면, 모유 수유는 면역력을 약간 제공한다. 성인의 장에서 분비되어 외부 생물체에 대한 감염을 수동적으로 보호해주는 항체형 IgA가 신생아의 점막에는 결핍되어 있다. IgG와 같은 다른 항체 유형이 존재하지만 그 양이 적다. 신생아의 발달하는 장 점액막에 보충할 수 있는 IgA 항체가 모유에 들어 있다. 어떤 종에서는 장막을 가로질러 IgG가 전달되지만, 사람에서는 이러한 전달이 일어나지 않는다.[4] 따라서 모유 수유는 위장 감염으로부터 유아를 보호하는 데에는 면역의 이점을 제공하지만, 대부분의 바이러스나 박테리아 감염을 예방하는 데 필요한 종류의 면역 보호는 제공하지 않는다. 모유 수유가 백신 접종을 대신할 수 없는 이유다.

노소드(nosodes)는 백신 접종과 유사한 수준의 보호를 제공하는 것으로 추측되지만 백신 거부 운동가들이 반대할 만한 알루미늄

보강제, 티메로살, 또는 실제 의약품과 같은 내용물은 전혀 없는 이른바 동종요법이다. 동종요법은 18세기 말 사무엘 하네만(Samuel Hahnemann)이 처음 개발했다. 그것은 어떤 질병과 유사한 증상을 일으키는 물질이 그 병을 치료할 수 있다는 믿음인 '유사 원리', 그리고 원래 분자의 물질이 남아 있지 않을 때까지 물질을 연속해 희석하면 치료 효과가 증폭된다는 믿음, 이 두 가지 생각을 포함한다.[5] 많은 연구와 체계적인 리뷰를 거쳤지만 과학자들은 동종요법 치료가 효과가 있다는 증거를 찾지 못했다. 게다가 그것이 작용하는 방식이라고 주장된 메커니즘은 완전히 믿을 수 없는 것이었다. 동종요법에서 긍정적인 효과를 보고한 사람들은 대부분 플라시보 효과를 경험한 것일 가능성이 높다. 노소드를 질병 치료법으로 간주한 연구들은 형편없었거나 아무 효과를 나타내지 못했거나 임상적으로 의미가 없는 미미한 효과를 보였을 뿐이다. 야생오리 심장과 간 추출물을 200번 연속해 1% 희석해서 만든 특허 노소드인 오실로콕시넘(Oscillococcinum) 연구에 대한 2015년 코크란(Cochrane)의 리뷰에 따르면, 오실로콕시넘은 독감 유사 질환을 예방할 수 없었고, 두 건의 질이 떨어지는 연구는 기껏해야 가장 미미하고 임상적으로 의미 없는 효과를 보여주었다.[6]

백신 거부 웹사이트에서 주장하는 또 다른 백신 대안은 프로바이오틱스(probiotics)다.[7] 정상적인 환경에서 인간의 장에는 몇조 개에 이르는 수천 종의 박테리아가 살고 있다. 이 종들 중 일부는 대장균과 같이 산소 내성이 있어 우리가 배양하고 연구하기가 쉽다. 장의 미생물상의 세계는 복잡하고 아직 우리가 완전히 이해하지 못한 상태다. 프로바이오틱스는 건강에 도움이 되게 하려고 섭취하는 박테리아다. 하지만 정상적인 상황에서 장에는 '충분한' 박테리아가 살고 있고, 건강한 사람이 추가로 박테리아를 섭취한다고 해도 건강에 별다른 이익은 없을 것이다. 요구르트와 같은 일부 프로바이오틱스가 항생제로 인한 설사를 예방하는 데 도움이 될 수 있다는 증거가 있는데, 항생제를 사용하면 일시적으로 정상적인 장의 미생물상이 붕괴되고 대신 비정상적인 박테리아가 장을 점령할 수 있다. 하지만 프로바이오틱스가 백신 접종으로 예방하는 어떤 질병에 대한 감염을 예방할 수 있다는 증거는 없으며, 항생제를 복용하지 않는 사람이 프로바이오틱스를 복용하는 것은 별도의 이익이 없을 것이다.

몇몇 웹사이트는 백신 접종의 대안으로 비타민 섭취를 제안한다. 이것은 비타민의 작용 방식을 근본적으로 오해하기 때문에 일어나는 일이다. 생물체가 정상적으로 기능하기 위해 비타민이 필요하지만, 비타민은 합성할 수 없는 유기 분자다. 필수 아미노산과 지방산은 비타민으로 간주되지 않는다. 인간의 식단에 비타민이 부족해지면 건강 문제가 발생할 수 있다. 전형적인 예는 아스코르브산(ascorbic acid)이다. 사람은 아스코르브산을 합성할 수 없기 때문에 음식을 통해 섭취해야 한다. 현대 서양식 식단은 충분한 아스코르브산을 함유하고 있다. 아스코르브산은 많은 효소의 전자공여자와 보조인자로 작용한다. 식단에 아스코르브산이 부족한 영양실조의 경우 잇몸 질환, 허약, 출혈, 사망 등의 증상을 나타내는 괴혈병이 발생할 수 있다.

괴혈병을 예방하기 위해 과량의 비타민 C를 섭취하는 것이 건강에 미치는 영향에 대한 주장이 여러 번 제기되었다. 라이너스 폴링(Linus Pauling)은 화학과 분자생물학을 아우르며 우리가 현대 세계를 이해하는 데 지대한 공헌을 한 과학자다. 만년의 폴링은 일반 감기와 암을 포함한 다양한 질병에 대한 예방 또는 치료 수단인 메가비타민 요법의 옹호자가 되었다.[8] 1968년에 폴링은 분자교정 정신의학(orthomolecular psychiatry)이라는 용어를 창안하고 개인의 다양한 정신 질환이 뇌에서 비타민 결핍을 국부화하는 유전적 소인에 의해 야기될 수 있다고 가정한 논문을 발표했다.[9] 그러나 이러한 생각은 여러 번 검정되었지만 결코 의학의 일부가 되기에 충분한 근거를 갖지 못했다.[10] 대부분의 경우 과도한 비타민은 소변으로 배출될 뿐이다. 오히려 비타민 A, D, B[6]의 양이 정상 식단을 훨씬 초과하면 이와 관련된 부작용이 나타난다. 그러나 일반 감기의 예방이나 치료와 같은 다양한 목적에 효과가 없음에도 불구하고 여전히 여러 회사들이 비타민을 판매한다.

강한 냄새가 나는 식물에서 나오는 휘발성 화합물을 함유한 정유(essential oil)는 질병을 예방하거나 치료하거나 백신 접종 후 '해독'용으로 판매되어왔다.[11] 정유는 어떤 질병도 치유하거나 치료할 수 없는 방향요법의 관행적인 돌팔이 의약품이다. 일부 휘발성 식물 화합물은 질병을 치료하는 데 효과적이고 안전한 것으로 밝혀졌지만, 그러한 조건이 충족될 때 그것은 의약품이 된다.

여러 식이요법과 지압요법, 그리고 발효 대구 간유를 포함한 다양한 다른 돌팔이 요법과 치료법이 백신 접종의 대안으로 팔리고 있다. 어떤 것도 유효한 치료법으로 인정받는 데 필요한 증거 기준을 충족시키지 못했다. 이러한 치료법은 해를 끼치지 않을 수 있지만, 실제 의학적 치료에 대한 대체 치료법으로 종종 사용된다.

이러한 엉터리 치료법의 매력은 무엇일까? 1998년의 연구는 대체의학을 이용하는 사람들이 "기존의 치료에 만족하지 못하고, 대체 치료법이 자신의 건강 결정권을 더 크게 행사할 수 있으며, 그리고 대체의학이 개인의 가치관과 세계관, 믿음에 더 잘 일치한다"는 세 가지 가설을 실험했다.[12] 대체 의료 사용자들은 비사용자들보다 실제 의학에 대해 불만이나 불신을 더 많이 갖지는 않았지만, 건강 상태가 나쁠 가능성은 더 높은 것으로 보고되었다. 그러나 대체의학을 실제 의학 대신 사용하거나 또는 그것에 추가해 사용하는 사람들은 "표준 의료에 대한 불만족과 불신을 가질 가능성이 더 높으며, 자신의 건강 결정권을 독점적으로 통제하고자 한다"고 말했다. 이 연구는 대체의학 사용자들이 일반적으로 "더 나은 교육을 받고 전일적이라고 할 수 있는 건강 철학의 방향을 고수하는 경향(즉 그들은 신체적·정신적·영적 건강이 중요하다고 믿는다)이 있다"고 특징지었다. 그들은 또 "어떤 유의미한 방법으로 그들의 세계관을 변화시킨 일종의 변혁 경험을 가졌을 가능성이 높으며, 문화적 창조자로서 가치 하위문화로 분류되는 경향이 있다." 〈오스트레일리아 뉴질랜드 공중보건 저널〉(*Australian and New Zealand Journal of Public Health*)에 실린 빅토리아인들에 대한 2008년 연구는 비슷하게 "사람들이 대체의학을 선호하는 주된 이유는 자신의 건강과 관련된 가치와 믿음이다"라고 밝혔다.[13] 대체의학 소비자들과의 인터뷰에 의하면, 실제 의학에 대한 경험이 대체의학을 사용하겠다는 선택에 이르는 중요한 요소는 아니었다.[14] 대체의학 이용자들의 믿음에 대한 연구에 따르면 "사람들은 정통 의학에 환멸을 느끼기보다는 보완적 의학에 끌리기 때문에 그것을 이용한다"고 한다.[15] 주요 부모 그룹 인터뷰 녹취록을 보면, 자기결정 메커니즘으로서 부모의 본능과 대체의학이 더 많은 선택권을 준다는 사실을 강하게 믿는 것 같다.[16]

이 연구는 환자들이 실제 의학을 기피하는 것이 아니라 선택의 폭을 넓히고 의료에 대한 자신의 통제력을 높이기 위해 대체의학을 찾는 것이라고 묘사한다. 실제 의학의 대안을 표면적으로 매력적으로 만드는 또 다른 요소는 플라시보 효과다. '플라시보 효과'는 영국의 의사 알렉산더 서덜랜드(Alexander Sutherland)가 처음 의학 용어로 도입했는데, 알렉산더 서덜랜드는 존 깁스처럼 수치료법을 설명하는 데 그것을 사용했다.[17] 플라시보 효과는 실제 의약품을 사용하지 않고 환자의 불편을 해결할 수 있다는 놀라운 사실을 설명한다. 이것은 여러 가지 방식에서 볼 수 있다. 상표명을 표시한 진통제를 투여받은 환자들은 일반 포장에 들어 있는 동일한 진통제를 투여받은 환자들보다 효과가 더 좋다.[18] 속임수 치료법으로 치료받은 환자들은 대개 기분이 좋아지고, 동종요법이나 지압사를 본 환자들은 종종 주관적으로 나아졌다고 보고한다. 이것은 개선되지 않았음을 의미하는 것이 아니라, 단지 개선이 의사가 제공한 메커니즘 때문이 아니라 플라시보 메커니즘을 통해 발생했음을 의미한다.

실제로 심리적인 요소들은 생리적인 영향을 미칠 수 있다. 백의 고혈압(white coat hypertension)은 잘 알려진 예로서, 진료실을 방문하는 동안에만 환자의 혈압이 가끔 비정상적으로 높게 측정되는 것이다. 임상 환경은 혈압의 생리학적 값을 변화시키는 스트레스를 유발했다. 그래서 두개천골요법으로 두개골 조정을 받은 두통 환자는 두개골의 봉합이 실제로 움직이지 않았는데도 시간이 지나면서 진정한 생리학적 플라시보 효과로 인해 두통이 저절로 나아지는 경향이 있다.

어떤 사람들은 플라시보 효과가 정말 효과적일 수 있기 때문에 의학에 포함되어야 한다고 주장했다. 하얀 가운, 과학적으로 보이는 기구, 그리고 훈련받은 전문가로서의 의사의 직업적 태도 등 많은 의학적 장비가 단지 이러한 의학적 만남에서 의미를 만들어내기 위해 고안되었다.[19] 그러나 의학의 플라시보 효과는 또한 환자들을 속이는 것일 수 있고, 엉터리 치료가 실질적으로 위험할 수도 있기 때문에 윤리적으로 의문의 여지가 있다. 침술은 감염이나 장기 천공이라는 실질적 위험을 수반한다. 유아들은 지압사에게 '척추 조정'을 받은 후 죽거나 마비될 수 있다. '기적의 생수'(Miracle Mineral Solution)는 중독 위험성이 있다. 또한 비플라시보 치료 대신 주어지는 어떤 플라시보도 비플라시보 치료만큼 효과적이지 않을 수 있어 덜 선호된다.

단지 추가로 선택사항을 더 찾는 것은 우리가 지금까지 백신 거부 운동에 대해 검토했던 것과 잘 맞지 않는다. 요통을 위해 침을 맞으려는 사람은 진통제 처방과 등 운동이 효과적인 치료법이라는 것을 부인하지 않지만, 백신을 거부하는 사람들은 확실히 실제 치료를 거부한다. 백신의 안전을 부정하는 사람들과 대체의학을 찾는 사람들이 겹치는 현상은 더 연구되어야 할 것이다. 백신 접종의 대안을 찾는 것 외에도 어떤 자폐아의 부모들은 자폐증 자체에 대해 대체 치료법을 찾는다. 능력에 대한 선호를 드러내거나 판단을 내리지 않고서 자폐증과 관련된 주제에 대해 토론하는 것은 종종 어렵다. '에이블리즘'(Ableism, 장애인차별)은 "물리적·정신적 장애를 가진 사람들이 사회 시스템과 활동 내에서 완전한 참가와 기회에 있어 차별과 배제를 당한다는 것을 표현하기 위한 용어"다.[20] 에이블리즘은 자폐증과 관련된 백신 거부 운동에서 생성된 수많은 수사학을 검토하는 데 유용한 렌즈다.

백신 거부 운동의 부작용 중 하나는 종종 비싸고 일반적으로 신뢰하기 어렵거나 증명되지 않은 심지어 위험하기까지 한 '자폐 치유법' 마케팅이다. 마크 가이어와 데이비드(David) 가이어는 자폐증을 치료한다고 주장하며 '루프론 프로토콜'(Lupron protocol)을 시판했다. 루프론은 생식샘자극호르몬방출호르몬(gonadotropin-releasing hormone) 또는 GnRH라고 불리는 호르몬을 모방한 약이다. GnRH는 성호르몬인 테스토스테론(testosterone)과 에스트라디올(estradiol)의 생성을 조절하는 축의 일부다. 루프론을 투여하면 시간이 지남에 따라 GnRH에 대한 민감도를 감소시키고 이들 성호르몬의 생산을 감소시킨다. 루프론은 어린 성전환자들을 또 다른 사회적 역할로 어려움을 겪게 할 수 있는 2차 성징의 발달을 막아 사춘기를 늦추는 데 사용되어왔다.[21] 또 조숙증(소녀에서는 여덟 살 이전, 소년에서는 아홉 살 이전의 사춘기 발생)을[22] 늦추는 데 사용될 수도 있고, 성호르몬 수치를 낮추어 '화학적 거세'를 위해 성도착증 환자나 소아성애 환자에게 사용되었다.[23] 성도착증은 다양한 형태로 나타나며, 특이한 환상이나 사람 또는 물건에 성적 흥분을 느낀다.

마크와 데이비드 가이어는 티메로살이 신경발달장애 및 자폐증과 관련이 있을 수 있다고 거짓 주장하는 몇몇 논문을 발표했다.[24] 그리고 백신부작용보고시스템의 수동 감시 시스템 데이터에 접근해 신경발달장애와 심장 질환에 대한 상대적 위험성을 증가시킨다고 주장하는 연구 결과를 발표했다.[25] 미국소아과학회는 그들의 결론과 방법론을 격렬하게 비판했다. 그 비판 가운데는 명시되지 않은 통계 방법, (분석에 사용한 데이터를 이용할 수 없는) 검증할 수 없는 결과, 티메로살 노출에 대한 비현실적인 가정, 출판 당시 일상적인 소아 백신 접종에 사용된 티메로살의 양과 관련한 잘못된 진술, 계산 표시 실패, 티메로살 노출 계산 제시 실패, 종종 사망진단서에 보고되지만 사망 원인과는 무관한 심부전 어린이에 대한 보고에 기초한 티메로살과 관련된 성인 심장 질환의 암시, 허용 가능한 수은 노출에 대한 의학연구소 성명에 대해 오해의 소지가 있는 진술, 그리고 백신부작용보고시스템에 적용되는 법률과 관련된 잘못된 진술 등이 있었다.[26] 의학연구소는 가이어의 주장을 검토하기 위해 위원회를 소집했다.

> 작년 한 보고서에서, 연구소가 소집한 위원회는 가이어의 연구가 "해석할 수 없을" 정도로 심각한 결함이 있다고 일축했다. 위원회는 가이어의 일부 수학 공식이 "정보를 제공하지 않았다"고 밝혔고, 가이어는 '기여위험도'(attributable risk) 같은 기본적인 과학 용어를 부정확하게 사용했다. 이와 대조적으로 위원회는 미국, 영국, 덴마크, 스웨덴의 어린이 수십만 명의 건강 기록을 조사한 다섯 가지 연구는 설득력이 있음을 발견했다.[27]

가이어 형제는 자폐증이 있는 어린이의 경우 테스토스테론이 수은과 상호작용하며 루프론으로 자폐증 어린이를 "화학적으로 거세" 함으로써 자폐증을 치료한다는 가설을 지지했다. 루프론 프로토콜에 대한 특허 출원 시 참고문헌과 "테스토스테론-수은 항목"의 문구에 근거하면, 그들은 가열된 벤젠이 존재하는 실험 조건에서 테스토스테론이 수은으로 결정화되었던 1968년 논문을 잘못 해석한 것이 분명하다.[28] 이것들은 살아 있는 사람 안에 존재하는 조건이 아니다. 루프론 투여를 정당화하기 위해 그들은 1999년 아동기와 청소년기에 자폐증과 정신분열증을 동시에 진단받은 24세 남성의 사례 보고서를 언급했다. 그룹홈에 거주하면서 그는 어린이들에게 성적 관심을 갖게 되었고 공개적으로 자위 행위를 하기 시작했다. 프라이버시의 필요성에 대해 그에게 교육했지만 그의 공개적인 자위는 계속되었고, 어느 순간 착취라고 간주될 수 있는 방식으로 한 무리의 어린이들에게 접근하기도 했다. 몇 가지 다른 해결 방법을 찾다가 결국 안드로겐(androgen) 수치를 낮추기 위해 루프론을 투여했고, 그의 부적절한 성적 행동은 줄어들었다.[20] 이 경우 루프론의 다른 용도와 일치하는 결과로서 그의 부적절한 성적 행동만이 감소했고, 자폐증 증상이 감소되었다는 내용은 명시되지 않았다.

신경다양성 블로그(Neurodiversity Blog)의 16부작 이야기에서 캐슬린 세이델(Kathleen Seidel)은 가이어 형제에 대해 언급하며 그들의 연구 방법을 폭로했다. 폭로 내용에는 과학자가 아닌 백신 거부 운동가, 치과의사, 비즈니스 동업자인 마크와 데이비드 가이어, 마크 가이어의 아내, 자폐증 소송에 관여한 변호사 등으로 구성된 그들 회사의 내부 심의위원회가 포함되었다. 내부 심의위원회는 이해 상충으로 그 목적이 무색해졌다.

> 일곱 명으로 구성된 내부 심의위원회는 마크와 데이비드 가이어, 가이어 박사의 아내, 가이어 박사의 사업 동업자 두 명, 그리고 자폐 자녀를 둔 두 어머니로 구성되었는데, 그중 한 명은 자신의 아들이 가이어 박사의 환자/대상자임을 공개적으로 인정했고, 다른 한 명은 세 건의 백신 상해 소송의 원고였다. 내부 심의위원회의 위원 구성은 가이어 박사의 연구에 대한 윤리적 검토의 독립성을 의심하게 만들었다. 모든 구성원이 이해 상충이 뚜렷했으며 아무도 내분비학에서 뚜

렷한, 즉 어린이 호르몬의 약리적 조작과 관련된 연구를 유능하게 감
독하고 수행할 핵심 전문지식을 가지고 있지 않았다.[30]

2007년, 가이어 형제의 논문은 연구 윤리에 대한 비판 이후 학
술지 〈자가면역 리뷰〉(*Autoimmunity Reviews*)에서 철회되었다.[31] 특
히 터무니없었던 것은 마크 가이어가 연구를 승인한 기관 심의위원
회에 대한 정보를 연구가 시작되고 15개월 후에야 인간연구보호국
(Office of Human Research Protection)에 제출했다는 사실이다. 이 루
프론 연구에 어린이들을 등록시키기 위해 가이어 부부는 먼저 루프
론의 몇 가지 승인 조건 중 하나인 조숙증을 진단했다. 사용된 진단
기준은 소아 내분비학자들이 권장하는 기준과 일치하지 않았다. 가
이어 형제는 루프론 치료법을 시판하며 자폐아의 부모들에게 수천
달러의 비용을 지불하게 했다. 자폐아에 대한 그들의 실험은 몇 년
동안 계속되었다.

몇몇 신경발달장애가 있는 사람들은 종종 어려운 상황에 직면한
다. 그들의 성적 행동은 병적으로 여겨질 수 있으며 성에 대한 그들
의 기대 역시 동의받기 어려울 수 있다. 많은 사회에서 성 활동은 공
개적으로 논의되지 않으며, 장애인의 성생활이나 생식생활은 낙인
이 덧씌워진다. 자폐증 진단으로 뼈와 심장 손상의 위험이 더 큰데
도 불구하고 아마도 부모들은 자녀들의 성적 발달을 변화시키는 치
료에 더 기꺼이 동의했을 것이다. 하지만 루프론 프로토콜은 과학에
기초하지 않았고, 가이어 형제는 연구 및 의료 윤리뿐만 아니라 사

실도 소홀히 다루었다

부분적으로 캐슬린 세이델의 연구로 인해 2011년 메릴랜드 의학 위원회는 이사회가 인증한 유전학자 및 전염병학자라고 사칭하며 규정 위반의 내부 심의위원회를 운영하고 비표준적 치료를 제공한 것에 대해 마크 가이어의 의료 면허를 긴급 정지하라는 명령을 내렸다.[32] 의학위원회는 아홉 건의 사례를 검토했고, 그중 여섯 건에서 조숙증에 대한 오진이 있었음을 발견했다. 또 가이어는 검토된 세 가지 사례에서 혈액의 중금속을 제거하기 위한 약물을 투여하는 킬레이트 치료를 권고했다. 킬레이트 치료는 실제로 중금속이 발생했을 때만 권장되며, 그 자체로 위험한 부작용과 위험성을 안고 있다. 가이어에게 면허를 부여한 다른 아홉 개 주에서도 면허를 정지시켰다. 항소심에서 면허 정지가 확정되었고, 2012년에는 면허 없이 의료 행위를 한 혐의로 기소된 이후 몇 달 내에 면허가 공식 취소되었다. 2012년 메릴랜드 주 의사위원회가 정지 명령을 내리며 가이어가 자신과 아들, 그리고 아내를 위해 처방한 의약품 이름을 공개적으로 언급했는데, 이는 의료 프라이버시를 침해한 것이라는, 위원회에 불리한 판결이 2018년에 내려졌다.[33] 이 판결은 항소될 가능성이 높다.

자폐증 치료법에 대해 토론하는 데 있어 한 가지 문제는 많은 사람들이 자폐증을 치료해야 할 것으로 보지 않는다는 것이다. 자폐증을 가진 사람들이 치료법을 좋아하지 않는 이유와 관련한 사례는 아이슬란드에서 찾을 수 있다. 아이슬란드에서는 다운증후군이 산전 검사 및 선택적 낙태로 거의 제거되었다.[34] 부모들이 건강한 자녀를 갖기 원하는 것은 당연하지만, 장애인 권리 옹호자들은 그런 관행을 종종 다운증후군과 같은 장애를 가진 사람의 삶을 부정하는 것으로 본다. 이들은 자폐증을 치료하기 위해 노력하는 것보다 자폐증을 가진 사람들의 삶의 질을 향상시키기 위해 노력하는 것이 더 필요하다고 생각한다. 루프론 프로토콜처럼 자폐증에 대한 많은 의심스러운 치료법이 시판되어왔으며, 그중 많은 것들이 유해할 수 있다.

자폐아를 둔 백신 거부 부모들에게 시판되고 있는 또 다른 '자폐증 치료법'은 '기적의 생수'다.[35] '기적의 생수'는 '창세기 II 건강 및 치유 교회' 설립자 짐 험블 대주교(Archbishop Jim Humble)가 판촉하고 있다. 험블은 자신을 다른 은하에서 온 10억 년 된 신이라고 묘사한다.[36] '기적의 생수'는 자폐증과 에이즈, 그리고 다양한 형태의 암을 포함한 여러 질병의 치료제로 판매되고 있으며, 앓는 질병에 따라 몇 가지 다른 '프로토콜'이 사용된다.

'기적의 생수'는 사실 밀가루와 나무펄프를 표백하기 위해 산업적으로 사용되는 이산화염소다. 소량의 이산화염소는 물에 포함된 미생물을 죽일 수도 있지만 '기적의 생수' 지지자들이 권하는 용량에서는 "구역질, 구토, 설사, 심각한 탈수 증상의 원인이 될 수 있다."[37] 2015년에는 '기적의 생수'를 소지한 부모들에게서 일곱 명의 어린이가 격리되었고,[38] 2018년에는 자신의 자녀에게 이산화염소를 먹여 자폐증을 치료하려고 한 어머니가 체포되었다.[39] '기적의 생수'로 인해 적어도 한 명이 사망한 것으로 알려졌다.[40] 부모들은 때때로 자신의 자녀에게 관장 표백을 하고 그것을 통해 쫓아낸 '기생

충'들의 사진을 페이스북에 올리는데, 그것은 사실 화학적으로 화상을 입은 장의 파편들이다.[41]

이산화염소는 섭취해서는 안 되는 독소이며 어떤 인간의 질병도 치유하거나 치료하지 않는다. '기적의 생수' 지지자들은 증언이나 개인적인 이야기를 알리며 제품을 판매하지만, 그 이야기는 과학이 아니며, 그들은 그 치료가 실제로 효과가 있는지 여부를 판단할 수 없다. '기적의 생수'는 지금도 판매되고 있다.

자폐아 부모에게 시판되는 또 다른 치료법은 고압산소치료법(hyperbaric oxygen therapy)이다. 이 치료법은 출판 기업 엘스비어(Elsevier)의 학술지 〈의학가설〉(*Medical Hypothesis*)의 논문으로 맨 처음 제안되었다.[42] 당시 〈의학가설〉은 동료 심사 대상이 아닌 엘스비어의 유일한 학술지라는 점에서 독특했다. 〈의학가설〉은 "과학 과정이 원활한 다양성과 논쟁을 촉진하는 흥미롭고 중요한 이론 논문"을 목적으로 삼았다.[43] 다시 말해 이 학술지는 그것이 과학적 품질 관리 과정의 중요한 부분임에도 불구하고, 출판 전 다른 과학자들에게 논문 심사받는 과정을 생략했다. 이 학술지는 예를 들어 2009년 "배꼽 솜털의 특성"(The Nature of Navel Fluff)과 같은 어떤 기묘한 논문을 출판하기로 선정했다. 이 논문에서 저자는 그의 복부 털이 배꼽 솜털의 원인이라는 가설을 실험했다.[44] 2010년에는 HIV가 에이즈의 원인이 아니라고 주장하는 2009년 논문을 놓고 엘스비어와 저널 편집자 사이에 논쟁이 일었다. 편집자의 계약은 갱신되지 않았고, 동료 심사를 요구하는 새로운 편집 지침이 제도화되었다.[45] 고압산소

치료법을 제안한 논문은 뇌로 가는 혈류가 부족해서 자폐증이 생긴다고 주장했다. 고압산소치료법은 감압치료와 같은 실제 임상에 응용될 수 있는데, 그것은 일정한 기간 산소가 농축된 가압 가스 혼합물을 흡입하는 것이다.

논문의 저자인 대니얼 로시뇰(Daniel Rossignol)은 고압산소치료법으로 어린이들을 치료하는 연구에 대해 계속 발표했지만, 그 결과는 고압산소치료법이 "자폐증을 위한 치료제"라는 가설을 뒷받침하지 않았다. 그러나 그들은 오히려 그 기술이 상대적으로 안전하다고 제안하며 자폐증 행동이 개선되었음을 시사하는 일화를 제공했다.[46] 로시뇰은 고압산소치료법이 자폐증 증상을 개선시킨다는 가설을 대조군 연구들이 지지하지 않는다는 것을 인정하는 리뷰를 출판했다. 그러나 이러한 시험들에서 결과 해석을 어렵게 만들 수 있는 교란요인이 있음을 지적했다. 또 이 리뷰에는 치료 후 개선되었음을 보여주기 위해 치료받은 어린이들이 손으로 쓴 글씨와 색칠한 그림 샘플이 포함되었다.[47]

가장 많은 관심을 받은 로시뇰의 연구는 2009년에 발표되었으며, 고압산소치료법의 첫 번째 이중 맹검 대조군 시험이었다.[48] 신경학 블로그(Neurologica Blog)의 기고자이자 〈회의론자의 우주 가이드〉(The Skeptics' Guide to the Universe)의 진행자이기도 한 신경과학자 스티븐 노벨라(Steven Novella)는 예를 들어, 어린이들에게 압력 변화를 경고할 수 있도록 어린이와 함께 부모를 고압용기 안으로 들어가게 하는 것, 주관적 조치, 짧은 연구 기간, 여전히 추정적인 메커니즘, 그리고 치료를 제공하는 임상 진료를 운영하는 로시뇰이 유도하는 가능한 편견 등과 같은 이 연구의 약점에 대해 신중하게 비판했다.[49] 이례적인 방법인 쌍으로 이루어진 변화(치료 및 비치료 집단의 차이가 아닌 치료 집단의 변화와 비치료 집단의 변화)만 측정되었다는 지적도 나왔다. 적절한 통계가 적용되면 플라시보 대조군 집단을 포함한 두 집단이 연구에 참여한 후 개선되는 것으로 보인다.[50] 2010년 로시뇰은 예기치 않은 고소를 당했는데, 자폐아에게 검사 없이 전화로 잠재적으로 위험한 킬레이트 요법을 처방했다는 혐의였다.[51]

고압산소치료법은 그 자체로 아주 위험한 것은 아니지만 비용이 많이 든다. 그것은 임상 용도가 있는 실제 치료법이기 때문에 산업용 표백제를 마시는 것만큼 믿을 수 없는 치료법은 아니지만, 현재 자폐증 치료법으로서의 사용을 뒷받침할 증거가 충분하지 않다. 또한 이 치료법의 막대한 비용은 다른 많은 치료비용보다 더 자폐아 가정에 파괴적일 수 있다.

한동안 소화효소인 세크레틴(secretin) 주사가 자폐아 부모들 사이에서 인기를 끌었는데, 세크레틴을 투여한 어린이가 개선되었다는 입증되지 않은 보고가 있은 후였다.[52] 세크레틴을 주사한 어린이의 이야기가 〈굿모닝아메리카〉와 〈데이트라인〉에서 방영된 후 그 치료법이 인기를 끌었다.[53] 부모들이 자녀에게 세크레틴 주사를 처방해줄 의사를 찾으면서 제조사가 단 한 곳이었던 세크레틴은 빠르게 매진되었다. 그러나 임상실험이 진행되면서 세크레틴을 통한 개선이 플라시보 효과라는 것이 분명해졌다. 코크란의 리뷰는 세크레

틴이 자폐증 증상에 도움이 되지 않는다는 것을 밝혀냈다.[54]

자폐증에 사용해온 또 다른 대체 치료법은 악령을 제거하기 위한 종교적 의식인 퇴마의식이다. 대부분의 주류 연구자들은 악령을 자폐증의 가능한 원인으로 여기지 않는다. 적어도 한 경우에서, 퇴마사가 무릎을 꿇고 몇 시간 동안 어린이의 가슴을 짓눌러 질식시켜 자폐아의 사망을 초래했다.[55]

존 유플레저(John Upledger)의 이름을 딴 유플레저연구소(Upledger Institute)는 자폐증 치료에 두개천골요법을 장려한다.[56] 유플레저는 혈액이나 뇌척수액의 움직임으로 인해 두개골의 봉합선이 리듬에 따라 움직인다는 증명되지도 않았고 가능할 것 같지도 않은 믿음에 기초해 두개천골요법을 개발한 정골사다. 사람이 태어났을 때 두개골은 여전히 연약하고, 신경두개는 하나의 단단한 두개골이 아니라 섬유질 봉합선으로 함께 고정된 많은 뼈로 구성되어 있다. 봉합선의 확장 능력으로 인해 생후 2년 동안 두개골과 뇌의 크기가 빠르게 성장할 수 있다. 봉합선은 뼈가 계속 퇴적되고 재흡수되는 부위인데, 시간이 지남에 따라 봉합선은 함께 자라기 시작하고 서로 맞물려 단단한 두개골로 융합된다. 정면 봉합선은 보통 3-9개월 사이에 융합되며, 나머지 봉합선은 20-30세 사이에 융합된다.[57] 치료사들은 '1차 호흡'이 봉합선 사이에서 발생하며, 느껴지고 조정할 수 있다고 믿는다.[58] 이러한 봉합선은 나중에 약간의 유연성을 가질 수는 있지만 손으로 조정될 것 같지는 않다. 뇌척수액의 리듬감 있는 움직임이나 그것이 발생할 수 있는 방법에 대한 그럴듯한 설명은 없으며, 가장 잘 설계된 연구도 효과적인 두개골 치료법을 보여 줄 수 없을 것 같다.[59] 더구나 자폐아는 뇌척수액이 비정상적으로 축적되거나 결핍되지 않는다. 아마도 치료사들은 그들 자신의 맥박을 느끼거나, 환자의 호흡을 느끼거나, 혹은 어떤 다른 방식으로 존재하지 않는 진정한 리듬으로 이상 신호를 해석하는 것 같다.[60] 그들은 진정으로 숙련된 치료사들만이 그것을 감지할 수 있기 때문에 그것을 과학적인 방법으로 시험할 수 없다고 주장한다. 이 방법으로 나타나는 모든 개선은 플라시보 효과로 가장 잘 설명된다.

위장 기관의 염증이 자폐증의 근원이라는 웨이크필드가 제기한 마찬가지로 신빙성 없는 생각을 전제로 어떤 부모들은 글루텐이나 카세인 알레르기가 자폐증의 원인이라고 믿는다. 그들은 자신의 자녀들에게 이러한 단백질이 없는 특별 식단을 제공했다. 어떤 사람들은 글루텐에 면역반응을 보인다. 이런 병에 걸린 사람이 이 단백질에 노출되면 부적절한 자가면역반응이 일어나 만성 설사를 유발할 수 있고, 영양소를 잘 흡수하지 못하는 등 다른 많은 문제가 발생할 수 있다. 이 환자들의 경우 글루텐이 없는 엄격한 식단을 고수하는 것이 도움이 된다. 또한 밀 알레르기와 유사한 증상을 가진 비글루텐 글루텐 민감성(nongluten gluten sensitivity)의 증거가 늘어나고 있지만, 위장 증상은 더 느리게 시작되고 아나필락시스(anaphylaxis, 심각하고 생명을 위협하는 전신 알레르기 반응)의 발생 가능성은 더 낮다. 하지만 많은 사람들이 비셀리악 글루텐 민감성(nonceliac gluten sensitivity)으로 자가 진단하고, 영양사와 계획을 의논하지 않고 글루텐

프리 다이어트를 시행한다.[61] 다른 많은 치료법들과 마찬가지로 글루텐이 없는 식단을 제공하는 자폐아 부모들이 밝히는 개선 역시 일화적이며 플라시보 효과로 설명될 수 있다.

이런 치료법들 외에도 줄기세포 치료법, 점토 목욕 해독법, 다양한 다이어트, 생낙타 우유, 정유를 포함해 자폐증을 치료하는 기타 다른 만병통치약이 판매되고 있다. 이것들 중 자폐스펙트럼장애 증상에 효과적인 치료법은 없는 것으로 밝혀졌다. 물론 부모들은 의심의 여지 없이 자신의 자녀를 위해 최고의 것을 추구하지만, 여러 비싸고 때로는 위험한 치료법을 구매하는 경우가 많다. 자폐스펙트럼장애의 많은 증상이 시간에 따라 변하고 객관적으로 측정하기 어렵기 때문에 종종 과학적 고려 없이 일화적인 개선이나 변화가 설득력 있는 증언으로 통합된다.

많은 지지자들이 자선 단체인 오티즘스픽스(Autism Speaks)를 여러 이유로 비판해왔다. 이 기구는 2005년에 설립되었지만 2015년까지 이사회에 자폐증을 가진 사람들을 포함시키지 않았다.[62] 자선 단체의 예산 또한 자폐증을 방지하는 연구에 주로 초점을 두었다. 이러한 예방은 부모들로 하여금 자폐증 증상을 가질 가능성이 높은 태아를 선별해 낙태할 수 있게 하는 산전검사 형태일 가능성이 가장 높다.[63]

2009년 오티즘스픽스의 부회장 앨리슨 싱어(Alison Singer)는 백신 접종과 자폐증 사이의 연관성을 찾는 연구의 비용을 계속 지원하기로 한 조직의 결정 이후 사임했다.[64] 그러나 2017년 이후 오티즘스픽스는 웹사이트에 다음과 같은 성명을 게시하며 방향을 바꾸었다.

> 각 가정은 자폐증 진단에 대한 독특한 경험을 가지고 있으며, 일부 가
> 정에서는 자폐증 진단이 자녀의 백신 접종 시기와 일치한다. 동시에
> 과학자들은 지난 20년 동안 어린이 백신 접종과 자폐증 사이에 어떤
> 연관성이 있는지 여부를 결정하기 위해 광범위한 연구를 수행했다.
> 이 연구의 결과는 명확하다. 백신은 자폐증을 일으키지 않는다. 미국
> 소아과학회는 이 연구의 포괄적인 목록을 작성했다.[65]

다른 단체들은 오티즘스픽스가 사용하는 용어가 자폐증인 사람
들에게 오명을 씌울 가능성이 있으며, 자폐증인 사람들에 대한 배척
이나 학대를 초래할 수 있다고 지적했다. 이것은 자폐증을 가진 사
람들을 위한 지지 단체가 자폐증을 가진 당사자들과 상충하는 목표
를 가졌을지 모르는 자폐아의 부모들로 주로 구성되어 있다는 불만
을 야기시켰다.[66]

자폐스펙트럼장애와 관련된 어떤 증상은 언어치료, 커뮤니케이
션 강화 및 개별 교육 계획으로 개선될 수 있지만 자폐증 치료법은
보편적으로 과학에 기반을 두고 있지 않다. 그러한 '치료'는 자폐증
을 가진 사람들을 위험한 치료와 독성 음료, 값비싸고 비효율적인
치료에 노출시켜 희생시킬 수 있다.

14

소셜 미디어의 파급력
: '가짜 뉴스'를 중심으로

웨이크필드의 논문이 출판되었을 때 전통적인 미디어는 책, 신문, 잡지 기사, 텔레비전 쇼의 형태로 잘못된 정보를 퍼뜨리는 데 기여했다. 이제 소셜 미디어와 다른 새로운 형태의 커뮤니케이션이 점점 더 빨리 '백신 거부 오보'를 전파하는 주요 수단으로 전통 미디어를 대체하고 있다. 18세기 백신 거부 운동가들이 팸플릿을 배포하고 집회를 연 반면, 현대의 백신 거부 운동가들은 휴대전화와 페이스북, 트위터, 스냅챗, 그리고 다른 형태의 소셜 미디어에 접근할 수 있다. 그러나 지난 수십 년 동안 커뮤니케이션 속도와 용이성은 크게 향상되었지만, 전파되는 정보를 명확히하기 위한 안전 조치는 미흡했다.

통신 기술은 지난 세기에 인쇄 매체, 라디오, 텔레비전, 초기 인터넷, 소셜 미디어로 빠르게 변화했다. 소셜 미디어는 이전의 커뮤니케이션 수단이 가졌던 중앙집중식 게이트 키퍼가 없는 직접적인 개인 간 커뮤니케이션을 이용한다.

미국 정치를 추종하는 사람들은 '가짜 뉴스'(fake news)라는 용어에 익숙한데,[1] 이는 그들의 글에서 정직하게 진실을 표현하려는 믿을 만한 기자들과 의도적인 선전 캠페인을 통해 미국 정부를 불안정하게 만들려는 사람들 모두에게 비난을 받고 있다. 과학자들은 '가짜 뉴스'[2]의 현상과 그것이 어떻게 전파되는지 연구하기 시작했다. 가짜 뉴스는 실제 뉴스 기사인 것처럼 보이지만 편집자들이 뉴스 출처에 대해 전통적인 감독을 하지 않고, 정보를 유포하기 전에 이를 검증하는 언론 규범을 지키지 않는 것이다. 이것은 전례가 없는 현상이 아니다. 1835년 〈뉴욕 썬〉은 달에서 발견된 기괴하고 믿을 수 없는 생명체를 묘사하는 일련의 가짜 뉴스 기사를 통해 발행 부수를 늘렸다.[3] 2019년 5월, 낸시 펠로시(Nancy Pelosi) 하원의장이 술에 취해 느릿느릿 말하고 얼버무렸다는 가짜 뉴스 기사가 온라인상에서 퍼졌다. 이전의 지배적인 형태의 커뮤니케이션 변화는 두려움을 불러왔지만, 개인이 기존 뉴스 출처만큼 많은 사람에게 접근할 수 있는 힘을 가졌던 적은 없었다. 대부분의 미국 성인들은 이제 소셜 미디어를 통해 최소한 일부분의 뉴스를 얻고 있다.[4]

가짜 뉴스의 파급효과는 상당하다. 2016년 미국 선거를 앞두고 가짜 뉴스 기사는 약 7억 6천만 번 읽혔고 3800만 번 공유되었다.[5]

널리 퍼지는 것과 아울러 가짜 뉴스는 실제 뉴스보다 더 많은 사람들에게 더 쉽게 도달할 수 있다. 소셜 미디어 플랫폼인 트위터에서 가짜 뉴스 기사는 실제 기사보다 "더 멀고, 더 빠르고, 더 깊고, 더 넓게" 전파된다.[6] 거짓 기사는 더 많은 사람에게 전달되었고, 더 많은 사용자로부터 튀어나왔으며, 입소문을 타면서 큰 성공을 거두었고, 실제 이야기보다 리트윗될 가능성이 70% 더 높았다. 주로 온라인에서 뉴스를 얻는 사람들은 9·11 음모론을 더 믿는 경향이 있다.[7] 인터넷 사용자의 80%가 온라인으로 건강 정보를 검색하기 때문에 이것은 사실 염려할 만한 일이다.[8]

온라인상에서 가짜 뉴스가 실제 뉴스보다 더 빠르고 깊게 퍼지도록 하는 똑같은 원칙이 백신 거부 음모론과 의학적인 조언에도 적용된다.[9] 이러한 음모론에 노출된 사람들은 백신을 잘 접종하려 하지 않을 수 있다. 그러한 믿음은 광범위하며 정치적 성향과는 관계가 없다.[10] 검색 엔진에 의해 제시된 웹사이트의 상당 부분이 백신에 반대할 수 있고, 백신에 대한 정보를 찾는 사람은 백신 거부 웹사이트를 접할 가능성이 높은데,[11] 2008년 현재 '백신 안전성'과 '백신 위험'을 검색한 결과의 절반 이상이 부정확했다.[12] 이러한 웹사이트의 약 4분의 1은 공식 조직의 웹사이트를 모방하거나 의심스러운 문헌을 인용하며 권위 있는 주장을 열망한다. 많은 웹사이트가 예방접종을 의료계 내에서 발생하는 '논쟁'으로 간주하고 '편견이 없는' 정보를 제공한다. 또한 많은 웹사이트가 감정에 호소하고, 백신 접종으로 피해를 입은 것으로 추정되는 사람들의 개인적인 이야기를 들려주며, 백신 접종을 옹호하는 사람들을 적대자, 거짓말쟁이, 앞잡이 또는 조작의 희생자로 확립시킨다. 아이러니하게도 이러한 웹사이트들은 종종 거짓말과 은폐, 자연주의적 오류를 호소하는 문화 속에서 과감하게 진실을 제시하는 것으로 묘사된다.[13] 전염병 감소는 (종종 설명할 수 없는) 다른 원인 때문이라고 생각하며, 백신으로 예방할 수 있는 질병의 비극과 심각성은 쉽게 무시된다.

인터넷상의 백신 거부 주장은 정적이지 않다. 그들은 변화하는 뉴스 기사와 새로운 수사학적 기법에 대응한다.[14] 백신 거부 웹사이트를 분석했더니 다양한 질병의 원인을 백신 탓으로 돌리는 수가 거의 100%에서 약 76%로 약간 감소하는 추세였다. 시민의 자유에 기초한 논쟁은 웹사이트의 약 80%에서 약 40%로 감소했다. '대체' 치료법의 판촉은 45-70%[15]에서 20%로 감소했다. 재정 상충에 대한 주장은 88%에서 52%로 감소했다. 음모론을 조장하는 웹사이트의 수는 약간 증가했다. '낙태된 태아 조직'에 대한 언급도 감소했다.[16] 전문성을 주장하는 사람들에 의한 질병 위협 조작과 증언 이용이라는 두 가지 새로운 주제가 부상했다. 신종플루 대유행 기간 17만 5천 명 이상의 캐나다 인터넷 사용자를 대상으로 한 2009년 조사에 따르면, H1N1 백신이 안전하다고 생각하는 사용자는 23.4%에 불과했는데,[17] 이는 백신 접종 거부 수사법이 현재 사건에 얼마나 빨리 반응하는지를 나타낸다. 놀랍게도 백신 거부 웹사이트들의 전술에도 불구하고 확산되는 전반적인 메시지는 1850년대에 존 깁스가 사용한 것과 같은 기본적인 범주에 속한다.[18] 개인의 자유, 신체

오염에 대한 두려움, 정부와 과학자들에 대한 불신이라는 주제는 한 세기 반이 지난 후에도 여전히 사용되고 있다.

세계에서 가장 큰 비디오 공유 사이트인 유튜브는 백신 거부 수사법이 대중 담론에 어떻게 스며들었는지 잘 보여준다. 어떤 분석에서, 분석된 백신 관련 영상의 거의 3분의 1이 백신 접종에 대한 부정적 메시지를 담고 있었다.[19] 2012년 기준으로 HPV 백신에 대한 대부분의 영상은 부정적인 어조고,[20] 긍정적인 영상보다 '좋아요'라는 반응을 더 많이 받았다. 점점 더 많은 사람들이 케이블과 방송 TV를 보면서 재미를 찾지 않게 됨에 따라 개인이 만든 영상과 증언 들이 정보를 받아들이고 가공하는 더 크고 중요한 수단이 될 것이다.

핀터레스트는 사용자가 이미지와 영상을 '핀보드'에 주제별로 수집할 수 있는 웹사이트다. 2015년 연구는 핀터레스트에 백신이 묘사되는 방식을 조사했는데, 연구된 핀의 74%가 백신 거부로 분류되었다.[21] 핀터레스트는 백신에 반대하는 조언을 포함해 유해하다고 간주되는 정보를 구체적으로 금지하는 정책을 가진 몇 안 되는 플랫폼 중 하나다. 2018년 핀터레스트의 커뮤니티 지침에는 "우리는 핀 게시자의 건강이나 공공 안전에 즉각적이고 해로운 영향을 미치는 조언을 허용하지 않는다. 여기에는 말기 또는 만성 질환에 대한 허위 치료 촉진과 백신 접종 거부 권고 등이 포함된다"라고 나와 있다. 그러나 핀터레스트 검색 엔진에서 검색한 결과, '백신 접종'이라는 단어에 대한 핀 대부분이 백신을 반대하는 것임을 알 수 있었다.

소셜 네트워크 페이스북도 백신 거부에 대한 믿음을 배양하는 역할을 하며, 많은 백신 거부 그룹을 호스팅하고 있다. 어떤 사람들은 그들의 목적을 노골적으로 말하고, 다른 사람들은 거짓 동등성을 제시하며 중립적으로 보이는 정보를 제공함으로써 온건한 것처럼 보이려고 한다. 12만 1천 명의 회원으로 구성된 백신접종재교육토론포럼(Vaccination Reeducation Discussion Forum), 3만 2천 명의 회원으로 구성된 백신교육네트워크: 자연건강백신반대커뮤니티 (Vaccine Education Network: Natural Health Anti-Vaxx Community), 2만 2천 명의 회원으로 구성된 백신상해사례(Vaccine Injury Stories)를 비롯해 백신혐오자(Vaccine Haters), 백신연구회(Vaccine Research Society), 백신노출(Vaccine Exposed), 백신반대연합(United against Vaccines), 백신-거짓말(Vaccine-The Lies), 백신/접종상식(Vaccine/Immunization Common Sense), 백신접종반대부모(Parents against Vaccination), 백신위험(Vaccine Danger), 백신접종사전교육(Educate before You Vaccinate), 백신폐지협회(Vaccine Abolition Society), 백신의심부모(Parents Questioning Vaccines), 백신접종및과도백신접종반대애완동물부모(Pet Parents against Vaccination & Over Vaccination), 백신진실운동(Vaccine Truth Movement), 백신도박(The Vaccine Gamble) 등 이 모든 단체가 수천 명에서 수만 명의 팔로워를 거느리고 있다. 백신 거부 페이지 의무적백신접종중단(Stop Mandatory Vaccination)은 11만 7천 회, 백신정보네트워크(Vaccine Information Network, VIN)는 14만 8천 회, 백신의진실(The Truth about Vaccine)은 13만 8천 회의 '좋아요'를 받았다. 이 웹페이지들은 백신 접종을 막기 위

한 개인적인 증언과 밈(memes)을 공유한다. 2019년 3월, 미국 홍역 발생의 와중에 페이스북은 자사 플랫폼의 백신 거부 콘텐츠 문제를 해결하겠다고 약속했으나 진척이 더뎠다.[22] 페이스북은 백신 거부 그룹을 추방하기보다는 백신 거부 콘텐츠가 공유되고 더 나은 콘텐츠에 링크되는, 정확한 정보의 플랫폼을 찾는 사용자들에게 더 나은 소스에 자동 링크되도록 하는 형태를 취할 것이다.

백신 거부 콘텐츠가 공유되는 한 가지 방식은 밈을 통해서다. 밈이라는 단어는 어떻게 유전자가 진화에 의해 개체군에 전파될 수 있는지, 그리고 어떻게 작은 단위의 아이디어가 사람들 사이에 전파될 수 있는지를 유추하기 위해 생물학자 리처드 도킨스(Richard Dawkins)가 만들었다.

> 밈(지식, 가십, 농담 등의 개별 단위)이 문화에 대해 갖는 관계는 유전자가 생명체에 대해 갖는 관계와 같다. 생물학적 진화가 유전자 풀에서 가장 적합한 유전자의 생존에 의해 추진되는 것처럼, 문화적 진화는 가장 성공적인 밈에 의해 추진될 수 있다.
>
> _리처드 도킨스, 메리엄-웹스터(Merriam-Webster)에서 인용함.[23]

그러나 밈이라는 단어는 또한 레딧, 트위터, 페이스북과 같은 소셜 미디어를 통해 널리 퍼진 사진과 비디오 클립을 가리키게 되었다. 페이스북의 알고리즘은 좋아한 페이지, 그룹 멤버십, 그리고 이전에 상호작용했던 콘텐츠에 기초해 밈을 게시물로 표시한다. 페이스북은 공유된 뉴스 항목 옆에 사실 확인 기능을 제공하기 시작했지만, 백신 접종에 대해 잘못된 정보를 전달하는 페이지를 제거하지는 않았다.[24]

백신 거부와 관련한 여러 정보를 제공하는 알렉스 존스(Alex Jones)와 그의 멀티미디어 브랜드 인포워즈(InfoWars)는 제법 유명하다.[25] 2018년, 인포워즈의 콘텐츠는 서비스 약관을 위반했다는 이유로 페이스북을 포함해 몇몇 소셜 미디어 플랫폼에서 추방되었다.[26] 그러나 그가 유사과학을 촉진했다는 사실은 인포워즈를 금지한 플랫폼 회사들의 규정으로 인해 따로 언급되지 않았다. 유튜브, 핀터레스트, 트위터, 페이팔, 메일침프를 포함해 다른 플랫폼들도 인포워즈의 콘텐츠를 추방했다. 2019년 페이스북은 유사과학류의 건강 치료법과 음모론과 백신에 대한 잘못된 정보를 공유한 페이지인 '내추럴뉴스'(Natural News)를 중단시켰고,[27] 더 이상 플랫폼에 백신 거부 광고를 게재하지 않겠다고 약속했다.[28] 이메일로 뉴스레터를 보내고 메일 주소록을 관리하는 플랫폼인 메일침프는 2019년에 백신 거부 콘텐츠를 금지했다. 백신 거부 운동가들은 다른 플랫폼으로 이동했다.[29] 이런 금지조치들은 거대 소셜 미디어 회사가 언론의 자유를 검열할 수 있다는 우려를 촉발했다.

언론의 자유는 일반적으로 정부의 언론 통제로부터의 자유로 인식되지만, 대부분은 언론의 자유에 한계가 있다는 점을 인정한다. 이 엄격한 정의에 따라 메일침프와 같은 플랫폼을 잃었다는 것은 언론의 자유를 제한하는 것이 아니다. 또한 언론의 자유는 문화적 현상이기도 하다.[30] 그러한 문화가 없다면 언론을 위한 법적·제도적 보호는 많은 면에서 상징적이다. 언론이 처벌받는 것을 보면 자기검열과 공포로 이어질 수 있다. 대형 미디어 회사들은 사람들이 커뮤니케이션하는 중요한 언로를 통제하기 때문에 그들의 행동은 정밀 조사를 받아 마땅하다. 인포워즈의 콘텐츠를 추방한 사건은 언론의 자유에 대해 대규모로 진행 중이던 문화적 토론 속에서 일어났다. 대학 캠퍼스에서 벌어진 시위로 인해 논란이 된 좌담이 취소되었으며, 시위자들은 이 시위가 "혐오 발언에 의해 소외 집단이 희생되는 것을 막기 위한 더 높은 도덕적 책임"에 의해 정당화된다고 주장했다. 이것은 자신이 "이 연사들의 말을 들을 수 있는 학생의 권리"를 대표한다고 생각하는 사람들에 반하는 것이었다.[31]

이전의 대중 매체는 훨씬 더 엄격한 기업 통제력을 가지고 있었다. 텔레비전 방송국을 운영하는 것은 대부분의 사람들이 접근할 수 없는 영역이었고, 대부분의 뉴스 방송사들은 그들을 소유한 회사의 편집 지침과 지시를 따랐다. 마찬가지로 인쇄 매체 역시 손쉽게 생산하고 배포하기 어렵다. 편집자의 존재를 통해 광범위하게 배포되는 콘텐츠의 종류가 제한됨으로써 보도 기준이 발생했다. 물론 그럼에도 불구하고 주변 출판물은 여전히 존재했다. 존스는 그러한 소셜 미디어 플랫폼을 이용해 오랫동안 합리적이라고 생각되었던 말들을 제한하는 폭력을 저질렀다. 그러나 개인의 목소리를 강조하는 플랫폼과 이러한 플랫폼을 관리하는 기업의 사회적 책임의 간극은 아직 다루어지지 않은 중요한 문제를 제기한다.

질병과 공중보건의 위험성에 대한 잘못된 정보는 인터넷에서도 쉽게 얻을 수 있다.[32] 가장 쉽게 이용할 수 있는 정보는 종종 오해를 불러일으킨다. 인기 검색 엔진을 통해 이용할 수 있는 지카바이러스에 대한 정보를 조사한 결과, 다양한 음모론과 잘못된 정보가 첫 번째 결과에서 나타났다(유전자 변형 모기에 대한 두려움, 지카바이러스가 국가 주권을 훼손하기 위한 계획이었다는 믿음 등). 연구자들은 불소화에 반대하는 잘못된 정보의 확산을 살펴봄으로써 정보의 과학적 내용보다 사회적 관계가 잘못된 정보를 퍼뜨리는 데 더 중요할 수 있다는 결론을 내렸다.[33] 이 결과는 백신에 대한 망설임을 가장 효과적으로 다루는 문화적으로 유능한 수단과 일치한다. 우리는 보통 그 주장의 진실성을 평가하기보다는 그 출처와의 관계에 기초해 주장의 신뢰도를 평가한다.

소셜 네트워크는 기본적으로 인간의 '가십' 능력을 확장시킨다. '가십'이라는 단어는 부정적인 의미를 가질 수 있지만, 그것은 우리 주변 사람들의 삶에서 사회적 관계와 일상 사건에 대해 배우는 중요한 수단이다.[34] 그러나 이것은 사회적 관계와 관련된 정보를 얻는 효과적인 방법이지만, '실제로 무슨 일이 일어났는가?' '실제 진실은 무엇일까?' 와 같이 물리적 세계에 대한 정보를 확인할 때 그 신뢰성은 무너진다. 따라서 비과학자와 과학자들이 위험과 진실을 평가하는 방법은 동일하지 않다. 백신 거부 운동가들이 보통 과학자들의 결정을 일축하거나 과학적 증거를 고려하지 않는다는 말이 아니라 그들이 받아들이고 반복하는 과학적 증거와 그들이 경청하는 전문가들이 실제 과학자들이 사용하는 기준과 다른 기준에 의해 선택된다는 것이다.

문화적 인식은 이러한 차이를 설명하는 데 유용한 가설이다. 이 가설은 (요약하면) 우리가 축적된 사실과 지식에 기초하지 않고 오히려 우리의 문화적 선입견과 편견에 따라 위험을 평가한다고 말한다. 예를 들어, 2012년 연구에서는 가장 높은 과학적 문해 능력과 기술적 추론 능력을 가진 사람들이 기후변화 문제에 대해 가장 양극화될 가능성이 있는 것으로 나타났다.[35] 이 연구 결과는 과학에 대한 부적절한 지식이 이러한 종류의 과학적 위험 결정에 2차적 요소임을 시사한다. 2010년 조사는 편향동화와 신뢰도 휴리스틱(heuristic)이라는 두 가지 현상과 관련하여 HPV 백신의 인지 위험을 연구했다. 편향동화는 복잡한 문제에 대해 강한 의견을 가진 사람들이 자신의 이전 믿음을 확인하는 데 편향된 방식으로 경험적 증거를 조사하고 그러한 믿음을 거스르는 증거를 더 비판적으로 평가하는 경향을 말한다.[36] 신뢰도 휴리스틱은 평가자와 같은 그룹을 공유하는 것으로 인식된 출처의 정보를 더 신빙성 있게 평가하는 경향을 말한다.[37] 연구자들은 의무적인 HPV 백신 접종에 대한 개인의 입장은 문화적 단서를 기반으로 정보를 제공하는 사람을 내집단으로 인지하는지 또는 외집단으로 인지하는지에 따라 달라질 것이라고 가정했다. 그 주장을 하는 사람들의 정체성은 그 주장에 동의하는 사람들을 예견하는 것이다.[38]

몇몇은 문화적 인식이 위험 평가에 포함되는 몇 가지 요소 중 하나일 수 있다고 말했다. 그럼에도 불구하고 소속된 집단과 개인적 관계를 인간이 정보를 어떻게 인식하는지에 대한 중요한 결정요소로 만드는 많은 인지적 편향이 있다. 이것은 다트머스인디언스와 프린스턴타이거스의 1951년 축구 경기에 대한 연구로 설명할 수 있다.[39] 경기는 거칠었고 부상이 발생했다. 후에 학생들을 조사했는데, 100명의 다트머스 학생 중 53명은 양쪽이 거친 경기를 시작했다고 믿었고, 36명만이 다트머스에게만 책임이 있다고 믿었다. 100명의 프린스턴 학생 중 11명은 양쪽 다 거친 경기를 시작했다고 믿었고, 86명은 다트머스가 책임이 있다고 믿었다. 비록 한 게임밖에 진행되지 않고 일련의 사건들이 발생했지만, 그 사건에 대한 주관적 지각은 관찰자가 속한 집단에 의해 크게 좌우되었다. 이런 효과를 선택적 지각(selective perception)이라고 한다.

인간으로서 우리는 우리 자신의 지식과 능력을 평가하는 데 어려움을 겪는다. 이것을 더닝-크루거 효과(Dunning-Cruger effect)라고 부른다. 심리학자 데이비드 더닝(David Dunning)과 저스틴 크루거(Justin Kruger)는 참가자들에게 유머, 논리적 추론 또는 영어 문법에 대한 지식을 요구하는 과제를 제시하고 그들의 능력에 대한 스스로의 평가를 실제 점수와 비교하는 네 가지 연구를 수행했다. 각각의 경우 최저 점수를 받은 참가자들의 자체 평가가 실제 점수와 가장 큰 차이가 났다. 반대로 가장 높은 점수를 받은 사람들은 자신의 능력을 과소평가하는 경향이 있었다.[40] 이러한 효과에 대한 몇 가지 설명이 제시되었는데, 여기에는 무능한 사람들의 메타인지 능력 부족,

정확한 '사회적 비교'를 할 수 없는 능력, 자신의 능력을 다른 사람들의 능력과 비교하는 경향, 그리고 아는 것이 적을수록 스스로 아는 것이 많지 않음을 알 가능성이 낮은 것까지 포함된다. 더닝과 크루거의 연구는 덜 유능할수록 자신이 더 유능하다고 믿는다는 뜻으로 널리 잘못 알려졌는데, 이것은 정확하지 않다. 그들의 연구는 지각된 능력과 실제 점수 사이의 긍정적인 상관관계를 보여주었다. 이런 현상에 대한 대안적 설명에는 평균에 대한 회귀,[41] 즉 하나의 특성으로 선택한 집단이 다른 특성에 대해서도 평균이 되는 통계적 경향, 그리고 높은 성과자와 낮은 성과자 모두 자신의 능력을 평가하는 능력은 유사하지만 높은 성과자는 소수만 존재할 가능성 등이 포함된다. 이것은 낮은 성과자들이 자신을 판단할 높은 수행의 사례를 찾아보기 어렵게 만든다.[42]

다른 사람들의 편견에 대한 평가는 편향되기 쉬운 인간 인식의 또 다른 영역이며,[43] 백신 거부 정보가 온라인에서 인식되는 방법을 어떤 방식으로든 설명할 수 있다. 우리는 우리 자신을 다른 사람들보다 인지 편향에 덜 영향을 받는다고 보는 경향이 있다. 다른 사람들의 동기는 알 수 없으며 따라서 정밀 조사를 해야 한다. 그러나 우리는 자기성찰이 정확한 결론에 도달하는지 여부와 상관없이 우리 자신의 동기의 근원을 성찰할 수 있다.[44] 이에 반해 다른 사람들의 마음은 들여다볼 수 없기 때문에, 우리는 그들의 동기를 알기 위해 가설과 이론에 의존해야 한다.

어떤 면에서 우리는 우리 삶에서 우리가 어떻게 기능하는가에 대한 이런 종류의 편향에 대해 보호 장치를 만들 수 있다. 예를 들어, 정부, 기업, 학계 및 비영리 단체에서 대부분의 절차를 지배하는 의회 절차의 규칙을 모은 《로버트 토의절차 규칙》(*Robert's Rules of Order*)은 심의 기관의 다른 구성원의 동기를 문제 삼는 것을 구체적으로 금지한다.[45] "X라는 사람은 과학자이므로 빅 파마의 돈에 의해 움직인다"라는 추론은 이런 종류의 편향된 추론이 백신 토론에서 어떻게 작용하는지 보여주는 예다. 물론 그 반대도 사실이다. 온라인 토론에 참여하는 백신 옹호자들은 백신 접종을 주저하는 이들이 가지고 있지 않은 나쁜 믿음을 가정할 수 있다.

많은 면에서 정보를 전파하는 능력에 있어 과학은 아직 소셜 미디어를 따라잡지 못했다. 많은 과학자들은 전통적인 미디어 자료를 선호한다.[46] 과학적인 정보를 주고받는 우리의 수단은 여전히 대부분 이제는 한물간 통신 수단을 본떠서 모델을 만들었다. 과학 학술지는 종종 편지와 비슷한 형식의 짧은 과학 보고서를 포함한다. 인쇄된 과학 학술지들 또한 과거의 유물이다. 대부분의 과학 학술지 기사는 현재 디지털 형식으로 읽을 수 있지만, 출판사들은 종종 컬러 도판에 대해 추가 요금을 부과한다. 우리가 과학 연구의 벽으로 둘러싸인 정원 안에서 출판하는 것과 동시에, 대중 매체와 소셜 미디어에 의해 포착된 과학 이야기들은 연구의 본질이나 전체로서 연구 분야를 얼마나 잘 나타내는지에 대해 정확한 방식으로 표현되지 않는 경우가 많다.[47] 과학 학술지의 논문들 또한 종종 유료 구독 뒤에 숨겨져 있어서 기관 구독을 할 수 있는 사람들만이 이용할 수 있다. 게다가 그것은 대개 특이한 학문적 언어와 논문이 속한 특정 과학 분야의 구성원이 아닌 사람들은 이해하기 어려운 전문 용어로 가득 차 있다.

백신 거부 운동에 참여하는 사회적 비용은 꽤 현실적이다. 미국 항공우주국(NASA) 엔지니어이자 내 친구였던 홀리 그리프스(Holly Griffeth)는 백신 접종과 관련된 아주 감정적인 가족 상호작용에 대한 전형적인 이야기를 소셜 미디어로 공유했다. "최근 나는 엄마와 사촌, 그리고 그의 남편과 함께 외식을 하러 나갔다. 그들은 최근에 첫 아이를 낳았다. 어쩌다 보니 백신에 대해 이야기하게 되었고 그들은 백신이 확실하지 않다고 말했다. 나는 사촌을 상당히 총명하다고 생각했기 때문에 다소 충격적이었다. 사촌은 자녀들이 MMR 백신을 맞은 후 완전히 다르게 행동하기 시작했으며 자폐증을 두려워한다고 이야기하는 '몇 명의 친구들'과 대화를 나누었다고 말했다. 그것이 그의 경험적 증거였다." 홀리는 그동안 백신 접종을 적극적으로 거부하는 사람들이 있다는 사실을 알지 못했다. 그래서 인스타그램을 통해 백신 접종을 옹호하는 밈을 공유하기로 마음먹었다. "내 게시물의 어떤 것에도 사촌을 태그하거나 불러낸 적이 없고, 페이스북에서 팔로우하지도 않았다. 사촌 역시 쉽게 그렇게 할 수 있었지만 그렇게 하지 않았고 결국 큰 사건이 일어났다. '그의 가족을 공격한다'며 나를 비난한 엄마는 화가 잔뜩 났고, 그것은 또 다른 광기를 불러일으켰다. 최근 인스타그램에 백신에 관한 글을 올렸는데, 사촌은 화가 나서 내게 입을 다물라고 하며 자신의 아들은 MMR 백신을 접종받지 않을 거라고 말했다. 나는 그가 나를 팔로우했는지조차 몰랐던 것 같다. 결국 나는 그를 인스타그램과 페이스북에서 차단하고 엄마 역시 페이스북에서 차단했다. 6개월 전 일이다."

홀리의 경험은 백신을 둘러싼 소셜 미디어의 전형적인 상호작용이다. 어느 쪽도 기꺼이 양보하려 하지 않았고, 어느 쪽도 양보하지 않았다. 홀리의 사촌은 실제 사회관계망에서 신뢰할 수 있는 사람들로부터 정보를 얻었고, 백신 접종에 대한 그의 결정은 주로 그 친구들에 대한 그의 신뢰에 기초했다.

백신 옹호자와 백신 주저자 사이에 과학에 대한 기대, 전문성 및 이해가 일치하지 않기 때문에, 과학 주제에 대한 소셜 미디어의 토론은 종종 이러한 유형의 참여자 모두를 감정적으로 동요시키지만 그들의 의견은 결코 흔들리지 않는다.

그렇다고 해서 소셜 미디어를 커뮤니케이션 수단으로 사용하는 것을 포기할 필요는 없다. 페이스북은 기존의 과학적 커뮤니케이션 수단보다 몇 배 더 많은 수의 이용 가능한 청중을 보유하고 있다.[48] 수억 개의 트윗이 매일 게시되고 수억 명의 사람이 소셜 미디어 플랫폼을 이용한다. 좋든 싫든 간에 이러한 플랫폼은 대부분의 비과학자들이 과학적 발견에 대한 정보를 받고 접근하는 실질적 수단이 되었다. 인터넷 통신은 심지어 긍정적인 결과로 이어질 수도 있다. 인터넷 사용은 과학에 대해 전반적으로 긍정적인 태도를 증가시키며,[49] 과학 블로그에 접속하는 행위는 사회 계급들 사이의 지식 격차를 해소하는 데 도움이 된다.[50]

그러나 페이스북과 트위터에서 잘못된 정보를 만났을 때 그냥 지나치지 않고 그것을 언급하는 것은 의미 있는 일이다. 사람들이 잘못된 정보에 노출되면 잠재적으로 공중보건의 노력에 해를 끼칠 수 있다. 백신에 비판적인 웹페이지들은 백신이 위험하다는 인식을 빠르게 증가시킬 수 있고,[51] 자녀들에 대한 백신 접종을 감소시킬 수 있다.[52] 예방접종을 포기한 대부분의 부모들이 인터넷을 주요 정보원으로 꼽고 있지만, 이런 부모들은 전반적으로 소수에 불과하다. 여전히 백신 접종률이 높지만, 사람들이 좋은 정보를 더 많이 접할수록 백신 접종률은 더 높아지고 디즈니랜드와 미네소타의 홍역과 같은 더 많은 발병을 막을 수 있다.

적어도 2000년대 초부터 백신 거부 정보에 대항하는 사실 자원을 제공해 온라인 기록을 수정하려는 시도가 있었다. 이러한 것들은 과학 커뮤니케이션의 정보 결핍 모델에 관한 것이다. 정보 결핍 모델은 적절한 정보가 부족해 과학적 주제에 대해 부정적인 태도를 가진 사람들에게 충분한 정보를 제공하면 극단적 태도를 바꿀 것이라고 말한다.[53] 그러나 과학 지식과 과학과 기술(예: 백신 접종)에 대한 태도의 상관관계는 긍정적이지만 미약하다.[54]

사람들이 과학 정보를 처리하는 방법에 대한 대안적 모델은 제한된 정보 합리성 모델이다. 이 모델에서는 과학적이고 정치적인 주제에 대해 심층적인 전문가의 이점이 낮으며, 인간의 노력에 대해 인색한 경향이 있다. 이를 보완하기 위해 우리는 휴리스틱 또는 경험 법칙을 사용해 다양한 주제에 대한 '직관적 추론'을 개발한다.[55] 이 모델에서 정보는 중요하다. 결정을 내릴 때 사람들이 이용할 수 있는 정보가 적을수록 그들은 휴리스틱에 더 많이 의존하게 된다.[56] 미디어 또는 소셜 미디어가 백신 접종 태도에 영향을 줄 수 있는 두 가지 메커니즘은 배양과 프레이밍이다.[57]

배양은 미디어를 통한 빈번한 노출이 해당 주제에 대한 특정한 태도를 배양하는 방법을 의미한다. 예를 들어, 폭력에 대한 뉴스 보도에 자주 노출되면 실제보다 폭력이 더 빈번하다는 믿음을 배양할 수 있다. 마찬가지로 소셜 미디어를 통해 백신의 안전에 대한 잘못된 정보에 빈번하게 노출되면 그것에 대해 부정적인 태도를 배양할 수 있다.

프레이밍은 기존 연결을 활용하여 새 연결을 만든다. 예를 들어, 주사 맞는 것에 화가 나서 비명을 지르는 자녀의 이미지로 백신에 대한 뉴스를 만드는 것은 불행한 어린이나 고통에 처한 어린이들의 부정적인 연관성을 불러온다.

소셜 미디어는 전쟁터라기보다는 과학자들과 공중보건 옹호자들이 백신을 주저하는 사람들에게 다가가는 강력한 도구가 될 수 있다. 백신 거부자들이 정보를 어떻게 프레이밍하는지 의식하고, 단순히 그들을 정보로 압도하려 하지 않고 백신 접종이 왜 그들에게 올바른 선택인지에 대해 긍정적인 이야기를 하는 한 말이다.

15

집단의 견해가 더 확고해지는 이유

사람들이 어떤 경로를 거쳐 인터넷에서 정보를 찾는 호기심에서 시작해 밈을 공유하거나 생성하고, 의사에게 살해 위협을 가하거나, 주의회 의원들에게 생리혈을 끼얹는 백신 거부 집단의 활동적 구성원이 되는지는 명확하지 않다.

사람들은 어떻게 백신 거부 견해에 사로잡히게 되는가? 시간이 지남에 따라 왜 더 행동이 고착화되는지 그리고 어떻게 집단들이 더 양극화되는지 설명하고자 하는 많은 가설이 있다.

사람들이 일단 행동하게 되면, 각 단계에서 행동에 대한 자신의 입장을 합리적으로 재평가하는 일은 거의 없고 실수를 저질렀을 때에도 좀처럼 물러서지 않는다. 박사학위를 따기 위해 6년을 투자한 대학원생들은 종신 교수직을 얻을 확률이 매년 감소하지만 교수가 되려는 노력을 접기가 어렵다. 주주들은 주가가 몇 번씩 거듭 떨어져도 계속 주식을 사들일 수 있다. 커플들은 '열정'이 사라진 후에도 로맨틱한 관계를 지속할 수 있다. 어떤 국가는 병사들의 죽음이 헛되지 않았다고 말하기 위해 연거푸 패하더라도 전쟁을 밀어붙일 수 있다. 기업 임원들은 각 부서에 처음 투자를 결정할 때 실패할 부서에 더 많은 돈을 배정할 가능성이 있다.[1]

몇 가지 가설은 부분적으로 이러한 인간의 행동을 설명할 수 있다. 하나는 사람들이 결정을 내릴 때, 그들은 단순히 자신이 틀렸다는 것을 인정하고 싶어하지 않는다는 것이다. 또 다른 것은 사람들이 자신을 도덕적이라고 간주하고 싶어하기 때문에 도덕적 명령으로 보는 투자를 밀어붙이는 경향이 있다는 것이다.[2] 또한 사람들은 자기 일관성을 중시하기 때문에 비록 그 행동이 반드시 이성적인 것이 아니더라도 스스로를 일관성 있어 보이게 하는 행동을 추구한다는 것이다.[3] 어떤 집단과 자신을 강하게 동일시하는 사람들은 또한 집단의 결정이 실패했을 때라도 그에 대한 애착을 더욱 강하게 고수할 것이고,[4] 따라서 집단 소속감에 대한 애착은 우리로 하여금 실패한 아이디어에 과도하게 자원을 투입하도록 영향을 줄 수 있다.

이와 관련된 생각을 매몰비용 오류 또는 도박사의 오류라고 한다. 만약 우리가 30분을 걷는 대신 버스를 기다리기로 선택했다면, 비록 버스가 너무 늦게 와서 중간에 포기하고 걸어서 목적지까지 가는 것보다 더 늦게 도착하게 되더라도 우리는 계속 버스를 기다리는 경향이 있다. 도박꾼들은 자신이 잃어버린 돈을 다가올 '대박'으로 되찾아야 한다는 믿음으로 지고 있는 게임에 계속 돈을 투입할 것이다. 도박꾼들은 궁핍해질 때까지 도박을 계속함으로써 매몰비용을 좇는다. 우리로 하여금 승리를 좇도록 이끄는 편견이 너무 강력하다.

집단에 대한 소속감은 또한 우리가 그 집단의 결정에 더 큰 애착을 갖게 할 수 있고, 그 집단의 영향력이 없었을 때보다 더 양극화된 입장을 취하게 할 수 있다.[5] 소셜 미디어는 우리를 그 어느 때보다 더 많은 관점에 노출시켰지만, 또한 우리가 우리의 관점에 더 확고히 사로잡히게 만든다.[6]

몇 가지 원인이 이러한 집단 양극화의 바탕이 될 수 있다. 우리는 집단에 긍정적으로 인식될 수 있는 더 강한 견해를 표현할 수 있다. 이 사회적 비교 모델에서 우리는 사회적 집단 내에서 조화와 지위를 얻기 위해 끊임없이 노력한다. 또 다른 모델에서는 집단이 편향된 방식으로 정보를 공유하게 할 수 있다. 집단 토론에서 그 집단은 한 가지 관점을 선호하는 주장을 제기할 가능성이 더 높다. 만약 그러한 주장이 참신하면, 우리는 그것을 이슈의 내부 모델에 추가하고 한 방향으로 더 많은 주장을 포함하도록 하는 관점을 공식화한다. 덜 고착된 견해를 가진 사람들은 집단의 관점이 더 극단적으로 변하면 집단에서 배제될 수도 있다.

처음에는 백신에 대해 불가지론자였는데, 백신을 거부하는 공동체의 구성원들과 접촉하면서 그들과 적응하기 위해 백신을 거부하는 견해를 표명하기 시작할지도 모른다. 백신 거부 견해를 가진 사람들에게 둘러싸여, 그들은 시간이 지남에 따라 백신을 거부하는 주장에 더 많이 노출될 수 있고, 따라서 그들은 집단 소속감을 통해 접한 백신 거부 주장에 기반을 둔 정신적인 예방접종 모델을 개발할 수 있다. 그들의 견해는 시간이 흐르면서 더욱 확고해진다.

16

종교적 신념이냐, 공중보건이냐

백신 접종에 관한 법률은 나라마다 다르고 미국의 경우 주마다 다르다. 대부분의 주에서는 어린이들이 학교나 보육시설에 가기 전에 백신 일정에 맞추어 접종을 받았는지 확인을 받는다. 하지만 어떤 주는 이러한 의무를 면제해주기도 한다. 첫 번째 범주는 합법적인 의학적 면제다. 이것은 손상된 면역계, 백신 성분에 대한 알레르기, 또는 백신 접종을 받을 수 없는 다른 어떤 의학적 이유를 가진 어린이들에게 주어질 것이다. 그러나 많은 경우 이러한 면제는 악용되었다. 부모들은 돈을 주면 기꺼이 면제 서류에 서명해주는 소아과 의사들의 이름을 공유했다. 두 번째 범주는 종교적 면제다. 종교는 종종 사회에서 특권적 지위를 차지하기 때문에, 부모가 종교적 이유를 들어 자신의 자녀에게 백신 접종을 하지 않는 것을 많은 주에서 허용했다. 이러한 종류의 면제도 악용될 수 있다.

세계의 종교는 다양하며, 존재·믿음·행위의 본질에 대해 여러 가지 많은 초자연적인 설명을 제시하기 때문에, 백신 접종에 대한 종교적 거부가 어떤 사람의 종교적 믿음을 정확하게 반영할 수 있는지 여부에 대해 포괄적으로 진술하는 것은 어렵다. 하지만 대부분의 종교들은 공식적으로 백신 접종에 반대하지 않는다. 많은 주에서 백신 접종에 대한 종교적 면제를 허용하고 있기 때문에, 사실상 종교적 신앙은 특히 개인적·철학적 면제가 허용되지 않는 사법권에서는 백신 거부를 위한 편리한 희생양이 된다.

이러한 백신 거부에 대한 이유는 세계의 종교만큼이나 다양하며,[1] 심지어 기독교와 같은 일부 종교 내에서도 서로 다른 관점을 가진 여러 종파가 있다. 물론 종교 지도자들은 최근의 미네소타 홍역 발병 이후와 인두법의 초기 옹호자였던 불교 여성들에서 볼 수 있는 것처럼 지역사회에서 높은 수준의 백신 접종률을 달성하도록 돕는 역할을 할 수 있다.[2] 그러나 백신 접종에 찬성하는 종교 지도자들은 백신 사용에 대해 설교하지 않는 경우가 많다.[3]

게다가 어떤 종교적 신앙이 합법 혹은 불법인지를 규정하는 것은 매우 어렵다. 대부분의 사람들은 종교적 신앙이 주요 종교 단체나 종파의 지지를 받는 경우에만 합법적으로 유지된다고 주장하지는 않을 것이다. 하지만 이전의 백신 거부 부모들의 설명에 근거해

보면, 종교적 신앙을 가지고 있지 않음에도 불구하고 많은 사람들이 백신 접종에 대해 종교적 면제를 요구한 것이 분명하다. '진정한' 종교적 신앙과 규칙을 우회하기 위한 신앙을 구별하는 어려움은 바로 백신 접종에서 종교적 면제를 허용한 국가들이 직면하는 문제다. 이것을 구분하는 것은 아주 어렵지만, 우리는 두 가지 질문을 할 수 있다. 신자가 많은 종교 중 예방접종을 금지하는 종교가 있는가? 그리고 각 주는 종교적 면제를 허용해야 하는가?

종교적 면제가 얼마나 흔한지에 대해 연구한 것은 많지 않다. 2000-2011년까지 뉴욕 주에서의 종교적 면제 비율을 조사한 2013년 연구는 다음과 같았다. 2011년에는 0.4%의 극소수 부모만이 종교적 면제를 신청했지만, 이 수치는 2000년에 종교적 면제를 신청한 0.23%의 거의 두 배에 달해, 이러한 종교적 면제가 잠재적으로 증가하고 있음을 시사했다.[4] 이 수치는 홈스쿨링하는 어린이들은 포함하지 않은 것으로, 종교적 면제 집단은 분명 커지고 있다. 일부 시골 지역의 면제율은 1% 이상이었다.

종교적 이유에 근거한 면제가 종교가 백신 접종에 영향을 끼치는 유일한 내용은 아닐 것이다. 종교는 부모들에게 백신에 대해 분명한 면제를 요구하게 하기보다 특정한 예방접종에 대해 편견을 갖게 만들 수 있다. 예를 들어 HPV 백신은 입학에 필요하지 않으며 종교적 면제에 기초한 연구에 나타나지 않는다. 종교 예배에 자주 참석하는 부모들은 HPV 백신을 접종할 가능성이 낮은 반면, 가톨릭 부모들은 비신자 부모들보다 백신을 접종할 가능성이 더 높다.[5] 부모들은 종종 의료 제공자에게 종교를 이유로 백신 면제 서류를 요청한다. 게다가 어떤 사람들은 종교적 이유로 인해 백신이 만들어지는 방법에 반대했다.[6] 어떤 백신은 인간의 태아 조직에서 추출한 세포주에서 생산되는데, 이는 그러한 방식을 싫어하는 종교 지도자들의 반대를 불러일으켰고, 또 다른 종교 지도자들은 소나 돼지의 조직으로 만든 백신을 반대했다.

지난 10년 동안 홍역은 파키스탄, 말레이시아, 네팔, 카메룬, 나이지리아, 남수단, 기니, 그리고 이집트를 포함해 상당한 이슬람 인구를 가진 몇몇 나라에서 발병이 보고되었다.[7] 2009년 신종플루 H1N1은 특히 노인 사이에서 독성을 나타내는 유행병으로 분류되었다. 발병과 맞물려 사우디아라비아 정부는 2009년 메카순례(하지, hajj)를 준비했다.[8] 메카순례에는 약 250만 명의 사람들이 이동하기 때문에 독감이 전염될 가능성이 높았다. 메카순례에 배정된 방위군 중 46.8%만이 예방접종을 받았으며,[9] 사우디 보건부가 순례자들에게 백신 접종을 권했음에도[10] 백신 접종 비율은 대부분 낮았다. 2004년의 백신에 대한 망설임에 대한 우려는 타당했다. 순례자들은 메카순례에 참석하는 동안 여러 나라에 소아마비를 퍼뜨렸다.[11] 다른 여러 나라들은 그 위험에 다르게 반응했다. 예를 들어 이집트와 중국은 순례를 떠나기 전 백신 접종을 하도록 요구했지만 미국은 그렇게 하지 않았다. 사람들의 엄청난 운집과 이동에도 불구하고 2009년 메카순례는 성공적이었다.

2011년, 샤킬 아프리디(Shakil Afridi) 박사가 DNA를 수집하는

HepB 백신 접종 캠페인을 주도하며 미국 정보기관들이 오사마 빈라덴(Osama bin Laden)을 추적하는 데 도움을 주었다고 밝혀졌고,[12] 이로 인해 일부 이슬람 국가들은 백신 접종과 관련해 중요한 난관에 부딪혔다. 샤킬 박사의 캠페인에 대한 소식이 알려졌을 때 공중보건 관계자들은 소스라치게 놀랐다.[13] 지역 주민을 말살하기 위해 백신 접종이 사용되고 있다는 음모론으로 인해 지역에서는 이미 백신 접종에 대한 거부 기류가 있었다. 아프가니스탄, 파키스탄, 나이지리아 등 단 세 나라에서만 여전히 소아마비가 전파되고 있었는데, 모두 소아마비 퇴치 노력을 겨냥했다. 북부 와지리스탄의 탈레반 지도자들은 소아마비 예방접종에 반대하는 목소리를 높였다.

이러한 사실이 밝혀진 후 2012년에는 대부분이 여성인 아홉 명의 소아마비 백신 활동가들이 오토바이를 탄 남성들에게 살해되었는데, 이는 가짜 소아마비 백신 캠페인 때문이었을 가능성이 높다.[14] 그 후 2013년 나이지리아에서 소아마비 백신 관련 노동자 아홉 명이 더 사망했는데, 대부분 여성이었고 후두부에 총을 맞았다.[15] 나이지리아에는 백신 거부의 역사가 있다. 2003년 어떤 이슬람 학자가 소아마비 백신 접종이 미국의 음모라고 두려워하며[16] 그 백신이 "불임약에, HIV/AIDS를 일으키는 특정 바이러스에, 암을 일으킬 가능성이 있는 시미안 바이러스(simian virus)에 오염된 것 같다"고 한 후 소아마비 백신 접종이 11개월 동안 금지되었다.[17] 2016년에는 대부분 소아마비센터를 보호하던 경찰들을 포함한 열네 명이 소아마비센터 근처에서 폭발로 사망했으며, 그해 말에는 일곱 명의 백신 활동가들이 공격당해 사망했다. 2018년 초에는 파키스탄에서 모녀 백신 접종팀이 살해되었고, 같은 해 파키스탄에서 두 명의 백신 활동가가 더 살해되었다.[18] 소아마비 백신 접종 캠페인으로 야기된 불신은 전 세계적으로 소아마비 퇴치를 위한 노력을 둔화시켰다. 2018년에는 33건의 야생형 소아마비 바이러스와 75건의 백신 유래 소아마비 바이러스가 발생했다.

2018년 8월, 인도네시아 울레마위원회(Indonesian Ulema Council)는 MMR 백신을 (이슬람 율법으로 금지한) 하람(haram)으로 선언했다. 이는 종교적으로 보수적인 인도네시아인들이 백신 접종을 기피할 수 있다는 우려를 낳았지만, 돼지 부산물을 포함하지 않은 MMR 백신을 개발하도록 박차를 가했다.[19] 반면에 많은 무슬림 학자 집단이 이슬람에서 백신 접종을 받아들일 수 있으며 일부 백신에 돼지 젤라틴을 허용한다고 결정했다. 한편 2018년 인도네시아에서는 홍역이 발생했다.[20]

이러한 사건들을 제외하고 대다수의 무슬림 학자들이 백신 접종을 지지하며, 많은 무슬림들에게 예방접종은 더 이상 문제거리가 아니다. 세계적으로 종교 지도자들은 백신 접종 및 천연두와 소아마비를 없애기 위한 과정에서 중요한 도움이 되있다.

초기에 유대 학자들 사이에서 백신 접종이 (특정 유대인의 식단 율법에 따르면) 정결하지 않을 수도 있다는 우려가 있었지만, 많은 랍비와 학자 들은 백신 접종을 허용해야 하며 심지어 종교적 의무인 미츠바(mitzvah)라는 입장을 표명했다. 식단 제한은 일반적으로 경구 섭취에 적용되는 것으로 이해된다. 과거 몇몇 정통파 유대인 공동체에서 안식일에 백신 접종을 하지 못하도록 했지만, 이것은 일주일에 하루 뿐이고 유대인들은 다른 날에 백신을 접종받을 수 있었다. 정통파유대인연합(Orthodox Union)과 미국랍비협의회(Rabbinical Committee of America)는 백신 접종을 강력히 촉구해왔다.[21]

2019년 미국 홍역 발병 건수의 약 절반이 뉴욕 로클랜드 카운티와 브루클린의 정통 유대 공동체에서 발생했다.[22] 이들 사례 중 많은 수가 백신 접종을 요구하지 않는 사립 종교 학교에서 발생했다. 발병 이후 홍역의 확산을 늦추기 위해 수만 건의 백신 접종이 로클랜드 카운티와 브루클린에서 이루어졌고, 95% 이상의 예방접종률이 달성되었다. 40페이지에 달하는 팸플릿이 정통파 유대인 공동체에 유포되었는데, 《백신안전핸드북》(*The Vaccine Safety Handbook*)이라고 불린 이 팸플릿은 익명으로 출판되었고 잘못된 정보를 담고 있었다.[23] 〈백스드〉를 제작하고 백신 거부 유튜브 채널을 운영하는 델 빅트리와 같은 사람들을 포함해 백신 거부 운동가들은 발병 전후로 계속해 집회를 열었다.[24] 이 집회에는 백신 접종을 찬성하는 정통파 시위자들도 참석했다.

가톨릭으로 알려진 그리스도교 일파는 낙태에 반대한다는 입장을 표명했는데, 이것은 일부 신자들 사이에서 낙태된 태아에서 추출한 세포주에서 생산된 백신을 사용하는 데 대한 우려를 불러일으켰다. 그러나 교황청 생명학술원이 발표한 성명서는 (요약하자면) 가톨릭 신자들은 이러한 백신들의 대체 형태를 모색해야 하며, 그렇지 못한 경우에는 비록 그것이 생산 수단에 대한 찬성은 아니지만, 백신 접종을 허용해야 한다고 말했다.

여호와의증인은 그리스도교 일파를 표방한다. 이들의 본부는 종교 문서에 대한 해석에 근거해 신자들에게 특정 혈액제제는 물론 전혈 수혈을 거부하라고 지시한다. 이러한 제한은 최근 수십 년 사이 특정 혈액제제를 허용하기 위해 다소 완화되었다. 1920년대부터 1940년대까지 워치타워성서책자협회(Watch Tower Bible and Tract Society)는 파문이라는 처벌로 구성원의 백신 접종을 금지시켰다. 이 제한은 1952년에 완화되었고, 수십 년에 걸쳐 중립적인 입장을 취해왔다.[25]

소규모 그리스도교 분파인 아미시와 후터파 사람들은 백신 접종을 금지하지 않는다. 그러나 그들의 백신 접종률은 가변적이지만 다소 낮다.[26] 실제로 아미시 가구를 조사한 바에 따르면, 보편적으로 백신 접종을 거부하지 않으며, 백신 접종을 하지 않은 경우에도 주된 이유가 종교가 아니라는 점이 나타났다.[27]

다른 그리스도교 단체들과 마찬가지로 대부분의 개신교 교회들은 백신 접종을 종교적으로 반대하지 않는데, 이것은 광범위하기 때문에 소규모 단체들마다 개별적인 차이가 있을 수 있고, 때로는 개별 종교 지도자들이 백신 접종 거부 입장을 취할 수도 있다.

크리스천사이언스는 19세기 후반에 창시된 그리스도교의 한 분파로, 현대 의학의 많은 부분을 반대하며 대신 기도로 질병을 치료할 수 있다고 믿는다. 그 결과 그리스도교의 이 분파가 흔한 지역사회에서 여러 번 전염병이 발생했다. 1985년 크리스천사이언스 계열 프린시피아 대학에서 홍역이 발생해 712명의 학생 중 약 113명이 감염되었고, 세 명이 사망했다.[28] 같은 해 콜로라도 캠프에서는 110명의 야영객 중 50명이 홍역에 걸렸다.[29] 1994년 일리노이 주에서 홍역이 발생했는데, 홍역을 앓은 141명은 모두 크리스천사이언스 계열의 학교 및 대학과 연관되어 있었다.[30] 또 과거 크리스천사이언스 공동체와 연관되어 소아마비와 디프테리아도 발생했었다. 이 단체는 법률이 요구하는 백신 접종을 허용하긴 하지만[31] 그것이 필요하다고는 생각하지 않는다.

사이언톨로지교는 공상과학 소설 작가 론 허버드(L. Ron Hubbard)가 1950년대에 설립한 종교다. 사이언톨로지 신자들은 공개적으로 "사이언톨로지 신자는 질병과 상해에 대해 전통적인 치료를 추구한다. 우리는 몸이 좋지 않을 때 처방 약을 사용하며 의사의 조언과 치료에도 의존한다"고 말한다. 사이언톨로지교의 존 카마이클(John Carmichael) 목사는 사이언톨로지 내에 백신 접종에 관한 종교적 원칙은 없다고 말했다.[32] 그러나 사이언톨로지교는 특정한 가르침을 비공개적으로 가르치기 위해 회원 자격을 요구하기 때문에, 앞에서 말한 공개적 입장이 내부 정책을 정확하게 반영하는지 여부는 알 수 없다.

인도에서 가장 흔한 종교인 자이나교는 일반적으로 채식주의를 포함하며 폭력을 금지한다. 자이나교는 (미생물에게 해를 끼치는 것으로 볼 수도 있는) 백신 접종을 금지하지 않는데, 이는 백신 접종이 개인의 건강을 보호하는 데 필요한 것으로 여겨지기 때문이다.

세계에서 세 번째로 규모가 큰 종교인 힌두교 역시 백신 접종을 금지하지 않는다. 특정 백신의 생산에 소의 태아 혈청과 같은 소의 부분을 사용하는 것은 주요한 종교적 문제가 되지 않는다. 힌두교는 서로 다른 규칙과 금지법을 갖는 많은 종파로 구성되어 있다. 그러나 인도와 같이 힌두교 인구가 많은 지역에서 성공적으로 예방접종 캠페인을 벌였다. 인도는 2011년에 소아마비의 토착성 전파를 제거했다.[33]

이전에 모르몬교라고 알려진 기독교의 한 분파인 예수그리스도 후일성도교회는[34] 적어도 1978년 이후 회원들에게 백신 접종을 장려했다.[35] 1985년 교회는 예방접종 촉구서를 발행했고, 예방접종을 의무로 삼았다.[36] 또한 예방접종 운동을 위해 수백만 달러를 기부했으며, 2012년에는 예방접종을 공식적인 인도주의적 운동으로 만들었다.[37]

세계에서 다섯 번째로 큰 조직 종교인 시크교는 백신 접종을 금지하지 않는다.

불교 전통은 백신 접종을 반대하지 않는다. 실제로 불교의 일파에서 중요한 종교적 인물인 14대 달라이 라마 텐진 갸초(Tenzin Gyatso)는 2010년 생방송 TV에서 스스로 두 어린이에게 소아마비 예방접종을 했다.

사탄교의 가장 큰 두 종파인 사탄교회와 사탄사원은 예방접종을 반대하지 않는다. 사탄교회는 웹사이트에 HPV 예방접종을 장려하는 기사를 게재했으며, 사탄사원은 "한 사람의 몸은 침범할 수 없고, 오직 한 사람의 의지에만 달려 있다"는 신조를 신봉하고 있다. 이것은 의무적인 예방접종에 반대하는 것으로 해석될 수 있다.[38] 그러나 백신 접종은 학교나 탁아소에 가기 위해서만 필요하며, 대부분의 관할 지역에서 의무적인 것이 아니다.

전반적으로 세계의 거의 모든 주요 종교는 백신 접종에 대해 중립을 지키거나, 명확한 입장을 유지하지 않거나, 회원들에게 백신 접종을 적극 권장한다. 이것은 일부 부모들이 백신 접종을 피하기 위해 때때로 종교적 신앙이나 소속에 대해 거짓말하며 종교적 면제를 사용하는 것을 막지 못했다.[39] 2002년, 아칸소에서는 종교적 면제를 받기 위해 특정한 조직 종교에 가입을 요구하는 법이 폐기되었고, 주들은 백신 접종을 피하기 위해 종교적 소속이나 종교적 신상을 속이는 부모들을 처벌하지 않는다.[40]

이러한 종교적 면제 사례들은 대체로 백신 거부 운동가들이 자녀를 학교나 탁아소에 보내기 위해 정상적인 백신 접종 요건을 우회하도록 허용하는 연막이다. 종교적 백신 면제를 사용하는 것은 종교적 신앙의 진정한 표현이라기보다는 종종 사회에서 종교적 믿음의 특권적 지위를 이용하는 것이다.

주가 종교적 면제를 계속 허용해야 하는지에 대해 답하기는 더욱 어렵다. 미국에서 종교의 자유, 그리고 종교로부터의 자유는 헌법으로 보장된다. 그러나 정부는 종교적 관행에 일정한 제한을 둘 수 있다. 1878년 "레이놀즈 대 미국"(Reynolds v. United States) 대법원 판결에서 대법원은 종교적 의무가 범죄 기소를 타당하게 방어할 수 있는지 여부를 검토했다. 레이놀즈는 자신이 종교적 의무라고 주장하는 중혼으로 유죄 판결을 받은 모르몬교도였다. 법원은 토머스 제퍼슨(Thomas Jefferson)이 댄버리 침례교도들에게 보낸 서한에서 "종교는 오직 인간과 그의 신 사이의 문제이며, 그가 자신의 신앙이나 예배를 위해 다른 사람에게 책임을 지지 않으며, 정부의 정당한 힘은 오직 행동에만 도달하고, 의견에는 도달하지 않는다"라는[41] 문구를 발견했으며, "이것을 인정한다면 고백한 종교적 신앙의 교리를 지상의 법보다 우월하게 하고, 실제로 모든 시민이 스스로 법이 되도록 하는 것이 될 것이다"라고 평결했다. 이 결정은 1990년 "고용부 대 스미스"(Employment Division v. Smith) 판결에서 재확인되었다. "셔버트 대 베르너"(Sherbert v. Verner) 판례는 소위 셔버트 테스트라는 것을 확립했는데, 이것에 의하면 정부는 종교적 자유를 제한하기 위해서는 "납득할 만한 국가의 이익"을 제시해야 한다.

공중보건은 매우 납득할 만한 국가 관심사다. 종교적 신앙의 자유는 종교적 신앙에 전제된 행동의 자유와 같지 않다. 백신 접종과 같은 공중보건 조치의 이점은 강력하다. 종교적 신념이 백신 접종과 상충하는 드문 경우, 공중보건에 대한 국가의 관심이 종교적 특권보다 더 클 수 있다.

17

'빅 파마'와 음모론에 대하여

적은 분명하게 묘사된다. 그는 악의의 완벽한 모델이고,

어디에서나 볼 수 있는, 힘 있고, 잔인하고, 관능적이고,

사치를 사랑하는 일종의 비도덕적 슈퍼맨이다.

다른 사람들과 달리 적은 방대한 역사의 메커니즘에 얽매이지 않고,

그 자신은 그의 과거, 욕망, 그의 한계의 희생자다.

그는 정말로 역사의 메커니즘을 만들고,

역사의 정상적인 흐름을 나쁜 방향으로 바꾸려 할 것이다.

그는 위기를 만들고, 예금 인출 사태를 시작하고, 우울증을 일으키고,

재앙을 만들고, 그러고 나서 그것을 즐기며

그가 만들어낸 고통으로부터 이익을 얻는다.

편집광에 대한 역사 해석은 분명 개인적이다.

결정적인 사건들은 역사 흐름의 일부가 아니라

누군가의 의지의 결과로 받아들여진다.

_리처드 호프스태터(Richard Hofstadter), "미국 정치의 편집증적 스타일"

(The Paranoid Style in American Politics)[1]

백신에 대한 논의에서 공통 주제는 백신을 제조하는 제약회사들의 이윤 동기다.[2] 빅 파마(Big Pharma)는 당신을 속이고 있다. 빅 파마는 정부에게 뇌물을 주었다. 의무적인 백신 접종은 빅 파마에 새로운 고객을 넘겨준다. 미디어는 빅 파마로부터 수익을 얻는다. 그들은 당신에게도 거짓말을 한다. 백신 연구는 독립적이지 않고, 그래서 편향적이다. 백신 접종을 장려하는 사람들도 빅 파마의 야바위꾼이다! 빅 파마에서 돈을 받는 사람의 명단은 몬산토처럼 끝이 없고 감추어져 있다! 빅 파마란 무엇인가? 어떻게 이렇게 강력해졌을까? 그리고 이러한 주장 중 어떤 것이 사실일까?

빅 파마는 백신과 같은 의약품과 생약의 생산에 관여하는 수십 개의 회사, 연구자, 규제 당국, 의사, 과학자 들을 가리킨다. 많은 빅 파마 회사들은 대중이 그들을 싫어하고 불신할 충분한 이유를 제공했다. 한 가지 예로 에피펜(EpiPen)을 들 수 있는데, 에피펜은 생명을 위협하는 알레르기로 고통받는 사람들에게 적절한 양의 에피네프린(Epinephrine)을 자동으로 주입하는 장치다. 알레르기 환자들에게는 이 장치가 필요하고 때때로 생명을 구해주기도 한다. 에피펜은 1970년대에 셀던 캐플란(Sheldon Kaplan)이 스테인리스 강철 통으로 된 이전 자동주입기 펜을 대체하는 콤보펜(ComboPen)으로 개발되었다.[3] 에피펜은 1980년에 등장했고 2007년에 밀란(Mylan)이 인수했다. 2007년과 2016년 사이에 에피펜의 가격은 400퍼센트 이상 상승했는데,[4] 이것은 더 이상 그것을 살 여유가 없는 사람들의 생명을 위협할 수 있는 상승폭이다. 장치가 40년 전에 개발되었고 제조

비용이 400퍼센트 증가한 것이 아니기 때문에 이 장치의 가격을 인상하기로 한 결정은 제조 또는 개발 비용의 증가로 정당화될 수 없었다.

또 다른 유명한 최근의 사례는 현재 연방교도소에서 복역 중인 '파마브로'(phama bro) 마틴 쉬크렐리(Martin Shkreli) 때문에 일어났는데, 쉬크렐리는 튜링제약회사(Turing Pharmacy)의 CEO로 재직하며 툭소플라스마증(Toxoplasmosis)의 치료제인 다라프림(Daraprim)을 인수했다. 튜링은 다라프림의 가격을 한 정에 13.50달러에서 750달러로 인상했다. 쉬크렐리는 가격 인상을 둘러싼 부정적인 여론을 언론의 탓으로 돌렸다. 2015년에 그는 금융 사기 혐의로 체포되었다. 2016년 그는 의회로부터 가격 인상에 대해 증언하도록 요청받았으나 자신의 이름을 말하는 것 외에는 다른 어떤 질문에도 대답하지 않았다.

실제로 2019년 초에 1천 개 이상의 약품 가격이 평균 물가상승률을 훨씬 상회할 정도로 올랐다.[5] 이러한 증가세는 보통 많은 약품이 수십 년 전부터 연구되었기 때문에 연구비 반영이 쉽지 않고 약품 마케팅에 사용되는 비용에 비해서는 연구비가 적다는 내용으로 설명된다.[6] 제약회사들의 또 다른 문제는 그들의 재정적 이해관계 때문에 안전하지 않은 제품을 출시할 수 있다는 것인데, 바이옥스 (Vioxx)가 비근한 예다.

1999년 머크사가 제조한 바이옥스가 승인되었다. 바이옥스는 8천만 명 이상의 사람들에게 관절염 및 다른 질병을 치료하는 데 사용된 비스테로이드성 항염증제다. 2001년부터 바이옥스가 심혈관 질환의 위험을 증가시킨다는 분석이 나왔다.[7] 연구자들은 바이옥스가 심혈관 질환의 위험성을 증가시키는지 판단하기 위한 시험을 FDA가 의무화해야 한다고 주장했지만 FDA는 그렇게 하지 않았다. 동시에 바이옥스가 심장마비의 위험을 증가시킨다는 연구들이 나타나기 시작했고, 머크사는 이 약을 광고하는 데 매년 1억 달러 이상을 지출했다. 2002년 FDA는 머크사에게 바이옥스 포장 내용물에 심혈관 위험을 알리는 문구를 포함시키라고 통보했다.[8] 머크사는 바이옥스가 심장에 위험하다는 것을 가장 잘 알고 있었지만,[9] 수십억 달러나 처방되는 약의 위험성을 알리기보다는 그것을 계속 판매했고, 심혈관 질환에 대한 우려를 표시하는 고객에게 대응하는 방법을 적은 〈도지볼 바이옥스〉(Dodgeball Vioxx)라는 제목의 소책자를 판매원에게 제공했다.[10] 이 약의 효능을 밝힌 연구의 저자 중 한 명이 적어도 스물한 개의 연구에서 데이터를 조작했다는 사실이 나중에 밝혀졌다.[11] 2004년 머크사의 내부 연구(아이러니컬한 이름인 APPROVe) 이후 약은 회수되었다. 나중에 FDA의 위원이 된 어떤 사람은 위험 프로파일이 다른 진통제보다 나쁘지 않을 것이라며 바이옥스를 다시 출시하라고 권고했다.

이런저런 사건들은 제약 산업에 대한 부정적인 인식을 전반적으로 강화시켰다. 2016년 갤럽의 여론조사에 따르면, 제약업계에 대한 대중의 부정적 인식은 51%이고 긍정적 인식은 28%였다.[12] 이는 에피펜의 가격 인상에 대한 많은 뉴스 기사 직전에 나온 것이다. 이윤을 남기려는 기업의 동기와 안전하고 효과적인 약을 받고자 하는 환자의 필요 사이에 근본적인 충돌이 있다고 많은 사람들이 믿는다. 이는 공공 부문과 민간 부문 사이를 자유롭게 이동할 수 있는 컨설턴트의 능력보다는 직접적이지 않지만 FDA가 제약 산업과 연계되어 있다는 비판으로 확장된다. 제약업계의 일원이었고 컨설턴트로 다시 돌아올 것이 거의 확실한 사람이 어떻게 FDA에서 규제 당국자로 활동하며 객관적일 수 있을까?

이러한 산업과 그 산업들에 의해 생산된 약물과 백신을 규제하고 승인하는 정부 기관들 사이의 유대로 인해 대중은 불법행위가 만연하다는 인식을 갖게 된다. 1962년 연방식품의약품화장품법(Federal Food, Drug, and Cosmetic Act) 개정 때까지 제약회사들은 약품이 시판되기 전에 안전하다는 것만 보여주면 되었다. 1962년 개정법은 제조업자들에게 약품이 효과가 있다는 실질적인 과학적 증거도 제시하게 했다. FDA, 산업계, 그리고 학계에서의 후속 논쟁은 이 법이 해석되는 방식을 형성했다. 많은 상황에서 약물의 안전성과 효능에 대한 충분한 증거가 확보된 특별한 경우, 잘 설계된 단일 연구는 때때로 약을 다른 특정한 용도로 확장해도 적절하다고 간주했다. 이 것의 예로는 원래 15–25세 사이의 사람들에게만 승인된 약물이 있다면, 후에 30세까지의 사람들에게도 사용이 승인될 수 있다는 것이다. 이 유연성은 1997년 현대화법에서 성문화되었다. 그러나 일반적으로 결과에 대한 독립적 입증이 필요하며, 이는 종종 유사하게 설계된 여러 연구가 수행되어야 함을 의미한다. 이러한 연구는 반드시 일치해야 하는데, 심지어 잘 설계된 여러 센터가 참여하는 시험도 미묘한 편향을 가질 수 있다. 백신과 같은 생약제품은 대개 다른 의약품보다 더 높은 기준을 고수해왔고 다른 일련의 규칙에 따라 규제된다.

의약품과 생약제품 규제와는 대조적으로 식이 보충제로 시판되는 제품의 규제는 매우 관대한 편이다. 1994년 식이보충제건강교육법(Dietary Supplement Health and Education Act, DSHEA)은 제조자가 이러한 물질에 대한 안전성이나 효능을 입증할 필요를 사실상 면제해준다. 제조업체들은 제품에 정확한 라벨을 붙여야 하지만, 식이보충제건강교육법에 따르면, "미국은 식이 보충제의 질이 저하되었다는 것을 보여주기 위해 각 요소에 대한 입증 책임을 져야 한다." 이것은 입증의 부담이 백신이나 약물과 같이 보충제 제조자에게 있는 것이 아니라 그것이 안전하지 않음을 제시하는 FDA에 있다는 것을 의미한다. 보충제로 시판되는 다양한 제품을 고려할 때 이것은 더 어렵고 비용이 많이 드는 작업이다.

2004-2012년 사이 미국에서 FDA가 의무적으로 리콜한 것의 절반이 보충제였다.[13] 보충제의 이러한 리콜은 종종 라벨에 표시되지 않은 약학적인 활성 산물을 포함하고 있는 경우였다. 이는 보충제가 실제로 무언가를 할 수 있기 때문에 안전하지 않은 것으로 간주됨을 의미한다. 그러나 백신 거부 운동가들 사이에서 '빅 보충제'(Big Supplement)와 의원들의 친밀함, 빅 보충제의 안전 문제 및 법적 회피, 빅 보충제의 제조 과정의 비밀, 또는 보충제가 해결하는 것으로

마케팅되는 문제를 해결하는 데 있어 거의 모든 보충제의 비효율성에 대한 불평을 발견할 수 없었다. 식이보충제건강교육법 제정 이전 식이보충식품 산업은 연간 약 40억 달러로 추정되었으며, 이것은 2024년에 이르면 매년 2천억 달러를 넘어설 것으로 예상된다.[14]

사람들이 제약회사들을 싫어하는 정당한 이유가 종종 음모론에 의해 흐려진다. 많은 음모론과 마찬가지로, 그것은 소수의 사람이 공공의 이익에 반하여 비밀리에 일하고 있다는 믿음, 대부분의 사람들이 실제로 무슨 일이 일어나고 있는지 알지 못하며 오직 음모론자들만이 진실을 알고 있다는 믿음, 그리고 확인되지 않은 증거를 음모적 신념으로 돌리는 일련의 증거를 다루는 방법을 포함한다.[15] 로비스트, 의사, 과학자, 규제자, 정치인 들의 상충하는, 복잡한, 그리고 이동하는 동기와 인센티브는 악당의 탐욕으로 단순화된다. 음모론자들은 모든 것에 대해 잘못 생각하는 경향이 있기 때문에 그러한 음모론을 완전히 무시하고 싶지만, 역사적으로 실제적인 음모들이 있었다. 그러므로 확증적 증거가 없다는 사실이 밝혀진 후에도 사람들이 음모론을 믿는 이유를 언급하고, 특히 그 음모론에 대한 증거를 검토하는 것은 의미 있는 일일 것이다.

그러한 음모론적 행동은 기본적귀인편향(fundamental attribution bias, FAB)의 과잉으로 설명할 수 있다.[16] 기본적귀인편향은 사람들이 행동의 동기와 복잡한 상황적 이유들을 기꺼이 그들 자신에게 귀속시키고, 다른 사람의 동일한 행동을 그 사람의 기본적인 특징에 귀속시키는 현상이다. 예를 들어, '스티브는 나쁜 조언을 받아서 여러 번 나쁜 투자를 했다'가 아니라 '스티브는 재정 관리에 서툴다'라고 말하는 것이다. 또는 '루시는 그녀의 배우자가 병원에서 진통을 겪고 있었기 때문에 그날 과속했다'라고 하기보다는 '루시는 운전이 서툴렀다'라고 말하는 것과 같다. 이런 종류의 편견이 제약회사들에게도 적용되는데, 바이옥스의 리콜처럼 일이 잘 진행되지 않았을 때 그것을 그 사건의 개별적 상황 속에서 판단하기보다는 회사의 근본적인 특성 탓으로 돌리기 쉽다는 것이다. 머크사의 중역들은 바이옥스가 심장마비를 일으킨다는 것을 정확히 알고도 계속 이윤을 남기기 위해 정보를 억제했을까? 아니면, 그들은 결정을 내릴 때 그들이 이용할 수 있는 모든 데이터를 기반으로 했으며 단순히 실수로 잘못을 저지른 것일까? 이 설명이 솔깃할 수 있지만, 빅 파마 음모론자들이 비음모론자들보다 전반적으로 기본적귀인편향에 더 기울기 쉽다는 가설을 필요로 할 텐데, 어느 쪽이든 강력한 증거가 결여된 가설이다.[17]

음모론적 사고에 대한 또 다른 설명은 삶에서 통제력이 부족하다고 느끼는 사람들이 외부의 도전에 대해 일관성 있고 내적으로 탄력적인 믿음의 틀을 추구한다는 것이다. 음모론자에게는, 빅 파마를 음모론이라고 비난하는 사람이 음모론의 일부임에 틀림없다.[18] 2008년 보고에서 J. A. 휘트슨(Whitson)과 A. D. 갈린스키(Galinsky)는 통제력이 부족하다고 느끼는 참가자들이 음모를 인지할 가능성이 더 높음을 보여주었다.[19] 그런 식으로 음모론은 정확성은 떨어지지만 도전으로부터 보호된다. 음모론을 믿는 사람들은 결합 오류

(conjunction error)에 더 취약하다.[20] 그것은 자체의 한 사건보다 여러 사건이 발생할 가능성이 더 높다고 믿는 사고의 잘못이다.[21] 음모론자들은 또한 존재하지 않는 것에 의도를 돌리기 쉽다.[22]

과학철학자 칼 포퍼(Karl Popper)는 에세이 "사회음모론"(The Conspiracy Theory of Society)에서 음모론을 유신론자의 종교적 믿음에 비유했다. 어떤 종교적 믿음에서 날씨와 같은 확률적 현상을 신에 의한 초자연적 개입에 귀속시키는 것처럼, 음모 이론에서 복잡계의 확률적 결과는 불길하고 강력한 집단과 개인에게 귀속된다.[23] 비록 포퍼는 음모가 존재한다는 것을 인정했지만, 그는 계획한 대로 진행되는 인간 디자인이 드물다고 지적했다. 의도한 결과만을 얻는 조치를 취하려 할 수 있지만, 모든 조치는 의도하지 않은 결과 또한 포함한다. 그래서 어떤 사람이나 집단이 의도한 모든 사건이 일어나는 모델을 통해 사회를 이해하려고 하면 많은 사건들의 확률적 본질을 놓치게 된다.

포퍼의 음모 관점을 비판하는 찰스 피그든(Charles Pigden)은 음모론이 전혀 미신적인 것이 아니며, 정확한 역사관을 나타낸다고 주장했다.[24]

이 모형에서 음모론은 역사의 일부 현상을 타당하게 설명할 수 있지만 모든 현상을 설명할 수는 없다. 워터게이트 스캔들과 같은 역사 속 실제 음모의 예는 무수히 많고, 우리는 그것이 성공하지 못했기 때문에 알고 있을 뿐이다. 이 모델에서는 신호와 노이즈를 분리하는 것이 여전히 중요하다. 음모론자들은 종종 포퍼식의 음모에 대해 이야기하기 때문에, 현실의 음모는 결국 드러나지 않고 실제로 그러한 부정행위를 수행하는 것이 얼마나 어려운지를 보여주는 역할을 할 것이다.

"미국 정치의 편집증적 스타일"에서 리처드 호프스태터는 음모론을 믿는 사람들은 진실을 규명하기 위해서가 아니라 자신을 보호하기 위해 증거를 모은다고 주장했다. 모든 의약품은 부작용이 있으며, 때로는 이러한 부작용이 고통스럽고 불쾌하거나 치명적이라는 것은 약리학에서 인정된 사실이다. 약리학을 연구하는 과학자는 이러한 부작용에 대한 증거를 조사하는데, 이것은 기록되고 치료되는 질병의 효과와 치료의 효능에 비교되며, 때때로 치료를 제공하는 종합선물의 일부로 받아들여진다. 이러한 부작용 또는 때때로 치료법이 제대로 작용하지 못하는 것을 음모론자들은 그들이 이미 알고 있는 사실, 즉 빅 파마가 정보를 조작하고 질병을 퍼뜨리는 악의적 실체임을 증명해주는 증거라고 생각한다.[25] 결국 누군가 불치의 병에 걸렸을 때 쿠이 보노(*Cui bono*), 즉 '누가 이득을 보는가'라고 묻는 것은 자연스럽다. 제약회사들은 대항할 적을 찾는 사람들에게 실질적인 목표가 된다.

제약회사들을 추동하는 시장의 힘이 항상 소비자들이 필요로 하는 의약품 생산을 선호하는 것은 아니다. 신약의 시장 출시 비용이 높고 단기적 처방만 받는 항생제는 경제적 수익률이 낮기 때문에 새로운 항생제에 대한 연구는 거의 중단되었다.[26] 마찬가지로 제약회사들은 보통 저렴한 백신을 통해 비교적 적은 이익을 거둔다. 연간 거의 1조 달러의 수입[27] 중 200억 달러만이 백신에서 나오는 수입이며,[28] 생산비, 연구비, 세금 등을 고려할 때 백신의 순이익은 훨씬 적을 가능성이 있다. 이러한 이익은 예방 가능한 질병으로 입원한 사람을 치료하기 위한 약품 판매에서 얻을 수 있는 잠재적 이익에 비해 적다.

의약품의 가격 결정 계획의 도덕성과 무관하게, 그리고 의약품 산업 전체에 영향을 미치는 결정을 하기 위해 작은 비밀 단체가 작동하고 있다는 포퍼식의 음모를 잠시 묵살하면, 정말 이윤 동기가 백신의 안전이나 효능을 무효화시킬까? 사실 제조업체의 결과 발표에는 편향이 있을 수 있다. 예를 들어 제조업체가 지원하는 시험의 발표 내용은 공적 자금에서 지원하는 것보다 훨씬 더 긍정적인 결과를 보일 가능성이 높다. 비스테로이드성 항염증 약물에 대한 연구에서 발표된 내용은 해당 약물이 비교 의약품보다 더 크거나 동등한 효과 및 안전성을 지지한다고 거의 독점적으로 보여주었다.[29] 제조업체가 자금을 지원하고 토론회를 진행하면서 발표한 약물 연구는 공적 자금에 의한 연구보다 해당 의약품에 대한 긍정적인 결과를 훨씬 더 많이 보여줄 가능성이 있다(98% 대 79%).[30] 그러나 제약회사들이 부정적인 결과를 발표할 가능성은 적지만 개별 연구 결과가 편향을 보일 가능성은 크지 않다.[31]

이 편향이 작용하는 방법을 이해하는 것은 중요하다. 산업계의 지원금은 두 가지 방법으로 연구 결과에 영향을 미친다. 첫째, 치료의 효과에 대한 불확실성이 있는 경우에만 임상시험을 실시해야 한다는 '불확실성 원칙' 의 위반에 의한 것이다.[32] 시험은 비교될 수 없는 대조군 치료법이 아닌 결과가 불확실한 대조군 치료법을 선택해야 한다. 이것은 새로운 의약품이 플라시보가 아닌 시중에 나와 있는 현재 표준 의약품과 비교되어야 함을 의미한다. 산업계의 지원금이 연구에 영향을 미치는 두 번째 수단을 출판 편향 또는 서류함 효과라고 한다. 기업들은 실망스러운 결과를 발표할 가능성이 비영리 단체들보다 낮다. 이는 의도적으로 발표하지 않겠다고 결정하거나, 부정적인 결과를 초래할 수 있는 시험을 조기에 종료하거나, 이미 긍정적인 결과를 낼 가능성이 높은 시험을 선택한 결과일 수 있다. 이런 것들은 과학 기록에 영향을 미치는 심각한 편향의 원천이지만, 중요한 것은 거기에 음모론의 몇 가지 특징이 없다는 것이다.

음모 모델은 보통 제품을 팔기 위해 의도적으로 속이는 빅 파마에 대해 거론한다. 진실은 훨씬 더 평범하다. 이익 동기는 편향을 낳지만, 그러한 편향은 개별 연구의 결과에 큰 영향을 미치지 않는다. 게다가 미국 국립보건원은 종종 연구보조금을 통해 의약품과 백신의 초기 개발을 공개적으로 지원한다. 제약 산업의 이윤 동기에 의해 만들어진 왜곡된 인센티브는 건전한 과학과 적절한 규제로 대체된다.

다시 한번 규제되지 않는 식이 보충제 산업과 비교하는 것이 적절할 것이다. 만약 제약 산업이 식이 보충제 산업과 같은 방식으로 운영되었다면, '쿠이 보노'(누가 이득을 보는가)는 보다 적절한 질문이 될 수 있다. 비록 식이 보충제는 임신 중 섭취해야 하는 엽산(folate)

과 같이 건강에 중요한 용도를 갖지만, 이것은 시판되는 식이 보충제의 아주 작은 부분이며, 대부분의 식이 보충제는 증거에 기초하지 않는다. 대부분은 라벨에 표시된 것 이외의 물질을 포함하고 있으며, 때때로 독성이 있다. 모두 이윤의 명목으로. 보충제를 둘러싼 산업은 백신에 대해 규제되지 않고, 안전하지 않으며, 효과적이지 않다고 백신을 거부하는 이들이 두려워하는 바로 그것이다. 이에 비해 백신을 시장에 출시하는 데 필요한 검사는 높은 안전성과 유효성을 보장한다.

백신을 생산하는 업체들의 이익 동기를 생각하며 백신의 안전성 및 효능을 부정하는 태도도 유해성이 덜한 다른 의약품의 사용과는 모순된다. 빅 파마는 항생제, 인슐린, 에피네프린, 스테로이드제를 생산해 아나필락시스를 예방하고 그 밖의 모든 생명을 구하는 약물을 생산한다. 그러나 전반적으로 의학적 치료를 거부하는 사람은 거의 없으며, 낮게 인식된 필요성, 높은 비용, 빈약한 보험, 또는 대부분 의사에 대한 불신 같은 다른 이유를 보고하는 사람도 드물다.[33]

새로운 백신을 개발하는 데 필요한 충분한 자금을 확보하고 이를 수행할 동기가 있는 기업은 거의 없다. 정부 기관, 비영리 단체 및 기업 모두가 이러한 역할을 어느 정도 수행할 수 있지만, 현재 대부분의 신약은 연방정부의 보조금으로 기본 개발되고 이후 대기업에 의해 시장에 출시된다. 비영리 단체도 보조금을 지급하고 있으며, 많은 기업이 사내에서 연구를 수행하고 있다. 이러한 연구의 유형 상품의 소유권은 여전히 논의되고 있는 문제다. 정부가 지원하는 연구를 수행한 사람들은 대개 그들의 연구 결과를 공개해야 한다. 그러나 백신을 생산하기 위한 기술 및 안전 요구 사항을 충족하는 것은 큰 과업이다. 백신은 반드시 멸균 상태에서 고순도로 생산하고 검사해야 할 뿐만 아니라 생산 단계 감사, 장비 사용, 청소 및 일정 관리, 꼼꼼한 기록 보관 등을 수행해야 한다.

백신의 안전성을 결정하는 목표 지점은 다른 종류의 의약품보다 더 높다. 현재 미국에서는 FDA의 생물의약품평가연구센터(CBER)가 백신을 평가하고 있다. 생물의약품의 안전을 규제하기 위한 정부 기관은 '짐이라는 말'(horse named Jim) 스캔들 이후 발족했다. 19세기에 디프테리아 전염병은 흔했다. 그 질병은 주로 어린이들에게 영향을 주었고 사망률이 높았다. 디프테리아를 일으키는 박테리아는 1884년에 처음 배양되었다.[34] 그 박테리아는 독소를 생산했고, 그 독소를 주입한 동물들은 그 혈액에서 디프테리아를 치료하는 데 도움을 줄 수 있는 물질을 생산한다는 것이 밝혀졌다. 10년이 안 되어 항독소를 생산하기 위한 공장이 세워졌다.

1901년 (짐이라는 이름의) 말에서 채혈해 항독소를 생산했고, 이틀 후 이 말은 파상풍에 감염되어 안락사되었다. 혈액을 폐기해야 한다고 명령했지만 적어도 열세 명의 어린이가 파상풍 감염으로 사망했다.[35] 이 사망 사건은 상당한 주목을 끌었고 부모들은 두려운 마음에 항독소 치료를 거부했다. 그들의 거부로 디프테리아로 인한 사망자 수가 증가했다. 오염된 천연두 백신으로 인한 여덟 명의 잇단 사망자 발생과 같은 이런저런 사건들로 1902년 생물의약품관리법(Biologics Control Act)이 제정되었다.

생물의약품관리법은 항독소와 백신 생산을 감독하기 위해 육군, 해군, 해양병원 등의 의무감을 포함한 위원회를 설립했다. 백신을 생산하는 실험실은 무작위로 조사될 수 있고, 라벨링 요건이 마련되었으며, 위원회에는 백신을 생산하기 위한 면허를 발급하거나 취소할 수 있는 권한이 주어졌다. 이것은 백신 생산의 안전성에 대한 정부의 첫 감독 사례 중 하나였고, 연방정부가 앞으로 백신의 안전성을 감독할 것이라는 선례를 만들어냈으며, 궁극적으로 FDA의 창설을 이끌었다.

생물의약품평가연구센터의 정확한 임무와 업무 범위는 시간이 지나면서 바뀌었지만, 현재 미국에서 백신의 안전을 보장하는 임무를 맡고 있다. 여기에는 백신부작용보고시스템 및 면허를 보유한 제조업체의 유지가 포함된다. 생물의약품평가연구센터에는 인간 질병의 예방, 치료 또는 진단에 사용하기 위한 백신 및 생물학적 제품의 안전과 효과, 적절한 사용에 관한 데이터를 검토 및 평가하는 임무를 맡고 있는 백신·생물의약품자문위원회(VRBPAC)가 있다.[36] 이 위원회는 임상 분야의 전문 지식 및 '복잡한 데이터 분석' 경험과 같은 자격 요건에 의해 선정된 열다섯 명의 위원으로 구성되어 있다. 대부분의 위원은 관련 분야에서 의학이나 철학 박사 학위를 가지고 있다. 기업의 재무 이익, 고용 또는 연구보조금 같은 잠재적 (인식적 또는 실제적) 이해 충돌에 대한 상세한 보고가 필요하다.[37]

연구는 후보 백신을 시험하는 과학자들과 함께 전임상 단계에서 시작한다. 살아 있는 약독화 바이러스, 비활성(사망) 바이러스, 재조합/소단위/다당류/접합 백신 또는 변성 독소 백신을 포함해 다양한 유형의 백신이 개발될 수 있다.[38] 다음으로, 가능하면 동물 실험을 거친다. 동물은 과학자들이 '모델 생물체'로 부르는, 인간과 생물학적 유사성을 가진 생물체가 사용된다. 예를 들어, 생쥐를 죽이거나 아프게 하는 의약품이나 백신은 인간에게 해를 끼칠 수 있는 위험 때문에 인간에게 사용되지 않을 것이다. 만약 백신을 접종하는 질병이 모델 생물체에 감염된다면, 후보 백신이 그 생물체에서 질병을 예방할 수 있는지 검사할 수 있을 것이다.

만약 후보 백신이 모델 생물체에서 안전하다고 입증되면, 그것은 보통 인간에서도 안전한지 검사될 것이다. 일반적으로 1상에는 이 안전 검사가 포함된다. 더 많은 참가자를 포함하는 2상에서는 적절한 투여량을 결정하게 된다. 그리고 마지막으로 3상 임상시험은 가장 포괄적이며, 수천 명의 사람이 참여한다. 극히 일부의 잠재적인 의약품 및 백신만이 임상시험 단계에 도달한다. FDA는 임상시험에 의해 생성된 데이터를 계속 검토하면서 안전하지 않거나 효과적이지 않은 것으로 보이면 언제라도 시험을 중단할 수 있다. 임상시험 단계에 도달하는 치료의 성공률은 10%를 조금 넘는 매우 낮은 수준이다.[39] 실험실에서 여러 번 더 검사하거나 조사한다고 해도 임상시험 단계로 이동하기에는 증거가 충분하지 않다. 임상시험 과정은 비용이 많이 들고 탐색하기 어렵지만, 의료 분야에서 제공되는 약물과 백신이 안전하고 효과적이며 품질이 우수하다는 것을 보증한다는 정당한 이유를 위해 실시된다. 1997년 이후 백신을 연구·개발하는 데 매년 평균 14억 달러가 투입되었고, 이것을 백신 판매에서 46%, 세금에서 36%, 벤처 자본에서 18% 충당했다.[40]

제약 산업과 관련된 많은 주요 문제와, 신약을 생산하고 시험하는 민관 협력 관계는 교정될 수 있다. 학술지 편집자들은 부정적인 결과를 갖는 출판물에 더 많은 지면을 제공할 수 있다. 기업은 결과와 관계없이 모든 시험 데이터를 공개해야 한다. 회사들은 연구에 쓰는 것보다 의약품 마케팅에 더 많은 돈을 소비하고, 그 연구들 중 일부는 그저 약을 판매하기 위한 것이다. 이것은 규제를 통해 해결될 수 있는 문제이지, 백신이 안전하지 않거나 질병을 막아주지 못한다는 의미는 아니다.

18

2018년과 2019년의 백신 거부 운동

2018년에는 100만 명당 19명에서 25명으로 전 세계적으로 홍역 환자가 30% 증가했는데,[1] 보건 전문가들은 이것을 백신 거부 운동의 영향 때문이라고 생각한다.[2] 같은 해 전 세계적으로 10만 명 이상의 홍역 관련 사망자가 발생했다. 발병 방지를 위해서는 95%의 접종이 필요한 것으로 생각되지만, 전 세계 접종률은 85%로 정체되어 있고 일부 지역은 더 낮다. [그림 18-1](237쪽)은 예년에 비해 2018년과 2019년 초에 홍역 환자가 얼마나 증가했는지를 보여준다.

이와 같은 손실은 이득의 맥락에서 고려되어야 한다. 2017년 그 어느 때보다 많은 어린이가 DTaP 백신을 접종받았고, 지난 10년 동안 세계적으로 백신 접종을 받지 못한 어린이의 수는 감소했으며, 백신 접종 프로그램을 통해 수십만에서 수백만 명의 생명을 구했다. 2010년 이후 홍역 백신을 두 번 투여받는 어린이의 비율은 39%에서 2017년 67%로 증가했다. 소아마비는 2015년까지 박멸을 목표로 했지만, 2018년에도 여전히 30여 건의 새로운 환자가 발생했다. 2020년까지 완전히 박멸될 것 같지는 않지만 박멸에 가까워지고 있다.

2018년 11월, 노스캐롤라이나 주의 한 발도르프 학교에서 수두가 발병해 35명의 학생이 감염되었다. 이 학교는 미국에서 백신 접종률이 가장 낮은 학교 중 하나로, 유치원생 28명 중 19명이 종교적 이유로 백신 접종을 면제받았다.[3] 발도르프 학교에는 종종 백신 접종을 제대로 받지 않은 어린이들이 몰려 있다. 2015년 텍사스 주 트래비스 카운티의 오스틴 발도르프 학교는 48%의 면제율로 텍사스 주에서 두 번째로 높은 면제율을 나타냈다.[4] 버몬트 주의 레이크 챔플레인 발도르프 학교는 겨우 50%의 백신 접종률을 기록했다.[5] 캘리포니아 주의 벨몬트 하이츠 발도르프 학교는 학생들의 20%만이 백신 접종을 갱신했다.[6] 시애틀 학군의 한 발도르프 학교는 백신-배제율이 가장 높았는데, 그 비율이 40퍼센트에 달했다.[7]

뉴욕 로클랜드 카운티는 현재까지 수백 건의 홍역이 지속해 발생했는데([그림 18-2]를 참조하라),[8] 2008년 1300건 이상 홍역이 발생한 이스라엘로 여행을 다녀온 백신 접종을 받지 않은 어린이로 인해 발병이 시작된 것으로 추적되었다.[9] 유럽에서는 2018년 상반기에 4만

1천 명 이상이 홍역에 감염되었다.[10] 가장 심각한 나라는 우크라이나로 2만 건 이상 발병했다. 2019년 2월 워싱턴 주 클라크 카운티에서 홍역이 발생했으며, 49명의 환자가 발생한 후 의료 비상사태가 선포되었다. 클라크 카운티는 홍역 백신 접종률이 78%에 불과했다.[11] 이로 인해 워싱턴 의회는 그 주에서 개인적이고 철학적인 백신 면제를 없애기 위해 초당적인 노력을 기울였다. 최근 메인 주와 워싱턴 주를 비롯한 몇몇 주들에서는 백신 면제를 받는 것이 더 어려워지도록 하는 법안을 통과시켰다.

[그림 18-1] 미국에서의 홍역 재발

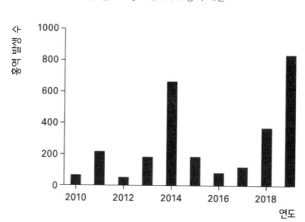

* 2019년에는 미국에서 홍역 발병이 크게 증가해 예년보다 더 많은 환자가 발생했다. 이는 부분적으로 백신 거부 운동 때문이다. 질병통제예방 센터 데이터, www.cdc.gov/measles/cases-outbreaks.html.

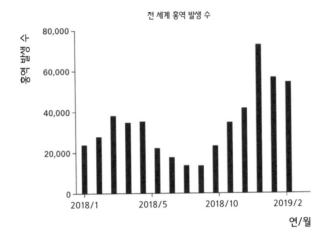

[그림 18-2] 2018년과 2019년의 홍역 발병

전 세계 홍역 발생 수

* 홍역 환자는 2018년과 비교해 2019년에 전 세계적으로 증가했는데, 이는 부분적으로 백신 거부 운동의 영향으로 보인다. WHO의 데이터.

백신 접종률이 집단면역에 필요한 수준 이하로 떨어질 때 발병 가능성은 크게 높아진다. 집단의 많은 사람이 질병에 면역을 갖게 되면, 면역력이 없는 사람이 전염성 있는 사람과 접촉할 확률이 낮아진다. 면역은 백신 접종 또는 감염 이후 생존을 통해 얻을 수 있다. 질병의 확산을 막기 위해 백신을 접종해야 하는 집단의 비율은 $V_c = q_c/E$로 계산할 수 있는데, 여기서 q_c는 집단면역의 역치고 R_0는 질병의 기초감염재생산수이며, 이 질병을 가진 사람이 감염시킬 가능성이 있는 사람의 수를 나타낸다. 백신이 100% 효과적이지 않다면, 집단면역을 달성하기 위해 필요한 백신 접종 범위를 계산할 때 그 점을 고려해야 한다. 필요한 백신 접종률인 V_c는 q_c/E로 계산할 수 있으며, 여기서 E는 백신의 효과다. 홍역 백신의 효과는 97%지만 홍역의 R_0는 매우 높다. 홍역의 R_0는 종종 12에서 18까지 인용되지만, 추정치는 이것보다 더 높다.[12] 어쨌거나 이것은 홍역으로부터 집단을 보호하기 위해 필요한 백신 접종 범위가 95-98%임을 의미한다.

홍역 백신 접종률은 전 세계적으로 85%를 꾸준히 유지하고 있는데, 이는 집단면역을 위한 임계치 이상의 예방접종 목표와는 거리가 멀며, 2018년에 홍역이 30%나 급증한 원인이다. 심지어 미국의 91%의 접종률도 집단에서의 홍역 확산을 막기에는 충분하지 않다. 어떤 사람은 의료 서비스를 제공받지도 못하고 이용할 수도 없지만, 집단면역에 기여할 수 있으나 기여하지 않기로 한 사람은 발병 가능성을 높인다. 백신 접종에 대한 거부는 이 수치에 기여한다. 더욱이 이러한 추정치는 균일집단을 가정한다. 발도르프 학교와 같은 지역은 심지어 집단 평균보다 백신 접종률이 훨씬 낮기 때문에, 면역이 손상된 사람들과 백신을 접종받을 수 없는 정당한 의학적 이유가 있는 다른 사람들에게 특히 위험하다.

2017-2018년 독감 시즌은 모든 연령층에서 매우 심각했다. 질병통제예방센터에 따르면, 185명의 어린이가 인플루엔자로 사망했다.[13] 미국에서는 독감과 관련된 사망자가 8만 명 이상 발생해 10년 만에 가장 치명적인 독감 시즌이 되었다.[14]

한편 백신 거부 운동가들은 계속해서 새로운 전략을 시도했다.

2018년 9월에는 캔자스시티의 '위험을 배우다'라는 단체가 "간호사로서 나는 아들이 희생자가 될 때까지 백신이 죽음을 불러올 수 있다는 사실을 결코 배운 적이 없다"는 글을 게시했다.[15] 2018년 8월 한 백신 거부 간호사는 SNS를 통해 자신이 돌보는 홍역 환자에 대해 얘기하면서, 그 증상을 보면 사람들이 왜 백신을 접종받는지 이해가 되지만 자신은 계속 예방접종에 반대할 것이라고 말했다. 그 후 그는 환자 정보를 온라인에 공개한 사유로 텍사스 아동병원에서 해고되었다.[16] 2019년 홍역 발병으로 가장 큰 피해를 입은 일부 지역에서 백신 거부 운동가들이 집회를 열었다.

이탈리아에서는 반이민연맹(League)과 오성운동당(Five Star Movement)으로 구성된 여당이 의무적인 백신 접종에 반대한다는 공약을 내걸고 선출되었다. 이탈리아의 보건부 장관은 부모들이 자녀들의 백신 접종 여부를 스스로 증명하도록 허락했다. 이탈리아 의회는 백신 접종 증명이 지연되었을 뿐이라고 말했다.[17] 2018년 9월 연합정부는 백신 개혁안을 폐기했다. 2018년 11월까지 유럽의 홍역 발병이 계속되자 이탈리아 연합정부 보건부는 홍역에 대한 광범위한 백신 접종을 요구했다.[18] 이런 혼란에 더해 12월 초 보건부 장관은 11월에 광범위한 백신 접종을 권고했다는 이유로 보건 전문가위원회를 해산시켰다.[19]

독일에서는 2019년에 600명 이상의 홍역 환자가 발생하면서 유럽에서 가장 높은 홍역 발병률을 보였다. 그 후 독일 정부는 백신 접종을 하지 않는 부모들에게 상당한 벌금을 부과할 계획을 세웠다.[20]

이 계획은 독일 의회의 조치에 달려 있다.

이탈리아에서 명백하게 백신을 거부하는 정당들이 선출된 것은 전례 없는 일일지도 모르며, 이는 친체제 보건 당국과 반체제 백신 거부 운동가들 사이의 통상적 관계를 뒤집는 것이며, 특히 현재의 홍역 발생을 고려할 때 시기적으로 좋지 않다.

2018년 비의학적 백신 면제 비율을 추적했을 때 몇몇 주의 조사 기간 초반의 비의학적 백신 면제 상승율은 일정한 수준을 유지했지만, 최소한 2009년 이후에는 미국 18개 주 중 12개 주에서 그 비율이 전반적인 상승 추세를 나타냈다.[21] 일부 주에서 비의학적 백신 면제를 받기 전 부모들에게 비디오를 보거나 교육 과정을 이수하도록 요구하는 프로그램을 실행했음에도 불구하고 그렇다.

[그림 18-3]

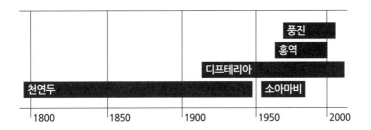

* 다양한 전염병에 대항하는 백신의 도입이나 발견으로부터 미국에서 그 질병의 마지막 풍토병 사례까지.

최근의 자료는 또한 백신 거부 운동가들의 정치 이념의 변화를 암시하고 있다. 정치적 양극화와 백신 접종 의도에 대한 질문을 포함한 2018년 인터넷 조사에서는 보수적인 믿음과 백신 접종 의사의 결여 사이에 약한 상관관계가 발견되었다.[22] 이것은 정치적 소속과 백신 접종 의사 사이에 어떤 연관성도 보여주지 않았던 이전의 연구와는 대조적이다.

모든 점을 고려했을 때, 공중보건의 노력과 반공중보건의 노력의 현재 상태는 좋은 소식과 나쁜 소식이 혼합되어 있다. 백신 접종 범위는 계속 확대되고 있지만 홍역 발생을 예방할 만큼 빠르지는 않다. 비의학적 백신 면제는 증가했지만 정체되었고, 백신 거부 운동가들은 예방접종을 막고, 대중을 겁주며, 나쁜 법안을 추진하기 위한 새로운 방법을 계속해서 고안하고 있다.

19
좋은 정보를 퍼뜨리며
본보기가 되는 사람들

그러면 가장 아름다운 청춘의 꽃송이들이 당신네 연극 앞에 모여

그 계시에 귀를 기울일 것이고, 그러면 사람마다의 섬세한 마음씨는

당신네 작품에서 감상에 젖은 자양분을 빨아들일 것이며

그러면 때로는 이 마음, 때로는 저 마음이 감동하여 사람마다 자기

마음속에 간직하고 있는 것을 보게 되리라.

_괴테, 《파우스트》*

백신 거부 운동가들이 백신 접종을 반대하는 한편 여러 기관과 단체, 그리고 개인들은 백신 접종을 옹호했다. 이 백신 옹호자들은 각각 독특한 동기가 있었으며, 각자 여러 수준의 효과를 나타내는 다양한 전략을 사용했다. 백신 옹호자들의 활동을 통해 백신 접종 가능성이 높아지고, 전략에 주의를 기울이며, 역효과나 무의미하고 감정이 실린 논쟁을 야기하는 전략을 회피하게 될 것이다.

백신 접종을 촉진하는 여러 연구가 진행되었지만, 결과는 엇갈렸

---

* 요한 볼프강 폰 괴테(John Wolfgang von Goete), 《파우스트》 1부, 이인웅 역(문학동네, 2009).

다. 냥(Nyan)과 그의 동료들은 백신 접종을 받지 않은 아픈 어린이에 대한 극적 서사나 백신으로 예방할 수 있는 질병을 앓고 있는 어린이들의 이미지를 사용하면, 실제로 자신의 자녀들에게 백신 접종을 시키려는 부모들의 욕구가 감소되는 것을 발견했다. 백신-자폐증 사이에 연관이 없음을 보여준 질병통제예방센터의 문서 정보는 백신 접종에 대한 오해는 줄여주었지만 백신 접종 의향을 증가시키지는 않았다.[1] 이것은 백신에 대한 오해를 바로잡거나, 전염병에 대한 우려를 제기하거나, 단순히 정보 결핍을 메우는 것에 초점을 맞춘 개입이 비효율적일 수 있음을 암시한다.

그러나 다른 방법들은 백신을 접종받겠다는 의향을 성공적으로 증가시켰다. 한 집단에서는 HPV 팩트시트만 보여주어도 백신 접종 의향이 49%에서 70%로 증가했다.[2] 백신 정보 팸플릿을 받는 부모들은 백신을 접종받겠다는 의향이 더 컸고(76% 대 38%) 비의료적인 정보원으로 눈을 돌릴 가능성이 더 낮은 것 같았다.[3] 어떤 정보 팸플릿은 딸에게 HPV 백신을 접종시키려는 부모의 의향을 증가시킨다.[4] 그래픽 자료도 백신 접종 의향을 증가시키는 데 효과적인 것으로 나타났다.[5] 그리고 '라디오노벨라'(radionovella)[6]는 HPV 백신 접종에 대한 정보를 제공하는 효과적이고 문화적으로 잘 구성된 수단인 것으로 나타났다.[7] 웹 기반의 의사결정 보조장치도 MMR 백신 접종 의향을 높이는 데 효과적으로 사용되었다. 어떤 마케팅 캠페인은 지역 부모들과의 인터뷰를 기반으로 그들의 우려를 불식시키기 위한 일련의 자료를 개발해 의료 종사자의 사무실과 주민센터의 사무실, 그리고 약국이나 식료품 가게와 같이 사람들이 자주 찾는 장소에 소책자와 전단을 배포했다. 응답 대상자 중 82%가 이 자료를 본 적이 있었으며, 그 후 몇 달 동안 해당 지역에서 백신 접종률이 2% 정도 증가했다.[8] 파키스탄에서는 지역사회에 그러한 논의를 확산시키기 위해 격려하며 실질적으로 백신 접종에 대해 논의하기 위해 지역사회 구성원들과 만난 것이 홍역과 DPT 백신 접종률을 높이는 데 성공적이었다.[9] 오스트레일리아의 한 지역사회, 특히 백신에 대해 많이 망설이는 지역사회를 대상으로 지역사회의 가치와 일체감에 주의를 기울이며 '나는 예방접종을 한다'(I Immunise)라는 캠페인을 실시했다. 이것은 그들의 지역사회에서 다른 사람들이 무엇을 하고 있는지 알리는 것이 친사회적 행동을 촉진할 수 있다는 전제에 기초했다.[10] 캠페인은 응답자의 77%에서 백신에 대한 태도를 개선시켰지만 부정적인 반응을 보인 사람들을 더욱 양극화시켰다.[11] 워싱턴 주 프로그램인 '면역지역사회'(Immunity Community)는 지역사회 구성원을 지역사회의 다른 사람들에게 실제적인 정보를 제공하는 '백신 옹호자'로 훈련시키는 소셜 마케팅 훈련 프로그램을 시행했다. 대상 지역사회에서는 백신 망설임이 크게 개선되었다.[12] 이 결과는 백신에 대한 사실 정보 제공[13]과 백신에 대한 지역사회 및 일체감 중심 메시지 제공이라는 두 가지 광범위하게 규정된 방법이 백신 접종 의향을 증가시키는 데 효과적임을 시사한다.

　많은 조직과 개인이 백신 옹호를 위해 이러한 사실적·공동체적 전략을 사용하는 반면, 백신과 관련된 여러 과학 커뮤니케이션에서 사용하는 대응 전략도 있다. 이 전략에는 밈의 공유, 온라인 조롱, 백신 거부 메시지 및 영상에 대한 장황한 반박을 통한 백신 거부 운동가들의 사회적 수치심이 포함된다(14장 "소셜 미디어의 파급력"을 참조하라). 이러한 전략은 백신 거부 운동 내의 목표와 관련하여 즐겁거나 재미있거나 우리의 기분을 좋게 할 수는 있지만, 특별히 근거에 기반을 둔 것은 아니며 경우에 따라서는 득보다 실이 더 많을 수도 있다. 대응 전략은 백신 주저자들을 더욱 양극화해 백신 거부 운동가로 변화시킬 가능성이 있다.

대응 전략은 소위 역효과를 초래할 수 있는데, 이것은 믿음을 정한 누군가가 새롭고 모순된 정보에 노출되었을 때 일어난다. 흥미로운 일들이 벌어지는데, 그들은 원래의 믿음을 더 확고히하거나 적어도 그들이 선호했던 잘못된 견해를 고수한다. 예를 들어, 미국의 이라크 침공을 지지하는 경향이 있던 사람들은 이라크가 대량살상무기를 보유하고 있다는 믿음이 잘못된 것으로 드러난 후에도 자신의 입장을 고수했다.[14] 마찬가지로 진보주의자들은 조지 부시(George W. Bush) 대통령이 줄기세포 연구를 금지했다는 믿음이 잘못된 것으로 확인된 후에도, 그 교정 효과는 이라크의 대량살상무기의 실상에 대해 알게 된 보수주의자들이 나타낸 것과 유사했다. 부통령 후보 세라 페일린(Sarah Palin)의 지지자들은 실상이 드러났음에도 "환자보호 및 부담적정보험법"(Affordable Care Act)이 죽음의 위원회를 만들게 될 것이라는 믿음에 더 집착했다.[15] 부모들에게 MMR 백신과 자폐증 사이의 연관성을 반박하는 정보를 보여주면 자녀들에게 백신을 접종하고자 하는 부모들의 의향이 감소된다.[16] 뒤이어 나온 역효과 연구는 관점의 고착화가 점증되는 것은 재현할 수 없었지만, 잘못된 정보에 대한 믿음이 지속된다는 점은 재현할 수 있었다.

인터넷에서 직접 대응해 사실을 바로잡으려 하면 소위 기쉬 갤럽 (Gish Gallop) 문제에 빠르게 봉착한다. 기쉬 갤럽은 창조론자인 듀안 기쉬(Duane Gish)의 이름을 따서 명명되었는데, 그는 잇달아 일련의 빈약한 주장과 거짓 진술을 만들어낸 것으로 알려져 있다. 반대자들이 대응할 때, 모든 논점을 반박하려면 할당된 시간보다 더 오래 걸리기 때문에 모든 논점을 다룰 수 없게 된다. 사람들이 백신을 접종하지 않도록 겁을 주기 위해 회람되는 체리피킹된 긴 목록의 논문들에는 "백신을 접종하지 않는 200가지 증거 기반 이유" 같은 것들이 자주 등장한다. 그 목록은 그 분야에 대한 더 넓은 관점이나 전문적인 해석의 맥락 없이 제시되기 때문에 각각의 이유를 반박하는 것은 길고 지겹고 지루한 일이 되는데, 반박하지 않으면 백신 거부 운동가는 승리를 선언한다.

많은 공중보건 기관들은 좀 더 신중한 접근법을 취해왔다. 미국에서 연방 기관들은 대개 사실 전략을 채택하기로 결정했다. 질병통제예방센터는 백신의 성분, 그리고 백신이 검사되고 평가되는 방법에 대한 정보를 웹사이트의 팩트시트에 제공한다. 그러나 이 정보를 찾으려면 그것을 찾을 만큼 충분히 관심이 있어야 한다. 정부에 회의적이거나 무미건조한 팩트시트보다 개인적인 이야기에 더 관심이 있는 백신 거부론자는 질병통제예방센터 웹페이지를 건너뛸 수 있다.

사실에 기반을 둔 전략을 실행하기가 어려운 것은 유사한 형식의 반사실적 글과 증거 기반의 정보를 구분하는 것이 어려워 복잡해지기 때문이다. 백신 접종에 대한 정보를 찾는 부모가 언제나 신뢰할 수 있는 출처로 먼저 향하는 것은 아니다. 아마존의 온라인 쇼핑 포털에서 검색하면 백신 접종을 거부하는 내용의 서적과 신뢰할 수 있는 정보의 출처를 구분하기가 어렵다.[17] 반사실적 정보에 대한 홍보 캠페인 없이 제시되는 사실적 정보는 오히려 헷갈리거나 접근하기가 더 어려울 수 있다.

종종 과학 커뮤니케이션의 활성화는 과학자들과 대중 사이에 해석 또는 오해의 층을 만들기도 한다. 소수의 학자들은 이러한 규범을 무시하고 공중보건의 활동을 위해 공개적으로 말한다. 이들 중 피터 호테즈, 데이비드 고르스키(David Gorski), 스티븐 노벨라, 로타바이러스 백신 로타테크(RotaTeq)의 공동 개발자인 폴 오핏 등은 백신을 거부하는 잘못된 정보에 반대하는 목소리를 높였다. 다른 학구적인 과학자들과 의사들은 아예 말을 꺼내지 않을 수도 있지만, 우리 각각은 우리의 전문성을 기반으로 말할 수 있는 플랫폼을 가지고 있다. 수만 명의 사람이 아니라도 최소한 우리의 친구들과 이웃들에게 말이다. 과학 커뮤니케이션은 민주화되었고 과학자들은 그들의 지역사회에 직접적으로 말하는 커뮤니케이터가 될 수 있다.

종교 지도자들이 백신 거부를 조장해 비난을 받아야 한다면, 그들은 또한 지역사회에서 백신을 효과적으로 옹호할 때 칭찬받아야 한다. 종교는 많은 사람의 삶에서 큰 부분을 차지하며 많은 경우 지역사회 활동의 중심 역할을 한다. 종교 지도자들은 좋은 정보를 퍼뜨려 공중보건 노력에 참여할 수 있다.

백신 거부 운동가들이 소셜 미디어를 잘못된 정보를 퍼뜨리는 데 사용할 수 있는 것처럼, 동일하게 좋은 정보를 퍼뜨리기 위해서도 사용할 수 있다. 페이스북과 트위터 사용자는 오스트레일리아의 '나는 예방접종을 한다' 캠페인과 같이 독감 예방주사를 맞는 사진을 게시해 자신의 팔로워에게 보여줄 수 있다. 부모들은 지역사회 구성원들에게 자신의 자녀들이 백신을 접종받는 사진을 보여줄 수 있다. 사실적 접근법을 사용해 소셜 미디어 사용자들은 독감 시즌 동안 백신에 대한 긍정적인 정보뿐만 아니라 팩트시트를 공유할 수 있다.

어떤 이들은 백신 옹호 메시지를 통해 대규모의 온라인 팔로워를 거느리고 있다. 공립 중학교 교사인 스테판 나이든바흐(Stephan Neidenbach)는 19만 명이 넘는 페이스북 팔로워를 가진 '우리는 GMO와 백신을 사랑한다'(We Love GMOs and Vincines)라는 그룹을 운영하고 있다. 많은 팔로워가 있는 다른 페이스북 그룹에는 25만 명의 팔로워를 가진 '백신 거부 밈에 대한 반박'(Refutations to Anti-vaccine Memes), 1600명의 팔로워를 가진 '백신에 대한 진정한 진실'(The REAL Truth about Vaccines), 그리고 2800명의 팔로워를 가진 '안티 백신 밈 스타일의 백신 옹호 밈'(Pro-Vaccine Memes in the Style of Anti-Vaccine Memes) 등이 있다. 비록 이와 같은 단체들은 백신 옹호라는 대응적 방식의 경향을 띠지만, 여전히 같은 미디어에 존재하며 확산되고 있는 백신 거부 서사에 중요한 대항마 역할을 할 수 있다.

디즈니랜드 홍역 발병 이후 부모들의 백신 옹호 단체 '백신접종 캘리포니아'(Vaccinate California)가 변호사 레아 루신(Lea Russin), 디자이너이자 교육자 해너 헨리(Hanneh Henry), 르네 디레스타(Renne Diresta), 제니퍼 원너콧(Jennifer Wonnacott)에 의해 결성되었다.[18] 상원의원 리처드 판(Richard Pan)과 벤 앨런(Ben Allen)은 법안 SB-277을 제출한 후[19] 백신접종캘리포니아의 청원서를 모아 주 의회에서 증언하고, 법안에 대한 대중의 지지를 모으는 데 도움을 주었다.

소아과 의사인 리처드 판은 2012년 캘리포니아 의회에 AB-2109 백신 법안을 처음 제안했는데, 이 법안은 개인적 신념으로 백신 면제를 원하는 부모들에게 백신의 건강 유익성과 위험성에 대해 의료 제공자로부터 자문을 들었다는 증명서를 제출하도록 요구했다.[20]

백신접종캘리포니아의 창시자 중 한 명인 레아 루신은 한 인터뷰에서 자신이 어떻게 백신 옹호 단체와 관련을 맺게 되었는지 말했다. 2014년의 디즈니랜드 발병 동안, 그는 자신의 14개월 된 아이와 함께 지역 가족센터의 강좌에 참석했다. 한 여성이 백신을 접종하지 않은 아이를 데려왔고, 그 아이의 형이 백일해에 걸렸다가 살아남았음에도 불구하고 그는 백일해가 '별거 아니다'라고 주장했다. 루신은 발병이 일어났던 해에 예방할 수 있었던 그 질병에 다른 가족의 자녀들이 노출된 것에 대해 소름이 끼쳤다. 가족센터는 자녀를 데려오기에 안전한 장소였지만, 그곳에서 예방접종을 하지 않은 어린이를 만난 것은 마치 '에덴동산의 뱀'을 찾은 것과 같았다. 루신은 선량한 부모들이 '책이나 정유를 팔려는' 이윤 동기를 가진 사람들에게 현혹되는 것에 분개했다. 분유 대 모유 수유, 그리고 언제 이유식을 도입할 것인가에 대해 여러 육아 방식이 있지만, 그것은 단지 자신의 가족에게만 영향을 미친다. 그러나 백신 접종은 지역사회에 영향을 미치기 때문에 '나는 어떤 부모가 되어야 하는가'라는 질문과는 별개로 다뤄져야 한다.

루신은 조사를 계속했고 자신이 사는 지역의 일부 유치원에서 개인적인 신념으로 백신 면제를 받은 어린이들의 입학을 허용했다는 사실을 알았다. 그는 스탠퍼드 대학 옆에 살면서 사람들이 "난센스에 현혹되고 있다"는 사실에 충격을 받았다. 그리고 자신의 자녀들을 보호하기 위해 이 문제를 해결해야겠다고 결심했다. 정부에서 일하는 변호사였던 루신은 캘리포니아 주변의 많은 정치인을 알고 있었다. 그는 주 상원의원 리처드 판에게 왜 개인적 신념으로 백신 면제를 원하는 부모들에게 그것을 전면 금지하지 않고 의료 제공자와 상담을 하도록 했는지 질문했다. 리처드 판은 2012년에는 백신 접종을 옹호하는 부모들과 접촉할 기회가 없었다고 말했다. 그는 의료 제공자들의 지지를 받았지만, 부모 집단이 반대하는 법안을 통과시키기는 힘들었다.

백신접종캘리포니아는 '개인 신념에 의한 백신 면제'를 없애기 위한 입법을 지지하기 위해 루신과 다른 여러 사람들이 부모 단체로 설립했다. 그리고 법안은 SB-277의 형태로 제정되었다. SB-277은 여러 질병에 대해 완전한 예방접종을 받지 않은 학생들이 초등학교, 중등학교, 유치원에 입학하는 것을 금지했다.[21] 궁극적으로 입법자와 옹호자들이 성공했고, SB-277은 2015년에 법으로 통과되었다. 사실상 SB-277은 캘리포니아에서 개인적 신념에 의한 백신 면제를 없앴다. 주의 백신 접종률은 그 후 몇 년 동안 증가했지만, 95% 아래에서 정체 상태다. 루신은 이것이 의료 면제를 둘러싼 허점이나 의료 면제를 '부업'으로 팔고 있는 비양심적인 의사들 때문이라고 믿고 있다. 부모들은 그러한 면제를 제공하는 의사들 명단을 온라인과 사교모임에서 주고받을 수 있고, 이를 통해 백신을 접종하지 않은 어린이들의 지역 군집을 형성할 수 있다. 캘리포니아에는 정당하지 않은 백신 면제를 무효화할 방법이 없다.

이러한 허점을 해결하기 위해 2019년 SB-276이 도입되었다. SB-276은 의료 면제를 주 보건부에 신청해야 한다고 규정하고 있다. 담당 부서는 의료적 정당성과 지원 데이터에 근거해 면제 신청을 고려할 것이고, 정당성이 없다면 면제는 (항소의 기능성과 함께) 거부될 것이다. 2019년 4월 말, SB-276의 첫 번째 청문회에서 많은 백신 거부 운동가들이 법안에 반대하는 발언을 했다. 하지만 그 법안은 위원회를 통과했고 세출위원회로 넘어갈 것이다. 2019년 9월 백신 거부 시위자들은 몇몇 의원들에게 생리컵에 담긴 피를 뿌리며

캘리포니아 주 상원 청문회를 방해했다.[22]

루신은 백신접종캘리포니아의 성공을 배우려는 사람들에게 먼저 기꺼이 동의하며 법안 통과를 처리해줄 주 의원을 알아보라고 조언한다. 그다음 의사뿐만 아니라 백신 접종을 찬성하는 단체를 만들거나 찾아서 연합하라고 조언한다. 의사들은 대개 백신 접종을 선호할 것이므로, 학교 간호사와 학부모교사연합회(Parent-Teacher Association, PTA) 회원들은 특히 주의 모든 의료협회의 지원을 받기가 더 수월할 것이다. 마지막으로 루신은 백신 옹호자들에게 부모들과 설득력 있는 이야기 모두를 찾으라고 충고한다. 설득력 있는 이야기는 소셜 미디어에서 공유될 가능성이 더 높다. 언론인들은 MMR 백신이 자폐증을 유발하지 않는다는 또 다른 연구 결과보다는 개인적인 이야기에 더 관심을 가질 가능성이 높으며, 상원의원들은 아픈 어린이들 앞에서 법안에 반대하는 투표를 하기가 어려울 것이다.

그러나 루신은 잠재적인 백신 옹호 운동가들에게 백신 옹호 활동이 야기할 수 있는 정신적 손실에 대해서도 경고한다. 루신은 백신접종캘리포니아에서 활동하는 동안 '신상털기'를 당했으며,[23] 백신 거부 운동가들이 피켓을 들고 집으로 찾아오기도 했다. 누군가 경찰서의 이메일 주소를 도용해 루신에게 이메일을 보내면서 그가 누구인지 알고 있으며 911에 전화를 걸어도 아무도 응답하지 않을 것이라고 했다. 리처드 판은 백신 거부 운동가들이 '백신 상해자'라고 주장하는 어린이들을 데려와 그에게 SB-276을 통과하지 말아달라고 애원할 때에도 냉정을 유지할 수 있었다. 게다가 백신 거부 운동가들과 온라인에서 토론하는 가장 솔깃한 형태의 행동주의는 비효율적이며 백신 옹호 운동가들의 탈진만 초래한다고 루신은 생각했다. 백신 거부 운동가들과의 토론은 그들의 견해를 명확히하도록 강요하고, 그렇게 함으로써 그들을 더 확고하게 만든다. 루신은 좋은 육아란 자신의 자녀에게 백신을 접종하는 것을 포함한다고 공개함으로써 스스로 좋은 부모이자 다른 사람들의 모델이 되는 것이 더 바람직하다고 생각한다.

백신 접종은 질병과 싸우기 위해 개발된 기술 중 가장 효과적이며 질병을 완전히 제거하는 유일한 기술로서 독특한 지위를 점유하고 있다. 백신 접종은 개인과 집단의 이익을 모두 보호하며 개인과 집단의 위험을 매우 적게 수반한다. 그러한 이익과 위험을 자신과 자신의 자녀들을 위해 평가하는 개인들은 가능한 한 최선의 정보를 가지고 그렇게 해야 한다. 이 책을 읽는 모든 사람이 좋은 정보를 퍼뜨리고, 그들의 친구와 이웃에게 좋은 본보기가 되며, 세상을 더 건강한 곳으로 만드는 것을 돕는 데 사용할 수 있는 목소리를 가지고 있다.

20

그들은 누구인가

백신 거부 운동을 이해하기 위해 우리는 또한 그 구성을 제대로 이해할 필요가 있다. 어떤 단체들이 다른 단체들보다 백신 접종을 망설일 가능성이 더 높은가? 잘못된 정보를 퍼뜨리며 다른 백신 거부 운동가들과 소통하는 데 상당한 시간과 자원을 할애하는 백신 거부 운동가들과 단지 백신 접종을 주저하는 사람들 사이에 구별이 이루어져야 한다. 백신 접종을 주저하는 사람들은 백신에 대해 부정적인 말을 들었을지 모르지만 아직 완전히 마음을 정하지는 않았다. 백신을 거부하는 것 외에도 예방접종을 하지 않는 이유가 있으므로, 백신 접종을 하지 않는 사람들에 대한 또 다른 구분이 있어야 한다.

2017년의 한 연구는 어떤 사람들이 백신 거부 운동가들을 구성하는지에 대해 조사했다. 사회학자 나오미 스미스(Naomi Smith)와 팀 그레이엄(Tim Graham)은 페이스북에서 여섯 개의 큰 백신 그룹을 연구했다. 페이스북 애플리케이션 프로그래밍 인터페이스는 인구통계학적 데이터를 제공하지 않기 때문에 성별은 사용자의 주어진 이름에 기초해 추정했다.[1] 스미스와 그레이엄은 남성 대 여성 사용자 비율이 평균 1:3이며, 이들 그룹에서 가장 활동적인 사용자들의 경우 성별 비율이 훨씬 더 편향되어 있음을 발견했다.[2] 이러한 그룹 내에서 논의된 공통 주제를 분석한 결과 행동주의, 거버넌스, 미디어/검열/은폐, 집단학살로서의 예방접종, 지카바이러스/게이츠재단, 도덕적 위반, 백신 상해, 의약품으로서의 식품, 화학/농업 등으로 나타났다. 이 주제들은 백신 접종을 일종의 제도적 억압으로 보고 예방접종을 영속화하려는 언론 매체의 음모와 강력한 이해관계에 대해 페이스북을 통해 도덕적 분노를 표출할 것을 시사했다.

그러나 백신을 망설이는 사람들을 살펴본 2015년의 소수 조사에서는 남성이 여성보다 MMR 백신이 안전하지 않다고 말할 가능성이 약간 더 높았다(11% 대 8%).[3] 이 조사는 또한 공화당, 민주당, 무소속에서도 비슷한 의심률을 보였고,[4] 고등학교 이하의 교육을 받은 사람들이 더 높은 의심률을 보였다. 백신에 대해 의심하는 사람 중 남성이 더 많다면, 왜 가장 적극적인 백신 거부 운동가들은 대부분 여성일까? 백신 거부 운동가들의 리더십이 백신을 주저하는 사람들의 구성을 반영하는 것이라고 생각할 수 있다.

이러한 불균형에 대해 내가 생각하는 가장 가능성 있는 설명은 여전히 미국의 여성들이 남성들보다 육아에 더 많은 시간을 보내기 때문이라는 것이다.[5] 그리고 미국 노동부에 따르면, "엄마들은 자녀의 건강 관리에 대한 결정의 약 80%를 좌우한다."[6] 엄마들이 자녀들의 건강과 관련된 결정에 더 많이 관여하며, 그래서 백신을 거부하는 자료에서 정보를 찾게 될 가능성도 더 높을 것이다.

백신 거부 수사학의 지리적 분포는 균일하지 않다. 백신 거부 트윗 분석을 통해 트윗의 지리적 군집화를 설명하는 인구통계학적 특성을 발견할 수 있었다. 캘리포니아, 코네티컷, 매사추세츠, 뉴욕, 펜실베이니아에서 인구만으로 예상할 수 있는 것보다 더 많은 백신 거부 트윗이 등장했다. 트윗은 최근 출산한 여성, 소득이 높은 가구, 40-44세 남성, 최소한의 대학교육을 받은 남성 등과 연관되었다.[7]

백신 접종을 제대로 받지 못하는 사람들은 백신 거부 운동가들과 동일한 인구 구성비를 가지지 않았다. 2004년 한 연구에 따르면, 백신을 제때 접종받지 못한 어린이들은 "흑인이고, 결혼하지 않았으며 대학 학위가 없고 나이가 어린 엄마와, 빈곤 수준에 가까운 가정에서, 중심도시에 산다." 이에 반해 백신을 맞지 않은 어린이들은 "백인이고, 결혼했으며 대학 학위가 있는 엄마와, 연 소득 7만 5천 달러가 넘는 가정에 살며, 백신의 안전성에 대해 우려를 표명하며 의사가 자녀의 예방접종 결정에 거의 영향을 미치지 않는 부모를 가졌다."[8] 백신 접종이 부족한 어린이들은 부모가 자녀의 건강 관리를 원하지만 그렇게 하지 못하는 가정의 자녀일 가능성이 높다. 반면 백신을 맞지 않은 어린이들은 백신에 대한 의심을 가진 부모의 자녀일 가능성이 높다. 사실 캘리포니아에서 백신 면제의 가장 강력한 예측 변수는 중간 가계소득, 인구에서 백인 인종이 차지하는 더 높은 비율, 그리고 사립학교다.[2]

이러한 차이점들은 백신 거부 운동에서 인종과 계급 특권의 역할을 강조한다. 그 성격상 예방접종은 의료상 이유로 예방접종을 할 수 없거나 의료에 접근할 수 없는 소수자를 보호하기 위해 다수의 참여를 요구한다. 의료에 접근할 수 있는 사람은 의료에 접근할 수 없는 사람 또는 보호해주는 백신을 접종받을 수 없는 의학적 조건을 가진 사람들을 보호하기 위해 예방접종을 받아야 한다.

부, 인종, 성별 외에 예방접종을 하지 않는 사람과 그렇지 않은 사람을 구별하는 것은 무엇인가? 그들은 대체로 의료 전문가와 정부에 대한 신뢰 수준이 낮고, 너무 많은 예방접종으로 어린이의 면역 체계가 '약해질' 수 있다고 염려하며, 면역 요건이 선택의 자유를 약화시킨다고 믿는다. 또한 자녀에게 가장 좋은 것이 무엇인지 부모가 알고 있다고 생각하며, 대체의학 종사자들을 더 많이 신뢰할 뿐만 아니라 과거 인터넷이나 대체 의료 종사자들의 자료에서 정보를 구했던 경험이 있다.[10]

이들은 정보가 부족한 부모가 아니라 정보를 얻는 출처를 선택하는 데 덜 선택적인 부모들이다. 이들은 과학적 방법을 통해 얻은 정보를 이용하기보다는 웹사이트나 대체 의료 전문가와 종교 지도자들의 정보를 통합한다.

21

백신을 거부하는 부모들

전형적인 '백신 거부' 부모는 누구인가? 무엇이 그들로 하여금 의사나 과학자, 공중보건 관계자의 충고를 무시하도록 동기부여를 하는가? 그들은 무엇을 가치로 삼는가? 그들은 누구를 동료로 생각하는가? 그리고 어떻게 그들의 생각이 빗나갔을까? 우리는 편향동화, 신뢰도 휴리스틱, 선택적 지각, 더닝-크루거 효과, 역효과와 같은 인지 효과를 살펴보았다. 우리는 또한 잘못된 정보의 사용 가능성이 어떻게 사람들을 빗나가게 할 수 있는지에 대해서도 살펴보았다. 그리고 앤드류 웨이크필드, 로버트 F. 케네디 주니어, 로버트 시어스, 가이어 형제와 같은 백신 거부 운동의 주요 인물들이 제기한 주장을 상세히 조사했다. 또 우리는 백신 거부 운동가들과 그들의 역사적 선조들의 인구통계학적·종교적 믿음을 조사했다. 이 모든 것이 합쳐지면 무엇이 되는가? 이제까지 살펴본 내용을 토대로 전형적인 백신 거부 부모의 초상을 그려보자. 이 시도는 우리가 쉽게 쓰러뜨릴 수 있는 허깨비를 만들기 위한 것이 아니라 우리가 직접 메시지를 전달할 수 있는 사람들에 대한 구체적인 이미지를 갖기 위한 것이다.

백신 거부 부모들은 좋은 부모가 되는 것에 대해 골몰한다. 그들은 대학교육을 받았고 대개 중산층의 구성원이다. 그들은 다수의 육아 책을 읽었으며 아마도 이웃이나 온라인상의 육아 단체에 소속되어 있을 것이다. 그들은 동료들과의 토론을 통해 어떤 부모가 될 것인지 결정을 내렸다. 모유냐, 우유냐? 공립학교냐, 사립학교냐? 그들은 자신을 '애착'이나 '자연' 육아에 관심이 있는 '깐깐한' 부모로 생각할 수도 있다.

그들에게 미시간 주 메슬튼에 사는 짐과 제니라고 이름을 지어주자. 어느 날 제니는 페이스북 그룹 '메슬튼 맘즈'(Measlton Moms)에서 토론을 보게 된다. 한 부모는 "우리는 소아과에 갔고 그들은 우리 아기에게 백신을 접종하라고 했다. 안 된다고 했다. 우리 아기에게 독소를 주입하는 것을 원치 않는다"라고 말했다. 또 다른 부모는 "우리 딸이 백신에 상해를 입었다. MMR 백신 주사를 맞은 뒤 사흘 동안 열이 나더니 발작을 일으켰다"고 맞장구를 쳤다. 짐과 제니는 이 이야기를 듣고 놀란다. 그들은 결정을 내리기 전에 더 많은 것을 알고 싶어한다. 짐은 '내추럴뉴스'와 '인포워즈' 같은 웹사이트에서 기사를 연구한다. 제니는 아마존에서 책을 찾는다. 그들이 읽은 것 중 일부는 심상치 않다. 의료 사기 및 은폐에 관한 주장들이다. 어린이들에게 주입되는 혈액을 독으로 만드는 독소. 어린이들을 대상으로 실험한 나치 의사들과의 비교. 어느 날 짐의 사촌이 방문해 이렇게 말한다. "나는 우리 아이들에게 예방접종을 하지 않았어요. 아이들이 얼마나 건강한지 보라고요." 이러한 이야기는 과학에 호소하기보다는 도덕적인 우려에 호소한다.

도덕기반이론(moral foundations theory)은 사람들이 도덕적인 주장에 대응하는 방법의 차이를 설명하는 사회심리학 이론이다.[1] 도덕적인 주장은 배려나 위해에 대한 관심, 공정성에 대한 관심, 충성심에 대한 관심, 권위에 대한 관심, 순수성에 대한 관심과 같은 어떤 기반에 기초하는 경향이 있다고 가정한다. 일부 연구에 따르면 이러한 관심은 위해나 공정성을 전제로 한 주장에 가장 잘 대응하며 보수주의자들 역시 권위와 충성심 및 순수성에 기초한 주장에 대응하는 경향이 있다.

제니는 자신을 좀 더 진보적이라고 생각하며, 백신이 어린이들에게 해롭고 정부가 자신의 가족에게 그런 선택을 강요하는 것은 불공평하다는 주장에 휘둘린다. 자신을 좀 더 보수적이라고 생각하는 짐도 이러한 주장들에 휘둘리지만, 또한 백신 거부 견해를 지지하는 것으로 보이는 권위 있는 의사와 과학자 들에게도 휘둘린다. 그리고 자신의 자녀에게 이물질을 주입함으로써 자녀의 순수성을 위태롭게

한다는 반발심도 있다. 짐과 제니는 자신들이 옳다고 생각하는 것을 선택한다.

제니가 아기를 소아과 의사에게 데려가 진찰할 때, 스미스 박사는 백신 일정을 꺼낸다. 제니는 거절하며 인터넷과 책을 통해 얻은 정보로 대응한다. 제니는 백신에 자폐증을 일으키는 수은이 들었다고 주장하며 백신에 들어 있는 긴 이름을 가진 화학물질의 목록을 열거한다. 스미스 박사는 당황한다. 스미스 박사는 백신 접종을 늦추는 것에 동의하지만 다음에 다시 제니를 설득할 것이다.

스미스 박사는 백신을 거부하는 환자의 주장에 대한 답변을 준비했다. 하지만 스미스 박사가 제공하는 모든 대답에 제니 또한 대응할 수 있다. 백신 접종이 다시 늦춰졌다. 제니는 스미스 박사에게 매복당한 것 같다고 느낀다. "나는 조사를 해봤어요"라고 제니는 말한다. "엄마로서 나는 우리 아이에게 가장 좋은 것이 무엇인지 누구보다 잘 알고 있다고요."

짐과 제니는 자녀를 위해 최선을 다하고 있다고 생각한다. 그들은 잠재적인 위험을 확인하고, 조사하고, 결국 그 위험을 피했다. 그것은 좋은 부모의 의무다. 스미스 박사가 사실과 자료만으로 그들을 설득하려 했을 때, 짐과 제니는 소아과 의사가 말하는 것을 그냥 믿어서는 안 된다는 것을 알았기 때문에, 실패했다. 의사가 가장 잘 알고 있으며 환자는 그저 듣고 시키는 대로만 해야 하는 가부장의 시대는 이미 오래전에 지났다. 짐과 제니는 자신과 자녀들의 건강 관리에 적극적이다.

스미스 박사는 제니에게 백신을 접종해야 한다고 설득하기 위해 무엇을 할 수 있었을까? 지자체, 이웃, 그리고 친구들은 짐과 제니가 더 나은 선택을 할 수 있도록 돕기 위해 무엇을 할 수 있을까? 스미스 박사는 정보 결핍 모델에 의해 움직이고 있었다. 스미스 박사는 짐과 제니가 단지 충분한 정보를 가지고 있지 않다고 생각했다. 하지만 짐과 제니는 충분한 정보를 가지고 있다. 그것이 잘못된 정보일 뿐인 것이다. 잘못된 정보는 짐과 제니가 믿는 사람들과 친구들, 그리고 가족들로부터 왔다. 좋은 정보는 권위 있는 인물에게서 나오는 것이다.

만약 페이스북 그룹 '메슬튼 맘즈'의 누군가가 초기 게시물 이후 "나는 아이 세 명 모두에게 백신을 접종했는데, 그들은 아주 잘 지내고 있다"고 말했다면 이 시나리오가 어떻게 전개되었을까? 또는 "생후 24개월, 막 보강제 주사를 맞았어!"라는 표제가 붙은 웃고 있는 어린이의 사진이 있는 또 다른 게시물이 있었다면 어떻게 됐을까? 아마도 짐과 제니가 조사를 시작했을 때 처음 접한 자료들이 더 나왔더라면, 그들은 스스로 멈췄을지도 모른다. 그렇다면 짐은 '인포워즈'나 '내추럴뉴스' 보다는 〈뉴사이언티스트〉나 〈사이언티픽아메리칸〉 등의 대체로 신뢰할 수 있는 또 다른 출처를 지향했을지도 모른다. 아마존의 알고리즘은 제니에게 백신 거부론자들의 책이 아니라 폴 오핏의 책을 권했을지도 모른다.

짐과 제니의 백신 거부 입장은 우리가 앞에서 논의한 인간의 성향과 편향성, 그리고 어림짐작 때문에 일어났다. 우리가 아는 사람들은 우리가 모르는 사람들보다 더 믿음직하다. 통계는 이야기보다 설득력이 떨어진다. 의사나 연방 기관과 같은 기성 기관은 믿음이 가지 않는다. 길고 발음하기 어려운 이름을 가진 화학물질이나 여타 물질은 무서울 수 있다. 우리는 자연스럽지 않은 것을 우리 몸에 주입해 우리가 오염되는 것이 두렵다. 우리가 자신을 어떻게 보고 동료들에게 어떻게 보이는지는 우리가 무엇을 좋은 육아로 보는지에 대해 알려준다.

이제 짐과 제니는 자신들이 옳은 일을 했다고 확신하고 있는데, 그들의 마음이 바뀔 수 있을까? 백신 접종을 거부하던 사람이 생각을 바꾼 적이 있을까?

22
사람들은 자신의 생각을 바꾼다

철학 및 독일학 학자 크리스틴 비젠트(Christine Vigeant)는 웹사이트의 블로그 글에서 자신이 백신을 거부하던 입장에서 어떻게 마음을 바꾸었는지 이야기했다. 그와 그의 남편은 스스로 '깐깐한' 부모라고 생각했고, 자녀들의 아동기 백신 접종을 모두 거부했다. 크리스틴은 자신과 비슷한 방식으로 자녀를 키우는 다른 부모들에게 조언을 구했고, 그들은 모두 일정에 따른 백신 접종을 받지 않았다. 크리스틴의 결정에 비판적인 사람들은 그저 현상을 유지하기 위해 도전을 꺼리는 것 같았다.

크리스틴의 마음을 바꾼 것은 페이스북 친구로, 동일한 육아 공동체의 일원이었다. 그 친구는 상대방을 비판하지 않고 자녀들에게 백신을 접종하는 것에 대한 긍정적인 정보를 공유했다. 크리스틴은 그 친구의 이야기를 찬찬히 듣고 질문하면서 백신에 대해 그가 믿었던 많은 것이 틀렸다는 것을 알게 되었다. 마음을 바꾸기 위해서는 용기와 열린 마음이 필요했다.[1]

특수교육 교사인 크리스틴 오메라(Kristen O' Meara)는 백신에 대한 자신의 생각이 바뀐 것에 대해 〈뉴욕포스트〉에 기고했다. 그 또한 스스로를 '깐깐한' 부모로 생각했다. 그들은 어떤 면에서 현재 상태나 의료 관계자들의 말에 대해 결코 의문을 품지 않는 무리들보다 더 나았다. 그는 자신의 신념을 확인시켜주는 책과 논문을 찾아 보았다.

2015년, 크리스틴의 가족 전체가 백신으로 예방할 수 있는 질병인 로타바이러스에 걸렸다. 그리고 디즈니랜드 홍역 발병 사실을 알게 되었다. 크리스틴은 자신의 딸 중 한 명을 유치원에 입학시키기 위해 서류를 위조해 종교적 백신 면제를 받았지만, 다시 그런 일을 해야 할지 의문이 들었다. 그래서 자신의 신념과 반대되는 정보를 찾아보기로 결심했다. 그리고 마침내 세스 무킨과 폴 오핏의 책을 읽고 마음을 바꾸었다.[2]

백신 옹호 단체인 '백신의소리'(Voices for Vincines) 웹사이트에서는 백신을 거부하다가 백신을 옹호하게 된 부모들에 대한 더 많은 이야기를 찾을 수 있다. 건강한 음식과 자연주의적 생활에 빠져 있던 크리시(Chrissy)는 인터넷에서 백신 거부와 관련된 정보를 발견했다. 크리시는 백신을 접종받았음에도 불구하고 백일해 첫 발병 이후 자녀들에게 백신 접종을 중단했다. 그는 인터넷을 통해 광범위한 자료를 읽고 결정했기 때문에 자신이 정당하다고 느꼈다. 또한 〈오프라윈프리쇼〉에서 그의 큰 아이의 행동과 일치하는 자폐증 증상을 묘사하는 제니 매카시를 보며 타당하다고 느꼈다.

그러나 결국 둘째 아이를 출산하는 과정에서 건강에 대한 두려움이 생겨 자신의 믿음을 재평가하고 백신에 대한 정보를 찾아보기로 결심했다. 크리시 역시 세스 무킨과 폴 오핏의 책을 읽고 마음을 바꿔 자녀들과 함께 자신도 백신 접종을 받았다.[3]

자신의 자녀들을 위해 최선을 다하고 있다고 확신하는 메리 밀러(Mary Miller)는 백신 접종을 거부했다. 그러나 병원에서 계약직으로 일하는 동안 자신의 믿음에 대해 의문을 품기 시작했다. 메리는 의약품이 어떻게 작용하는지 궁금했고, 백신에 관한 책을 읽기 시작했다. 그는 첫째 아이가 수두에 걸릴지 모른다는 두려움이 있었고, 결국 셋째를 임신했을 때 마음을 바꾸어 자신의 모든 자녀들에게 일정대로 백신을 맞추기로 결정했다.[4]

메건 샌들린(Megan Sandlin)은 많은 이들이 '깐깐한' 육아 방식에 관심을 가지면서 백신 접종을 받지 않았다는 사실을 발견했다. 메건은 인터넷 자료를 조사하고, 백신 첨가물에 대해 찾아보았으며, 백신 거부 웹사이트들을 드나들었다. 같은 생각을 가진 친구들이 그를 응원했다. 그러던 중 메건은 백신을 거부하는 많은 사람들이 자신이 믿지 않았던 켐트레일(chemtrail) 같은 음모론에 대해 글을 올렸다는 것을 알아챘다. 회의론자로서 그는 인터넷에서 읽기와 조사를 계속해나가면서 점점 더 신뢰할 수 있는 자료로 가는 길을 찾았다. 이로 인해 그는 많은 친구를 잃었고, 그들은 소셜 미디어에서 그를 차단했다.[5]

마란다 딘다(Maranda Dynda)는 백신에 대해 조사하기 위해 조산사의 제안을 따랐다. 마란다는 백신 접종에 비판적인 웹사이트들의 글을 읽었고 완전히 백신 접종을 거부하게 되었다. 하지만 그는 의약품에는 회의적이었지만 스스로 항상 과학 옹호자라고 생각했다. 그는 백신을 거부하는 친구들이 가진 에이즈부정론, 페마(FEMA) 죽음의 수용소, 정유에 대한 믿음에 의문을 갖기 시작했다. 마란다는 조사를 계속했고 더 나은 출처를 찾았으며 생각을 바꾸었다. 마란다 역시 친구를 잃었다.[6]

애슐리 채프먼(Ashley Chapman, 가명)은 자신의 아이가 입원해야 할 만큼 심각한 집단 발병 사례로 쇠약해지는 것을 보고 마음을 바꿨다. 딸이 최근에 예방주사를 맞았느냐는 질문을 받았을 때 그는 겁에 질리고 당황했다.[7]

커트니 앨런(Courtney Allen)은 자신을 '깐깐한' 엄마로 여겼으며, 한 엄마가 만든 페이스북 영상을 보기 전까지 백신 거부 자료에서 정보를 얻고 공유하는 데 깊이 관여했다. 영상 속에서 어린이는 백일해에 걸려 숨을 쉬기 위해 힘겨워하고 있었다. 그 모습을 그대로 촬영해 올린 어린이의 엄마는 영상을 보는 모든 엄마들이 자녀들에게 백신을 접종해줄 것을 간청했다. 그 어린이와 엄마의 고통을 지켜보는 커트니의 마음은 찢어질 듯 아팠다. 그 후 커트니는 백신을 거부하는 정보뿐 아니라 백신을 옹호하는 정보까지 찾아 읽기 시작했다. 그리고 마음을 바꾸었다.[8]

잉바르 잉바르손(Ingvar Ingvarsson)은 백신 접종을 하지 말라는 건강식품 가게의 충고를 따랐다. 그러나 그것은 그가 간호사가 되어 홍역이나 소아마비 같은 현재 백신으로 예방할 수 있는 질병으로 고통받는 나이 든 환자들과 함께 일하기 시작할 때까지만이었다. 이러한 경험들로 그는 자신의 생각을 재평가했고, 결국 자신의 자녀들에게 백신을 접종시켰다.[2]

이 이야기들은 몇 가지 공통된 주제를 가지고 있다. 부모들은 대개 육아에 대해 비슷한 생각을 가진 다른 부모들과 지지 네트워크를 구축한다. 그들은 백신 접종에 대한 정보를 찾고 백신이 안전하지 않다는 것을 나타내는 정보의 출처를 향한다. 그들은 자신들이 조사를 마쳤다고 생각한다. 그리고 나서 그들의 견해를 바꾸는 일이 일어났다. 그들은 자신의 질문에 대답해주는 친절한 낯선 사람과 교감한다. 그들은 홍역으로 눈이 멀거나 소아마비로 마비된 사람과 연결되어 있다. 그들의 가족은 병을 앓고 있고, 그들이 얼마나 취약한지 안다. 이것은 그들이 이미 믿고 있는 것을 확인할 수 있는 정보의 출처 이외에 다른 출처를 찾아 더 많은 조사를 하도록 이끈다.

우리는 이것으로부터 몇 가지 교훈을 얻을 수 있다. 사람들은 자신의 생각을 바꾼다. 우리는 그들을 위해 그것을 할 수 없다. 우리는 이웃에게 친절하고, 도움을 주며, 좋은 역할모델이 됨으로써 그들이 더 많은 그리고 더 나은 조사를 하게 되기를 바란다. 우리는 그들을 우습게 생각하거나 억지로 정보를 주입함으로써 그들의 생각이 바뀌기를 바랄 수 없다. 당신이 좋은 자료를 사용하는 한, 스스로 조사하는 것은 나쁜 일이 아니다. 이들 부모는 모두가 당연하다고 여기는 행동에 의문을 제기하고 스스로 독립적인 조사를 했다는 데에 자부심을 가졌다. 그 조사는 종종 백신을 거부하는 잘못된 정보로 이어지기도 했지만, 또 그것으로부터 멀어지게도 했다. 회의적이고 권위에 의문을 제기하는 것은 존경할 만한 자질이다. 그러나 정보 검색은 '좋은 정보' 검색과 결합되어야 한다. 사람들에게 어떤 출처가 신뢰할 만한지 알게 하는 것이 그들에게 단지 사실을 제시하는 것보다 항상 더 나을 것이다. 백신 거부 공동체는 종종 자신들을 떠나는 사람들에 대한 지지를 철회할 것이다. 좋은 이웃이자 친구로서 우리는 그런 일이 일어날 때 누군가의 사회적 지지 네트워크의 더 큰 부분이 되는 부담을 받아들여야 한다. 배척(shunning)은 수 세기 동안 효과적이면서도 고통스러운 사회 통제 도구였다. 신뢰를 쌓고 친절을 베푸는 것은 공중보건 투쟁에서 중요한 도구다. 우리가 모두 우리 말에 권위를 부여하는 의학 학위나 정부 기관의 직책을 가진 것은 아니지만, 우리는 다른 사람들의 삶 속에서 그들의 동료나 이웃, 같은 지역사회의 구성원으로서 그들에게 말할 수 있다.

다시 한번 짐과 제니를 되짚어보면서 우리는 이제 그들을 백신에 가담시키는 열쇠가 그들을 존경과 친절함으로 대하는 것임을 안다. 우리는 그들에게 우리가 같은 가치를 공유하며, 같은 회교 사원에 출석하고, 같은 육아법을 선택했음을 보여줄 수 있다. 우리는 우리의 자녀들이 건강하다는 것을 보여줄 수 있고, 백신 접종을 위해 소아과에 갔을 때 자녀들이 얌전히 행동한 것을 보상해주었다고 말할 수도 있다. 우리는 짐과 제니의 질문에 대답하며 그들이 고려하지 않았을 수도 있는 출처에 대해 끈기 있게 알려줄 수 있다.

결론

인간의 삶은 항상 질병에 의해 괴롭힘을 당해왔다. 박테리아, 바이러스, 그리고 기생충에게 우리의 몸과 세포는 완벽한 인큐베이터다. 백신을 통해 구한 모든 생명과 예방되는 모든 고통은 생명을 구하는 기술을 개발하거나 보급하는 데 헌신한 모든 의사와 과학자 들이 물려준 유산이다. 백신 거부 운동은 연민과 권위·전문가·기업·정부에 대한 불신에서 비롯된 대중 담론으로 발전해왔다.

지금까지 백신 거부 운동은 제한적인 성공밖에 거두지 못했고, 연구자들은 대단한 성공을 거두었다. 조상을 괴롭혔던 질병에서 벗어나 장수하게 이끈, 연구자들의 유산은 질병을 정복하는 아이디어의 힘에 대한 인간의 위대한 이야기의 일부가 되었다. 그 이야기는 우리가 계속 이어갈 것이다. 우리는 그 연구자들과 함께 목소리를 내고, 조화로움 속에서 인간의 개입과 결단력 덕분에 존재한 모든 생명에 찬사를 보내야 한다. 그리고 우리는 불협화음을 내는 사람들보다 더 크게 노래해야 한다.

공중보건 종사자들이 곧 소아마비를 제거하고 그것이 가한 고통이 책과 영상을 통해서만 배울 수 있는 추억이 될 때, 백신 접종의 중요성을 부모와 환자들에게 확신시키는 것은 더욱 어려워질 것이다. 백신 접종을 거부하는 사람들의 존재는 그러한 방식으로 백신의 효과를 입증하는 것이다. 천연두가 희귀 질병으로 감소된 후 수십 년 만에 최초의 백신 거부 운동이 일어났듯이, 우리가 건강해질수록, 우리가 이룬 발전뿐만 아니라 건강을 지키기 위해 더 열심히 노력해야 할 것이다.

모든 부모들에게 백신을 접종하도록 설득하는 것은 물론 증거에 기초한 백신 접종의 위험성과 이익을 평가하는 것은 결코 완벽하게 달성할 수 없는 목표지만 매우 추구할 가치가 있는 목표다. 그것은 전반적인 질병과의 싸움에서 하나의 요소일 뿐이지만 중요한 것이고, 실험실이나 의사 면허 없이도 거의 모든 사람이 참여할 수 있는 일이다. 그러나 가장 효과적이기 위해 백신 옹호 운동가들은 효과가 있는 것으로 알려진 방법들에 그들의 노력을 더해야 한다.

공중보건 옹호자들은 증거를 연구해야 한다. 백신 접종을 장려하는 프로그램을 시행할 때 효과적인 전략을 사용해야 한다. 온라인

대결과 개인적인 싸움은 피해야 한다. 그리고 긍정적이고 사회적으로 인식되는 메시지에 집중해야 한다. 마지막으로 우리는 현재 백신을 접종하지 않았지만 그것을 원하는 사람들을 위해 비용을 줄이고 백신 접종의 접근성을 늘려나갈 방법을 찾는 데 초점을 맞춰야 한다.

19세기와 20세기, 21세기의 백신 거부 운동은 좋은 부모가 되어 자녀들에게 가장 좋은 것을 해주고 싶은 욕구가 그 동기였다. 이러한 부모들의 욕망은 의료에 대한 증거 독점을 타파하려는 대체건강 치료사, 정부의 과도한 통제를 두려워하는 시민 자유 옹호자, 정부와 제약회사 및 고객의 금고에 눈독 들이는 변호사, 엉터리 치료법을 팔기 위해 기꺼이 거짓말을 하는 비양심적인 의사, 그리고 광범위한 상상의 허위 거미줄을 치는 음모론자들이 유포한 잘못된 정보로 인해 왜곡되었다.

거짓에 대한 진실의 승리, 거짓 정보에 대한 정보의 승리는 당연한 결론이 아니다. 과학의 가치를 이해하는 정치인들이 선출되고, 임상의들에게 자신과 자녀들의 건강을 위해 최선의 행동 방침을 환자들에게 납득시킬 충분한 도구들이 있고, 호소력 있는 거짓말들이 결코 어렵게 찾은 진실에 승리하지 못하도록 하기 위해 적극적으로 노력하는 것은 우리 각자의 몫이다.

2019년 말 중국 우한에서 등장한 신종 코로나바이러스(SARS-CoV-2)에 대한 초기 대응에 실패해 마침내 코로나19는 2020년 3월 11일 세계보건기구에 의해 팬데믹으로 선언되었다. 처음에는 대수롭지 않게 생각했지만 이 글을 쓰는 현재 코로나19로 인해 1억 2800여만 명의 확진자와 280여만 명의 사망자가 발생했다. 이런 질병은 모든 사람에게 공평하게 닥치지 않는다. 평소 감춰져 있던 집단 수용 시설이나 밀집 작업 환경, 그리고 사이비 종교 등 사회의 약한 부분이 드러나고 이를 고리로 해서 전염병이 확산되는 양상을 보인다. 이런 점에서 볼 때 코로나19는 의학적 질병일 뿐만 아니라 사회적 질병이기도 하다.

우리나라 정부는 검사를 통해 전염병 유무를 확인하고, 확진자의 동선을 추적하고, 격리 치료하는 방식을 통해 다른 여러 나라에 비해 방역에 성공을 거두었다. 초기 대응에 실패한 다른 나라에서는 비교적 치명률이 낮은 젊은층에서 자연면역을 유도하고 취약한 노약 계층을 집중 관리하는 방식으로 집단면역을 통해 전염병의 확산을 늦추려는 방식을 취했다. 그러나 무증상 감염에 의해 전염병이 확산되고 재감염 사례가 나타나자 스웨덴을 비롯한 여러 나라는 방역에 실패했음을 자인하기에 이르렀다. 특히 백신 없이 집단면역을 시도했다는 것 자체가 적절한 대응조치 없이 사람들을 위험에 빠뜨린 비윤리적 조치라는 비난을 면하기 어렵다.

코로나19를 종식시키고 일상으로 돌아가기 위해서는 백신을 개발하고 접종하는 것이 반드시 필요하다. 그러나 코로나19를 퇴치하기 위해 백신을 맞아야 한다고 생각하면서도 백신 접종을 꺼리는 사람들이 의외로 많은 것 같다.

백신에 대해 불안감을 갖는 이유에도 일리가 있다. 코로나19 백신이 개발되는 과정과 그 효력이 검증되는 과정에 이전과는 다른 점이 많은 것이 사실이기 때문이다.

이제까지 사용된 코로나19 백신은 독성을 무력화시킨 바이러스를 넣거나(중국의 시노백 백신) 신종 코로나바이러스의 스파이크 단백질을 만들도록 기존의 감기 바이러스를 유전적으로 변형시킨 것이었다(옥스퍼드 대학과 아스트라제네카의 백신, 소련의 스푸트니크V 백신). 이에 비해 바이러스의 유전정보를 이용해 인체 내에서 바이러스의 스파이크 단백질 부분을 합성하는 백신은 새로운 방식으로 만들어지는데(화이자/바이오엔테크 백신, 모더나 백신), 이런 백신은 사람들에게 불안감을 안겨줄 수도 있다.

한편으로는 백신 제조 과정에서 안전성 검사를 제대로 거쳤는가에 대해서도 의구심을 갖는 사람들이 있다. 그러나 과정을 10년에서 1년으로 크게 단축시키기는 했지만 기본적인 전임상 검사나 임상 검사는 모두 거쳤다. 통상적으로는 실험실에서 먼저 세포와 동물을 대상으로 기본적인 전임상 검사를 거친 다음 소수의 사람을 대상으로 임상1상 시험, 100명 단위의 사람으로 임상2상 시험, 1천 명 단위의 사람으로 임상3상 시험을 실시한 후 규제 당국의 평가를 거쳐 사용 허가를 받아 백신을 대량으로 생산한다. 그러나 코로나19 백신의 경우에는 공적 자금을 대규모로 투입하고 규제 과정을 간소화함으로써 그 기간을 크게 단축했다. 임상1상과 임상2상, 그리고 임상2상과 임상3상 단계를 동시에 실시하고, 규제 당국에서 임상시험 결과를 모두 모은 다음 평가하는 방식 대신 실시 중인 임상시험에서 충분한 자료가 확보되면 즉각 평가를 실시하는 롤링 리뷰 방식을 택했다. 그리고 임상시험을 하는 동안 위험을 감수하고 대량의 주사량을 생산하는 방식을 택했는데, 이는 공적 자금의 지원으로 가능했다. 또 임시 백신 사용 승인을 주어 사용과 배포에 소요되는 시간도 단축했다.

2021년 1월 '한국리서치'가 조사한 '백신 접종 인식과 일상생활 회복'에 대한 여론조사 결과에 따르면, 67%의 사람들이 예방접종을 할 것이라고 응답해 접종하지 않겠다는 응답(24%)보다 높았으나 2020년 7월(87%)에 비해 접종 의향이 20% 감소했다. 특히 남자에서는 86%에서 71%로 15% 감소했으나, 여자에서는 87%에서 62%로 25%나 감소했다. 또한 고연령층에 비해 20대 이하에서 82%에서 51%로, 30대에서 83%에서 53%로 크게 감소했다.

우리나라에는 조직적인 백신 거부 운동 단체는 없지만 일부 사이비 종교 집단의 비과학적 믿음과 언론의 널뛰기식 보도로 인해 백신 접종에 대한 두려움이 조장되고 있는 것이 사실이다. 어떤 교회는 'QR 코드를 찍으면 그 정보가 중국으로 넘어간다' '백신이 정신과 육체를 조종하니 맞지 말라'는 등의 어처구니없는 말을 유포하기도 했다. 언론은 초기에는 백신 개발의 조급성과 백신 접종 이후 사망자나 부작용을 집중 조명하며 백신의 안전성에 대해 염려하더니 막상 세계 전역에서 백신 접종 채비를 마치자 우리 정부의 백신 확보가 늦었다고 비판했다. 그리고 또 인구보다 많은 충분한 물량의 백신을 확보하자 이제는 남은 백신을 어떻게 하겠느냐고 비판한다. 언론은 백신과 백신 관련 위험을 과도하게 정치화해 오해를 증폭시키기보다는 바른 정보를 제공하여 팬데믹을 조기에 극복할 수 있도록 힘을 모아야 할 것이다.

백신 접종이 시작되었다고 해서 바로 코로나19가 퇴치되는 것은 아니다. 블룸버그 통신은 집단 구성원의 75%가 백신을 접종해야 집단면역이 생긴다고 가정하고, 현재 백신 접종 속도로 볼 때 전 세계가 코로나19에 대한 집단면역을 형성하려면 7년이 걸린다고 했다. 백신을 맞은 사람은 신종 코로나바이러스에 저항력을 갖게 되지만 몸속에 들어온 신종 코로나바이러스를 퍼트리는 보균자가 될 수도 있다. 따라서 백신을 맞은 후에도 사회적 거리두기나 마스크 쓰기 등 개인 방역을 철저히 해야 한다.

이 책은 코로나19가 극성기에 도달하기 전에 쓴 책으로, 전반적인 백신 거부 운동과 그 극복 방안에 대한 내용을 담고 있지만 코로나19 사태에서도 좋은 지침서가 될 것 같다. 사람들은 백신 접종을 과학적으로 타당한지보다 사회적으로 타당한지를 따져서 그에 따라 접종 여부를 결정한다고 이 책은 이야기한다. 앞서 밝혔듯이 질병과 마찬가지로 방역도 사회적 측면을 갖는다고 할 수 있다.

이 책이 코로나19 백신에 대한 반대 의견에 효과적으로 대처하고 가족과 이웃을 위해 백신 접종을 받아야겠다는 마음을 독자에게 일깨워주기를 바란다. 아울러 코로나19의 와중에서 배려의 마음을 가지고 살아가려는 독자들에게 조그마한 도움이라도 되었으면 좋겠다. 번역하는 동안 불편을 감내해준 가족과 지우들에게 고마움을 전한다.

2021년 4월 코로나19 거리두기 속에서
전방욱

이 책의 편집과 조사, 기획을 도와준 나의 형제 찰스 버만(Charles Berman)에게 고마움을 전한다. 원고를 검토해준 친구들, 해리 리즈(Harry Leeds), 레아 오토(Leah Otto), 낸시 곤잘레스(Nancy Gonzales)에게, 그리고 면역학과 관련된 이 책의 내용을 검토해준 동료 지저스 세고비아(Jesus Segovia)에게 감사를 전한다.

서론

1 H. A. Hill, L. D. Elam−Evans, D. Yankey, J. A. Singleton, and Y. Kang, "Vaccination Coverage among Children Aged 19-35 Months−United States, 2016," *Morbidity and Mortality Weekly Report* 66 (2017): 1171-1177.

2 Taylor, E. Miller, C. P. Farrington, M. C. Petropoulos, I. FavotMayaud, J. Li, et al. "Autism and Measles, Mumps, and Rubella Vaccine: No Epidemiological Evidence for a Causal Association," Lancet 353 (1999): 2026-2029; L. Dales, S. J. Hammer, and N. J. Smith, "Time Trends in Autism and in MMR Immunization Coverage in California," *JAMA* 285 (2001): 1183-1185.

1장 무엇이 문제인가

1 H. A. Hill, L. D. Elam−Evans, D. Yankey, J. A. Singleton, and Y. Kang, "Vaccination Coverage among Children Aged 19-35 Months−United States, 2016," *Morbidity and Mortality Weekly Report* 66 (2017): 1171-1177.

2 R. Seither, K. Calhoun, E. J. Street, J. Mellerson, C. L. Knighton, A. Tippins, et al., "Vaccination Coverage for Selected Vaccines, Exemption Rates, and Provisional Enrollment among Children in Kindergarten−United States, 2016-2017 School Year," *Morbidity and Mortality Weekly Report* 66 (2017): 1073-1080.

3 H. J. Larson, A. de Figueiredo, Z. Xiahong, W. S. Schulz, P. Verger, I. G. Johnston, et al., "The State of Vaccine Confidence 2016: Global Notes Insights through a 67−Country Survey," *EBioMedicine* 12 (2016): 295-301.

4 "Child Vaccination Rates," OECD data, https://data.oecd.org/healthcare/child-vaccination-rates.htm(2019년 11월 1일 접속).

5 G. Godin, M. Conner, and P. Sheeran, "Bridging the IntentionBehaviour Gap:

The Role of Moral Norm," *British Journal of Social Psychology* 44 (2005):
497-512.

6   National Cancer Institute, "HPV and Cancer," www.cancer.gov/about-
    cancer/causes-prevention/risk/infectious-agents/hpv-fact-sheet(2019년 11
    월 1일 접속).

7   G. Haber, R. M. Malow, and G. D. Zimet, "The HPV Vaccine Mandate Con-
    troversy," *Journal of Pediatric Adolescent Gynecology* 20 (2007): 325-331;
    J. Colgrove, "The Ethics and Politics of Compulsory HPV Vaccination," *New
    England Journal of Medicine* 355 (2006): 2389-2391.

8   D. M. Kahan, "Social Science: A Risky Science Communication Environment
    for Vaccines," *Science* 342 (2013): 53-54.

9   D. M. Casciotti, K. C. Smith, L. Andon, J. Vernick, A. Tsui, and A. C. Klassen,
    "Print News Coverage of School-Based Human Papillomavirus Vaccine
    Mandates," *Journal of School Health* 84 (2014): 71-81.

10 A. Pollack and S. Saul, "Merck to Halt Lobbying for Vaccine for Girls," *New
    York Times*, February 21, 2007.

11 R. Shenoy, "Controversial Autism Researcher Tells Local Somalis Disease Is
    Solvable," Minnesota Public Radio News, 2010.

12 T. F. Leslie, P. L. Delamater, and Y. T. Yang, "It Could Have Been Much
    Worse: The Minnesota Measles Outbreak of 2017," *Vaccine* 36 (2018):
    1808-1810.

13 L. H. Sun, "Measles Outbreak in Minnesota Surpasses Last Year's Total for
    the Entire Country," *Washington Post*, May 26, 2017, www.washingtonpost.
    com/national/health-science/imams-in-us-take-on-the-anti-vaccine-
    movement-during-ramadan/2017/05/26/8660edc6-41ad-11e7-8c25-
    44d09ff5a4a8_story.html.

14 L. H. Sun, "Despite Measles Outbreak, Anti-Vaccine Activists in Minnesota
    Refuse to Back Down," *Washington Post*, August 21, 2017, www.washing-
    tonpost.com/national/health-science/despite-measles-outbreak-anti-
    vaccine-activists-in-minnesota-refuse-to-back-down/2017/08/21/886cca
    3e-820a-11e7-ab27-1a21a8e006ab_story.html.

15 백신 접종은 노출되었을 때 홍역에 감염될 확률을 낮춰주지만 모든 위험을 제거
    하지는 않는다. Rong-Gong Lin II, "How California Got More Children Vac-
    cinated after the Disneyland Measles Outbreak," *Los Angeles Times*, April
    13, 2017, www.latimes.com/local/lanow/la-me-vaccination-explainer-
    20170413-story.html.

16 D. Goldschmidt, "More Than 800 Cases of Measles in US, with NY Outbreak Continuing to Lead," CNN, May 13, 2019, www.cnn.com/2019/05/13/health/ measles-update-cdc-800-cases/index.html.

17 B. Y. Lee, "With Measles Crisis, Washington State Now Limits Vaccine Exemptions," *Forbes*, May 12, 2019. www.forbes.com/sites/brucelee/2019/05/12/ with-measles-crisis-washington-state-now-limits-vaccine-exemptions/.

18 L. Wamsley, "Washington State Senate Passes Bill Removing Exemption for Measles Vaccine," NPR, April 18, 2019, www.npr.org/2019/04/18/714713364/ washington-state-senate-passes-bill-removing-exemption-for-measles-vaccine.

19 D. Goldschmidt, "New York County Takes 'Extremely Unusual' Step to Ban Unvaccinated Minors from Public Places amid Measles Outbreak," CNN, March 26, 2019, www.cnn.com/2019/03/26/health/rockland-new-york-measles-unvaccinated-ban-bn/index.html.

20 R. Sanchez and S. Almasy, "Judge Stops NY County from Barring Unvaccinated Minors in Public Places as Measles Outbreak Continues," CNN, April 5, 2019, www.cnn.com/2019/04/05/health/rockland-new-york-measles-ban-ruling/index.html.

21 BBC News, "Cruise Ship Quarantined over Measles Case," BBC, May 2, 2019, www.bbc.com/news/world-latin-america-48130848.

22 E. Holt, "Ukraine at Risk of Polio Outbreak," *Lancet* 381 (2013): 2244.

23 "Measles, War, and Health-Care Reforms in Ukraine," *Lancet* 392 (2018): 711.

24 D. A. Broniatowski, A. M. Jamison, S. Qi, L. Al Kulaib, T. Chen, A. Benton, et al., "Weaponized Health Communication: Twitter Bots and Russian Trolls Amplify the Vaccine Debate," *American Journal of Public Health* 108 (2018): 1378-1384.

25 D. N. Durrheim, N. S. Crowcroft, and P. M. Strebel, "Measles—the Epidemiology of Elimination," *Vaccine* 32 (2014): 6880-6883.

26 P. J. Hotez, "Texas and Its Measles Epidemics," *PLoS Medicine* 13 (2016): e1002153.

27 T. Ackerman, "Vaccine Exemptions on the Rise among Texas Students," *Houston Chronicle*, August 15, 2016 (2018년 10월 17일 인용), www.houston-chronicle.com/news/houston-texas/houston/article/Vaccine-exemptions-on-the-rise-among-Texas-9142343.php.

3장 백신이 없었던 세상

1 Voltaire, *Philosophical Letters: Letters concerning the English Nation* (North Chelmsford, MA: Courier Corporation, 2012).

2 타인에게 노출되어 걸릴 수 있는 질병.

3 E. A. Wrigley, R. S. Davies, J. E. Oeppen, and R. S. Schofield, "Mortality," in *English Population History from Family Reconstitution*, 1580-1837 (Cambridge: Cambridge University Press, 1997), 198-353.

4 C. Hallett, "The Attempt to Understand Puerperal Fever in the Eighteenth and Early Nineteenth Centuries: The Influence of Inflammation Theory," *Medical History* 49 (2005): 1-28.

5 때로 그 시대의 묘사들에서 볼 수 있는 짙은 화장은 천연두의 흉터를 감추는 방편으로 유행한 것 같다.

6 M. A. Ruffer, M. Armand Ruffer, and A. R. Ferguson, "Note on an Eruption Resembling That of Variola in the Skin of a Mummy of the Twentieth Dynasty (1200-1100 B.C.)," *Journal of Pathology and Bacteriology* 15 (1911): 1-3; D. R. Hopkins, *Princes and Peasants: Smallpox in History* (Chicago: University of Chicago Press, 1985).

7 F. Fenner, R. Wittek, and K. R. Dumbell, "Other Orthopoxviruses," in *The Orthopoxviruses* (San Diego, CA: Academic Press, 1989), 303-315.

8 J. Needham, *Science and Civilisation in China, vol. 6: Biology and Biological Technology*, "Part 1: Botany" (Cambridge: Cambridge University Press, 1986).

9 A. Boylston, "The Origins of Inoculation," *Journal of the Royal Society of Medicine* 105 (2012): 309-313.

10 E. Timonius and J. Woodward, "An Account, or History, of the Procuring the Small Pox by Incision, or Inoculation; As It Has for Some Time Been Practised at Constantinople," *Philosophical Transactions of the Royal Society of London* 29 (1714): 72-82.

11 J. Jurin and A. A. Rusnock, *The Correspondence of James Jurin (1684–1750): Physician and Secretary to the Royal Society* (Amsterdam: Rodopi, 1996).

12 S. Ross, "Scientist: The Story of a Word," in *Nineteenth-Century Attitudes: Men of Science* (Dordrecht: Kluwer Academic, 1991), 1-39.

13 G. Pearson, *An Inquiry concerning the History of the Cowpox, Principally with a View to Supersede and Extinguish the Smallpox* (London: Printed for J. Johnson, 1798).

4장 최초의 백신

1 P. C. Plett, "[Peter Plett and Other Discoverers of Cowpox Vaccination before Edward Jenner]," *Sudhoffs Archive* 90 (2006): 219-232 (독일어 기사).

2 P. C. Plett, "[Peter Plett and Other Discoverers of Cowpox Vaccination]."

3 J. F. Hammarsten, W. Tattersall, and J. E. Hammarsten, "Who Discovered Smallpox Vaccination? Edward Jenner or Benjamin Jesty?," *Transactions of the American Clinical and Climatological Association* 90 (1979): 44-55.

4 E. M. Crookshank, *History and Pathology of Vaccination*, vols. 1-2 (1889).

5 E. Jenner, *An Inquiry into the Causes and Effects of the Variolae Vaccinae: A Disease Discovered in Some of the Western Counties of England, Particularly Gloucestershire, and Known by the Name of the Cow Pox* (1801).

6 J. Baron, "Early History of Vaccination," in *The Life of Edward Jenner MD* (Cambridge: Cambridge University Press, 2014), 121-160.

7 진피와 표피로 구성된 피부의 두 외부층.

8 S. Riedel, "Edward Jenner and the History of Smallpox and Vaccination," *Baylor University Medical Center Proceedings* 18 (2005): 21-25.

9 이것은 과학이 행해지는 방식과 반대다.

10 T. Fulford and D. Lee, "The Jenneration of Disease: Vaccination, Romanticism, and Revolution," *Studies in Romanticism* 39 (2000): 139.

11 B. Moseley, *A Treatise on the "lues Bovilla" or Cow Pox, by Benjamin Moseley,*⋯2nd ed. (1805).

12 미노타우로스의 어머니.

13 "The Compulsory Vaccination Act," *Lancet* 62 (1853): 631.

14 인두법 처치는 현대까지 이어졌고, 어떤 지역에서는 천연두의 박멸 직전까지 행해진 것으로 알려졌다.

5장 최초의 백신 거부 운동

1 "The Compulsory Vaccination Act," *Lancet* 62 (1853): 631.

2 체액의학은 몸의 '체액'의 균형을 맞추기 위한 수단으로서 피와 땀과 같은 체액의 배출을 강조하는 처치였다.

3 E. J. Gibbs, *Our Medical Liberties, or The Personal Rights of the Subject, as Infringed by Recent and Proposed Legislation: Compromising Observa-*

tions on the Compulsory Vaccination Act, the Medical Registration and
Reform Bills, and the Maine Law (1854).

4 D. Porter and R. Porter, "The Politics of Prevention: AntiVaccinationism and Public Health in Nineteenth-Century England," *Medical History* 32 (1988): 231-252.

5 통계는 원래 국가에 대한 정보를 분석하는 수단으로 사용되었고, 이 용어는 '국가 협의회'를 뜻하는 라틴어에서 유래했다.

6 Great Britain, General Board of Health, S. J. Simon, *Papers Relating to the History and Practice of Vaccination: Presented to Both Houses of Parliament by Command of Her Majesty* (1857).

7 R. R. Frerichs, "London Epidemiological Society: Origin of Society," www.ph.ucla.edu/epi/snow/LESociety.html.

8 미아즈마는 나쁜 공기에 노출되어 질병이 발생한다는 것을 시사하는 질병 이론이다.

9 R. Murugan, "Movement towards Personalised Medicine in the ICU," *Lancet Respiratory Medicine* 3 (2015): 10-12.

10 과학은 의학과 달리 전문적인 규제 기관이 없다. 과학자가 되기 위해 치르는 구체적인 시험은 없으며, 과학 저널에 발표하기 위해 Ph.D.나 다른 학위도 필요하지 않다. 이 때문에 의과대학은 직업학교로 간주되지만 젊은 과학자를 많이 양성하는 대학원은 그렇지 않다. Ph.D.는 학문 분야에 대한 숙달과 공헌을 증명하기 위한 것이지 그 분야에 대한 실무를 허가하는 것은 아니다.

11 "Thomas Percival (1740-1804) Codifier of Medical Ethics," *JAMA* 194 (1965): 1319.

12 인류의 인구 증가는 비선형적이었지만 낙관적일 이유가 있다. 시간이 지남에 따라 전반적으로 극빈 생활을 하는 사람들의 수가 감소했고, 기아 상태로 사는 사람들의 수도 줄어들었다. 많은 선진국에서는 출산율이 안정되거나 대체 수준 이하로 떨어졌다.

13 이러한 믿음은 공리주의의 특징이 아니라 벤담의 특이한 믿음이다. 많은 현대 공리주의자들은 그렇게 생각하지 않는다.

14 U. Henriques, "How Cruel Was the Victorian Poor Law?", *Historical Journal* 11 (1968): 365.

15 J. R. Poynter and N. C. Edsall, "The Anti-Poor Law Movement, 1834-44," *American Historical Review* 77 (1972): 1125.

16 N. Durbach, *Bodily Matters: The Anti-Vaccination Movement in England, 1853–1907* (Durham, NC: Duke University Press, 2005).

17 당대의 철저한 역사 파악을 위해 권장함: N. Durbach, *Bodily Matters*.

18 J. D. Swales, "The Leicester Anti-Vaccination Movement," *Lancet* 340 (1992):

1019-1021.

19 S. Williamson, "Anti-Vaccination Leagues," *Archives of Disease in Childhood* 59 (1984): 1195-1196.

20 D. L. Ross, "Leicester and the Anti-Vaccination Movement, 1853-1889," *Transactions of the Leicester Archaeological Historical Society* 43 (1967): 35-44.

21 R. M. Wolfe and L. K. Sharp, "Anti-Vaccinationists Past and Present," *BMJ* 325 (2002): 430-432.

22 W. K. Mariner, G. J. Annas, and L. H. Glantz, "Jacobson v. Massachusetts: It's Not Your Great-Great-Grandfather's Public Health Law," *American Journal of Public Health* 95 (2005): 581-590.

23 W. K. Mariner, G. J. Annas, and L. H. Glantz, "Jacobson v. Massachusetts: It's Not Your Great-Great-Grandfather's Public Health Law," *American Journal of Public Health* 95 (2005): 581-590.

6장 백신 개발과 발달 과정

1 미생물은 너무 작아서 광학현미경과 같은 도구의 도움 없이는 눈으로 볼 수 없는 생물로, 광학현미경은 사람의 눈보다 사물을 더 크게 보이게 한다.

2 R. Cheyne, "The Late Mr. R. R. Cheyne and the Preservation of Vaccine Lymph," *Lancet* 151 (1898): 894.

3 J. J. Kinyoun, "The Action of Glycerin on Bacteria in the Presence of Cell Exudates," *Journal of Experimental Medicine* 7 (1905): 725-732.

4 D. A. Henderson, "The Eradication of Smallpox," *Scientific American* 235 (1976): 25-33.

5 L. H. Collier, "The Development of a Stable Smallpox Vaccine," *Journal of Hygiene* 53 (1955): 76-101.

6 D. Baxby, "The Origins of Vaccinia Virus," *Journal of Infectious Diseases* 136 (1977): 453-455.

7 박테리아는 약 1조 종으로 추산되는 생명의 영역이며, 대부분은 아직 발견되지 않았다. 그들은 단세포 생물체이며, 인간의 세포보다 작고, 세포핵이라 불리는 세포 구조를 가지고 있지 않다.

8 L. Pasteur, Chamberland, Roux, "Summary Report of the Experiments Conducted at Pouilly-le-Fort, Near Melun, on the Anthrax Vaccination, 1881," *Yale Journal of Biology and Medicine* 75 (2002): 59-62.

9 M. de la Durantaye, *A Brief History of the Small Pox Epidemic in Montreal from 1871 to 1880 and the Late Outbrkae* [sic] *of 1885: Containing a Concise Account of the Inoculation of Ancient Time, the Discovery and Advantage of Vaccination, Mortality from Small Pox from 1871 to 1880, Together with a Summary of the Record of the Principal Events, with Statistics of Mortality of the Late Outbreak in 1885* (1885).

10 F. Fenner et al., *Smallpox and Its Eradication* (Geneva: World Health Organization, 1988).

7장 20세기의 백신 거부 운동

1 Mahatma Ghandi, *A Guide to Health*, trans. A. Rama Iyer (S. Ganesan, 1921).

2 Ghandi, *Guide to Health*.

3 "Reminiscences of Gandhi: At Sabarmati," www.gandhi-manibhavan.org/eduresources/chap8.htm.

4 그 아이디어는 이렇다. 바이러스는 인간의 세포를 감염시키는 데 적합하지만 짧은꼬리원숭이 세포를 감염시키는 데 적합하지 않다. 하지만 감염시킬 수는 있다. 여러 경로를 통해 한 짧은꼬리원숭이에서 다른 짧은꼬리원숭이로 전달된 후 바이러스는 새 숙주에 더 적합하고 이전 숙주에는 덜 적합하도록 진화할 것이다. 인간에게 덜 위험한 이 새로운 바이러스는 인간에게 훨씬 덜 위험하며 여전히 면역을 제공할 수 있다.

5 D. M. Horstmann, "The Poliomyelitis Story: A Scientific Hegira," *Yale Journal of Biology and Medicine* 58 (1985): 79-90.

6 그 당시에는 국립소아마비재단(National Foundation for Infantile Paralysis)이었다.

7 J. E. Juskewitch, C. J. Tapia, and A. J. Windebank, "Lessons from the Salk Polio Vaccine: Methods for and Risks of Rapid Translation," *Clinical and Translational Science* 3 (2010): 182-185.

8 A. Day, " 'An American Tragedy' : The Cutter Incident and Its Implications for the Salk Polio Vaccine in New Zealand, 1955-1960," *Health History* 11 (2009): 42-61.

9 M. Kulenkampff, J. S. Schwartzman, and J. Wilson, "Neurological Complications of Pertussis Inoculation," *Archives of Disease in Childhood* 49 (1974): 46-49.

10 Rosemary Fox ARL, "Society Should Compensate for Brain Damage," *Birmingham Post* 10 (1973).

11 "Help for Victims of Immunizations," *BMJ* 1 (1973): 758-759.

12 G. Millward, "A Disability Act? The Vaccine Damage Payments Act 1979 and the British Government's Response to the Pertussis Vaccine Scare," *Social History of Medicine* 30 (2017): 429-447.

13 G. Amirthalingam, S. Gupta, and H. Campbell, "Pertussis Immunisation and Control in England and Wales, 1957 to 2012: A Historical Review," *Eurosurveillance* 18 (2013), www.ncbi.nlm.nih.gov/pubmed/24084340.

14 "TV Report on Vaccine Stirs Bitter Controversy," *Washington Post*, April 28, 1982, www.washingtonpost.com/archive/local/1982/04/28/tv-report-on-vaccine-stirs-bitter-controversy/80d1fc8a-1012-4732-a517-7976c86ab52d/.

15 V. Romanus, R. Jonsell, and S. O. Bergquist. "Pertussis in Sweden after the Cessation of General Immunization in 1979," *Pediatric Infectious Disease Journal* 6 (1987): 364-371.

16 P. E. Fine and J. A. Clarkson, "Individual versus Public Priorities in the Determination of Optimal Vaccination Policies," *American Journal of Epidemiology* 124 (1986): 1012-1020.

17 P. Huber, "Junk Science in the Courtroom," *Forbes*, July 8, 1991, www.overlawyered.com/articles/huber/junksci.html.

18 S. Engelberg, "Shortage of Whooping Cough Vaccine Is Seen," *New York Times*, December 14, 1984, www.nytimes.com/1984/12/14/us/shortage-of-whooping-cough-vaccine-is-seen.html.

19 G. L. Freed, S. L. Katz, and S. J. Clark, "Safety of Vaccinations: Miss America, the Media, and Public Health," *JAMA* 276 (1996): 1869-1872.

20 HRSA, "What You Need to Know about the National Vaccine Injury Compensation Program," September 2016, www.hrsa.gov/sites/default/files/vaccinecompensation/resources/84521booklet.pdf.

21 L. Cheng and W. Cheng, "Language Modeling for Legal Proof," in *Proceedings of 2010 IEEE International Conference on Intelligent Systems and Knowledge Engineering (ISKE)* (researchgate.net, 2010), 533-537.

22 United States Court of Appeals for the Federal Circuit, *Margaret Althen v. Secretary of Health and Human Services*, www.cafc.uscourts.gov/sites/default/files/opinions-orders/04-5146.pdf.

23 V. R. Walker, "Case Model: Werderitsh," LLT Lab, October 1, 2015, www.lltlab.org/case-model-werderitsh/.

24 P. A. Offit, "Vaccines and Autism Revisited—the Hannah Poling Case," *New*

England Journal of Medicine 358 (2008): 2089-2091.

25 E. J. Woo, R. Ball, A. Bostrom, S. V. Shadomy, L. K. Ball, G. Evans, et al., "Vaccine Risk Perception among Reporters of Autism after Vaccination: Vaccine Adverse Event Reporting System, 1990-2001," *American Journal of Public Health* 94 (2004): 990-995.

26 M. J. Goodman and J. Nordin, "Vaccine Adverse Event Reporting System Reporting Source: A Possible Source of Bias in Longitudinal Studies," *Pediatrics* 117 (2006): 387-390.

27 James R. Laidler, "Chelation and Autism," web.archive.org/web/20060423090641/www.neurodiversity.com/weblog/article/14/chelation-autism.

28 National Vaccine Program Office, Assistant Secretary for Health (ASH), "About the National Vaccine Program Office (NVPO)," www.hhs.gov/nvpo/about/index.html.

29 CDC, "Vaccine Information Statement: Inactivated Influenza Vaccine," www.cdc.gov/vaccines/hcp/vis/vis-statements/flu.pdf.

30 T. C. Davis, D. D. Fredrickson, C. L. Arnold, J. T. Cross, S. G. Humiston, K. W. Green, et al., "Childhood Vaccine Risk/Benefit Communication in Private Practice Office Settings: A National Survey," *Pediatrics* 107 (2001): E17.

8장 백신의 자폐증 야기 논란

1 S. Hnilicova, K. Babinska, H. Celusakova, D. Filcikova, P. Kemenyova, and D. Ostatnikova, "Autism Etiology, Screening and Diagnosis," *Pathophysiology* 25 (2018): 193-194.

2 L. Kanner, "Autistic Disturbances of Affective Contact," *Nervous Child: Journal of Psychopathology, Psychotherapy, Mental Hygiene, and Guidance of the Child* 2 (1943): 217-250.

3 S. L. Smalley, R. F. Asarnow, and M. A. Spence, "Autism and Genetics: A Decade of Research," *Archives of General Psychiatry* 45 (1988): 953-961.

4 G. B. Schaefer and N. J. Mendelsohn, "Clinical Genetics Evaluation in Identifying the Etiology of Autism Spectrum Disorders," *Genetics in Medicine* 10 (2008): 301.

5 J. H. Miles, "Autism Spectrum Disorders—A Genetics Review," *Genetics in Medicine* 13 (2011): 278-294.

6 D. Bai, B. H. K Yip, G. C. Windham, A. Sourander, R. Francis, R. Yoffe, et al., "Association of Genetic and Environmental Factors with Autism in a 5-Country Cohort," *JAMA Psychiatry* (2019), doi:10.1001/jamapsychiatry.2019.1411.

7 흥미롭게도 개에서는 이와 정반대다. 개의 크기의 거의 모든 변이는 단일 유전자에서 유래한다.

8 S. De Rubeis, X. He, A. P. Goldberg, C. S. Poultney, K. Samocha, A. E. Cicek, et al. "Synaptic, Transcriptional, and Chromatin Genes Disrupted in Autism," *Nature* 515 (2014): 209-215.

9 W. Jones and A. Klin, "Attention to Eyes Is Present but in Decline in 2-6-Month-Old Infants Later Diagnosed with Autism," *Nature* 504 (2013): 427-431.

10 W. Jones, K. Carr, and A. Klin, "Absence of Preferential Looking to the Eyes of Approaching Adults Predicts Level of Social Disability in 2-Year-Old Toddlers with Autism Spectrum Disorder," *Archives of General Psychiatry* 65 (2008): 946-954.

11 R. Loomes, L. Hull, and W. P. L. Mandy, "What Is the Male-toFemale Ratio in Autism Spectrum Disorder? A Systematic Review and Meta-analysis," *Journal of the American Academy of Child Adolescent Psychiatry* 56 (2017): 466-474.

9장 웨이크필드의 논문으로 촉발된 백신 논쟁

1 '철회'는 상당히 드문 조치로 단순히 논문이 잘못된 것으로 드러났을 때 발생하는 것이 아니며, 정치적 이유로 인해 그렇게 되어서는 안 된다. 출판윤리위원회에 따르면, "부정행위나 정직한 실수로 인해 조사 결과를 신뢰할 수 없다는 명백한 증거"가 있을 때, 해당 연구 결과가 표절에 해당하거나 논문이 비윤리적인 연구를 보고할 때 편집자들은 해당 논문을 철회해야 한다. 철회란 심각한 오류가 발생했을 때 문헌을 수정하기 위한 수단이다. 철회된 논문은 대개 사용할 수 있지만 철회의 이유는 구체적이어야 한다. 과학 커뮤니티와 〈란셋〉의 편집자들은 그 논문이 이러한 엄격한 철회 요구 조건을 충족시킨다는 사실을 놓고 논문 자체에 대해 논의해야 한다. COPE 참조, "COPE의 철회 지침," publicationethics.org/newsevents/cope%E2%80%99s-retraction-guidelines(2019년 11월 13일 접속).

2 The Editors of the Lancet, "Retraction—Ileal-Lymphoid-Nodular Hyperplasia, Non-specific Colitis, and Pervasive Developmental Disorder in Children," *Lancet* 375 (2010): 445.

3 A. J. Wakefield, S. H. Murch, A. Anthony, J. Linnell, D. M. Casson, M. Malik, et al., "Ileal–Lymphoid–Nodular Hyperplasia, Non-specific Colitis, and Pervasive Developmental Disorder in Children," *Lancet* 351 (1998): 637-641.

4 N. Begg, M. Ramsay, J. White, and Z. Bozoky, "Media Dents Confidence in MMR Vaccine," *BMJ* 316 (1998): 561.

5 S. S. Coughlin, "Recall Bias in Epidemiologic Studies," *Journal of Clinical Epidemiology* 43 (1990): 87-91.

6 Robert T. Chen and Frank DeStefano, "Vaccine Adverse Events: Causal or Coincidental? " *Lancet* 51, no. 9103 (1998): 611-612.

7 M. A. Afzal, P. D. Minor, J. Begley, M. L. Bentley, E. Armitage, S. Ghosh, et al., "Absence of Measles–Virus Genome in Inflammatory Bowel Disease," *Lancet* 351 (1998): 646-647.

8 M. Kulenkampff, J. S. Schwartzman, and J. Wilson, "Neurological Complications of Pertussis Inoculation," *Archives of Disease in Childhood* 49 (1974): 46-49.

9 E. J. Gangarosa, A. M. Galazka, C. R. Wolfe, L. M. Phillips, R. E. Gangarosa, E. Miller, et al., "Impact of Anti–Vaccine Movements on Pertussis Control: The Untold Story," *Lancet* 351 (1998): 356-361.

10 J. Laurance, "I Was There When Wakefield Dropped His Bombshell," *Independent*, January 29, 2010, www.independent.co.uk/life–style/health–and–families/health–news/i–was–there–when–wakefield–dropped–his–bombshell–1882548.html.

11 Andrew Wakefield, quoted in B. Deer, "Focus—MMR: The Truth behind the Crisis," *Sunday Times*, February 22, 2004, briandeer.com/mmr/lancet–deer–2.htm.

12 D. Batty, "The Doctor Who Sparked the MMR Vaccination Debate," *Guardian*, March 27, 2008, www.theguardian.com/uk/2008/mar/27/health.healthandwellbeing.

13 Institute of Medicine (US) Immunization Safety Review Committee, *Immunization Safety Review: Vaccines and Autism* (Washington, DC: National Academies Press, 2010).

14 B. Deer, "Focus—MMR: The Truth behind the Crisis."

15 H. Hodgson, "A Statement by the Royal Free and University College Medical School and the Royal Free Hampstead NHS Trust," *Lancet* (2004): 824.

16 S. H. Murch, A. Anthony, D. H. Casson, M. Malik, M. Berelowitz, A. P. Dhillon, et al., "Retraction of an Interpretation," *Lancet* 363 (2004): 750.

17 'Jab' 은 영국에서 백신의 속어다.

18 B. Deer, "Secrets of the MMR Scare: How the Vaccine Crisis Was Meant to Make Money," *BMJ* 342 (2011): c5258.

19 P. A. Offit, *Autism's False Prophets: Bad Science, Risky Medicine, and the Search for a Cure* (New York: Columbia University Press, 2010).

20 J. W. Lee, B. Melgaard, C. J. Clements, M. Kane, E. K. Mulholland, and J. M. Olivé, "Autism, Inflammatory Bowel Disease, and MMR Vaccine," *Lancet* 351 (1998): 905; 저자의 대답, 908-909.

21 이 경우에 대조군은 MMR 백신을 접종받았으나 발달 퇴행 증상을 나타내지 않은 어린이 집단을 가리킨다.

22 이런 맥락에서 '맹검'은 연구자들이 맹인이어야 한다는 것을 의미하지는 않는다. 이것은 예를 들어, 연구자들이 발달지체가 있는 어린이들과 대조군의 내시경 검사를 할 때 연구자들이 알지 못하게 하여 과학 연구에서 편향 효과를 줄이기 위해 사용하는 기술이다.

23 A. Nicoll, D. Elliman, and E. Ross, "MMR Vaccination and Autism, 1998," *BMJ* 316 (1998): 715-716.

24 World Health Organization, Expanded Programme on Immunization (EPI), "Association between Measles Infection and the Occurrence of Chronic Inflammatory Bowel Disease," *Weekly Epidemiological Record* 73 (1998): 33-39.

25 J. Metcalf, "Is Measles Infection Associated with Crohn's Disease?," *BMJ* 316 (1998): 166.

26 과학은 가설이 틀렸는지를 증명할 수 없다. 과학은 그것을 입증하는 데 실패할 뿐이다.

27 B. Taylor, E. Miller, C. P. Farrington, M. C. Petropoulos, I. FavotMayaud, J. Li, et al., "Autism and Measles, Mumps, and Rubella Vaccine: No Epidemiological Evidence for a Causal Association," *Lancet* 353 (1999): 2026-2029.

28 E. Fombonne and S. Chakrabarti, "No Evidence for a New Variant of Measles-Mumps-Rubella-Induced Autism," *Pediatrics* 108 (2001): E58.

29 J. A. Kaye, M. del Mar Melero-Montes, and H. Jick, "Mumps, Measles, and Rubella Vaccine and the Incidence of Autism Recorded by General Practitioners: A Time-Trend Analysis," *BMJ* 322 (2001): 460-463.

30 A. Mäkelä, J. P. Nuorti, and H. Peltola, "Neurologic Disorders after Measles-Mumps-Rubella Vaccination," *Pediatrics* 110 (2002): 957-963.

31 B. Taylor, E. Miller, R. Lingam, N. Andrews, A. Simmons, and J. Stowe, "Measles, Mumps, and Rubella Vaccination and Bowel Problems or Developmental Regression in Children with Autism: Population Study," *BMJ* 324 (2002): 393-396.

32 M. Szumilas, "Explaining Odds Ratios," *Journal of the Canadian Academy of Child and Adolescent Psychiatry* 19 (2010): 227-229.

33 F. DeStefano, C. S. Price, and E. S. Weintraub, "Increasing Exposure to Antibody-Stimulating Proteins and Polysaccharides in Vaccines Is Not Associated with Risk of Autism," *Journal of Pediatrics* 163 (2013): 561-567.

34 L. E. Taylor, A. L. Swerdfeger, and G. D. Eslick, "Vaccines Are Not Associated with Autism: An Evidence-Based Meta-analysis of Case Control and Cohort Studies," *Vaccine* 32 (2014): 3623-3629.

35 J. Lewis and T. Speers, "Misleading Media Reporting? The MMR Story," *Nature Reviews Immunology* 3 (2003): 913-918.

36 B. Dixon, "Triple Vaccine Fears Mask Media Efforts at Balance," *Current Biology* 12 (2002): R151-152.

37 날아다니는 돼지가 그려진 표지가 특징이다.

38 J. Carrey, "The Judgment on Vaccines Is In???" *Huffington Post*, November 5, 2009, www.huffingtonpost.com/entry/the-judgment-on-vaccines_us_5b9c4fb4e4b03a1dcc7db886.

39 L. West, "Alicia Silverstone's Nutty New Parenting Book Is AntiVax, Anti-Diaper," *Jezebel*, April 23, 2014, https://jezebel.com/alicia-silverstones-nutty-new-parenting-book-is-anti-va-1566382435.

40 A. Merlan, "Here's a Fairly Comprehensive List of Anti-Vaccination Celebrities," *Jezebel*, June 30, 2015, https://jezebel.com/heres-a-fairly-comprehensive-list-of-anti-vaccination-c-1714760128.

41 E. Wyatt, "ABC Drama Takes on Science and Parents," *New York Times*, January 23, 2008, www.nytimes.com/2008/01/23/arts/television/23ston.html.

42 E. Wyatt, "ABC Show Will Go On, over Protest by Doctors," *New York Times*, January 29, 2008, www.nytimes.com/2008/01/29/business/media/29abc.html.

43 B. Fjæstad, "Why Journalists Report Science as They Do," in *Journalism, Science, and Society*, ed. Martin W. Bauer and Massimiano Bucchi (Abingdon: Routledge, 2007).

44 R. Rosenthal, "The File Drawer Problem and Tolerance for Null Results," *Psychological Bulletin* 86 (1979): 638-641.

45 S. O'Neill, H. T. P. Williams, T. Kurz, B. Wiersma, and M. Boykoff, "Dominant Frames in Legacy and Social Media Coverage of the IPCC Fifth Assessment Report," *Nature Climate Change* 5 (2015): 380.

46 M. Siegrist and G. Cvetkovich, "Better Negative Than Positive? Evidence of a Bias for Negative Information about Possible Health Dangers," *Risk Analysis* 21 (2001): 199-206.

47 A. Tversky and D. Kahneman, "Judgment under Uncertainty: Heuristics and Biases," *Science* 185 (1974): 1124-1131.

48 "Science Journalism Can Be Evidence–Based, Compelling—and Wrong," *Nature* 543 (2017): 150.

49 B. Deer, "How the Case against the MMR Vaccine Was Fixed," *BMJ* 342 (2011): c5347.

50 S. Boseley, "Andrew Wakefield Struck Off Register by General Medical Council," *Guardian*, May 24, 2010, www.theguardian.com/society/2010/may/24/andrew–wakefield–struck–off–gmc.

51 B. Deer, "Secrets of the MMR Scare: How the Vaccine Crisis Was Meant to Make Money," *BMJ* 342 (2011): c5258.

52 "Editorial: Wakefield's Article Linking MMR Vaccine and Autism Was Fraudulent," *BMJ* 342 (2011): c7452.

53 M. A. Roser, "British Doctor Resigns as Head of Austin Autism Center," Austin *American-Statesman*, September 1, 2012, www.statesman.com/article/20120901/NEWS/308998920.

54 A. Hannaford, M. Barajas, and S. Novack, "Autism Inc.: The Discredited Science, Shady Treatments, and Rising Profits behind Alternative Autism Treatments," *Texas Observer*, January 30, 2013, www.texasobserver.org/autism–inc–the–discredited–science–shady–treatments–and–rising–profits–behind–alternative–autism–treatments/.

55 M. Carey, "Is Andrew Wakefield's Strategic Autism Initiative Failing? ," *Left Brain Right Brain*, March 3, 2015, https://leftbrainrightbrain.co.uk/category/orgs/strategic–autism–initiative/.

56 R. Shenoy, "Controversial Autism Researcher Tells Local Somalis Disease Is Solvable," Minnesota Public Radio News, 2010.

57 A. Hannaford, "Andrew Wakefield: Autism Inc.," Guardian, April 6, 2013, www.theguardian.com/society/2013/apr/06/what–happened–man–mmr–panic.

58 M. Ryzik, "Anti-Vaccine Film, Pulled from Tribeca Film Festival, Draws Crowd at Showing," *New York Times*, April 2, 2016, www.nytimes.com/2016/04/02/nyregion/anti–vaccine–film–pulled–from–tribeca–film–festival–draws–crowd–at–showing.html.

10장 과학 부정의 모든 기준을 충족하는 영화 〈백스드〉

1 P. Diethelm and M. McKee, "Denialism: What Is It and How Should Scientists Respond? " *European Journal of Public Health* 19 (2009): 2-4.

2 F. DeStefano, T. K. Bhasin, W. W. Thompson, M. Yeargin-Allsopp, and C. Boyle, "Age at First Measles-Mumps-Rubella Vaccination in Children with Autism and School-Matched Control Subjects: A Population Based Study in Metropolitan Atlanta," *Pediatrics* 113 (2004): 259-266.

3 B. S. Hooker, "Measles-Mumps-Rubella Vaccination Timing and Autism among Young African American Boys: A Reanalysis of CDC Data," *Translational Neurodegeneration* 3 (2014): 16.

4 "Retraction: Measles-Mumps-Rubella Vaccination Timing and Autism among Young African American Boys: A Reanalysis of CDC Data," *Translational Neurodegeneration* 3 (2014): 22.

5 Minitab Blog Editor, "Analysis and Reanalysis: The Controversy behind MMR Vaccinations and Autism, Part 1," http://blog.minitab.com/blog/adventures-in-statistics-2/analysis-and-reanalysis3a-the-controversy-behind-mmr-vaccinations-and-autism2c-part-1.

6 Minitab Blog Editor, "Analysis and Reanalysis: The Controversy behind MMR Vaccinations and Autism, Part 2," http://blog.minitab.com/blog/adventures-in-statistics-2/analysis-and-reanalysis3a-the-controversy-behind-mmr-vaccinations-and-autism2c-part-2.

7 D. Gorsky, "Vaccine Whistleblower: An Antivaccine 'Exposé' Full of Sound and Fury, Signifying Nothing," *Science-Based Medicine*, August 24. 2015, https://sciencebasedmedicine.org/vaccine-whistleblower-an-antivaccine-expose-full-of-sound-and-fury-signifying-nothing/; Kevin Barry, *Vaccine Whistleblower: Exposing Autism Research Fraud at the CDC* (New York: Simon and Schuster, 2015).

8 한 사람이 다른 사람을 몰래 녹음하면서 그 둘이 친구라고 말할 수 있을 정도로.

9 E. Willingham, "A Congressman, a CDC Whistleblower, and an Autism Tempest in a Trashcan," *Forbes*, August 6, 2015, www.forbes.com/sites/emilywill-ingham/2015/08/06/a-congressman-a-cdc-whisteblower-and-an-autism-tempest-in-a-trashcan/.

10 M. Carey, "A Look at the Analysis Plan for DeStefano's MMR Study: No Evidence of Fraud," *Left Brain Right Brain*, October 16, 2014, https://leftbrain-rightbrain.co.uk/2014/10/16/a-look-at-the-analysis-plan-for-destefanosmmr-study-no-evidence-of-fraud/.

11 노벨상 수상자들이 여러 가지 기발한 아이디어를 지지하는 현상은 너무나 흔해서 '노벨병'이라는 이름이 생길 정도다. 수년간 노벨상 수상자들은 심령 매체, 나치 인종 이론, ESP 및 초자연적 현상에 대한 믿음, 진화론 부정, 비타민 C 과다 투여, '양자 의식', 냉전, 지구 온난화 부정, 외계인 납치, 홀로그램으로 말하는 너구리, 에이즈 부정, 동종요법 등을 지지하거나 승인했다. 이 모든 것은 한 분야에서 탁월하다고 해서 다른 모든 분야에서도 믿을 만한 것은 아니라는 것을 보여준다.

12 United States Court of Federal Claims, *Brian Hooker and Marcie Hooker, Parents of SRH, a Minor, v. Secretary of Health and Human Services, Respondent,* https://lbrbblog.files.wordpress.com/2016/07/hooker-vaccine-court.pdf.

13 1998년 〈란셋〉의 연구에서 어린이들에게 투여된 MMR에는 티메로살이 포함되지 않았다.

14 M. Carey, "Double Checking Brian Hooker's Story in VAXXED," *Left Brain Right Brain,* July 7, 2016, https://leftbrainrightbrain.co.uk/2016/07/07/double-checking-brian-hookers-story-in-vaxxed/.

15 CDC, "Autism and Developmental Disabilities Monitoring (ADDM) Network," www.cdc.gov/ncbddd/autism/addm.html.

16 Orac, "The Antivaccine Movement Resurrects the Zombie That Is the 'Autism Epidemic,'" *Respectful Insolence,* March 31, 2014, https://respectfulinsolence.com/2014/03/31/the-antivaccine-movement-resurrects-the-zombie-2014/.

17 Ari LeVaux, "Meet the Controversial MIT Scientist Who Claims She Discovered a Cause of Gluten Intolerance," *Alternet,* February 27, 2014, www.alternet.org/food/meet-controversial-mit-scientist-who-claims-have-discovered-cause-gluten-sensitivty.

18 이러한 학술지는 생명과학의 큰 문제다. 그들은 출판하지 않으면 망한다는 과학 문화를 먹고 사는데, 여기서 출판의 질은 출판이 되었다는 단순한 사실보다 덜 중요한 경우가 많다. 본질적으로 돈이 된다면, 그들 중 많은 수가 어떤 것이든 출판할 것이다. 나는 개인적으로 이런저런 새로운 오픈 액세스 저널에 투고해달라는 이메일을 하루에 2-3통씩 받는다. 오픈 액세스 자체는 연구 결과를 제한 없이 더 많이 배포할 수 있기 때문에 좋지만, 평판이 좋은 저널과 좋지 않은 저널을 주의해 구분해야 한다.

19 R. Mesnage and M. N. Antoniou, "Facts and Fallacies in the Debate on Glyphosate Toxicity," *Frontiers in Public Health* 5 (2017): 316.

20 고도의 훈련을 받은 의사가 집도하는 생명을 구하는 암 수술을 통해.

11장 "조금 늦어져도 괜찮아!"

1 P. A. Offit and C. A. Moser, "The Problem with Dr Bob's Alternative Vaccine Schedule," *Pediatrics* 123 (2009): e164-e169.

2 A. T. Glenny and H. J. Südmersen, "Notes on the Production of Immunity to Diphtheria Toxin," *Journal of Hygiene* 20 (1921): 176-220.

3 T. R. Ghimire, "The Mechanisms of Action of Vaccines Containing Aluminum Adjuvants: An In Vitro vs. In Vivo Paradigm," *Springerplus* 4 (2015): 181.

4 A. T. Glenny, G. A. H. Buttle, and M. F. Stevens, "Rate of Disappearance of Diphtheria Toxoid Injected into Rabbits and Guinea Pigs: Toxoid Precipitated with Alum," *Journal of Pathology* 34 (1931): 267-275.

5 R. G. White, A. H. Coons, and J. M. Connolly, "Studies on Antibody Production. III. The Alum Granuloma," *Journal of Experimental Medicine* 102 (1955): 73-82.

6 N. W. Baylor, W. Egan, and P. Richman, "Aluminum Salts in Vaccines—US Perspective," *Vaccine* 20 (2002): S18-S23.

7 J. G. Dórea and R. C. Marques, "Infants' Exposure to Aluminum from Vaccines and Breast Milk during the First 6 Months," *Journal of Exposure Science and Environmental Epidemiology* 20 (2010): 598-601.

8 N. Chuchu, B. Patel, B. Sebastian, and C. Exley, "The Aluminium Content of Infant Formulas Remains Too High," *BMC Pediatrics* 13 (2013): 162.

9 R. E. Litov, V. S. Sickles, G. M. Chan, M. A. Springer, and A. Cordano, "Plasma Aluminum Measurements in Term Infants Fed Human Milk or a Soy-Based Infant Formula," *Pediatrics* 84 (1989): 1105-1107.

10 B. Flannery, S. B. Reynolds, L. Blanton, T. A. Santibanez, A. O'Halloran, P.-J. Lu, et al., "Influenza Vaccine Effectiveness against Pediatric Deaths, 2010-2014," *Pediatrics* 139 (2017): e20164244.

11 D. G. McNeil Jr., "Over 80,000 Americans Died of Flu Last Winter, Highest Toll in Years," *New York Times*, October 1, 2018, www.nytimes.com/2018/10/01/health/flu-deaths-vaccine.html.

12 K. A. Poehling, K. M. Edwards, G. A. Weinberg, P. Szilagyi, M. A. Staat, M. K. Iwane, et al. "The Underrecognized Burden of Influenza in Young Children," *New England Journal of Medicine* 355 (2006): 31-40.

13 NIH, National Institute of Neurological Disorders and Stroke, "Guillain-Barré Syndrome Fact Sheet," www.ninds.nih.gov/Disorders/Patient-Caregiver-Education/Fact-Sheets/Guillain-Barre-Syndrome-Fact-Sheet.

14 P. Haber, F. DeStefano, F. J. Angulo, J. Iskander, S. V. Shadomy, E. Weintraub, et al., "Guillain–Barré Syndrome following Influenza Vaccination," *JAMA* 292 (2004): 2478-2481.

15 W. K. Yih, E. Weintraub, and M. Kulldorff, "No Risk of Guillain Barré Syndrome Found after Meningococcal Conjugate Vaccination in Two Large Cohort Studies," *Pharmacoepidemiology and Drug Safety*, December 6, 2012, 1359-1360.

16 S. B. Black, H. R. Shinefield, R. A. Hiatt, and B. H. Fireman, "Efficacy of Haemophilus Influenzae Type B Capsular Polysaccharide Vaccine," *Pediatric Infectious Disease Journal* 7 (1988): 149-156.

17 L. H. Harrison, C. V. Broome, A. W. Hightower, C. C. Hoppe, S. Makintubee, S. L. Sitze, et al., "A Day Care-Based Study of the Efficacy of Haemophilus B Polysaccharide Vaccine," *JAMA* 260 (1988): 1413-1418.

18 M. T. Osterholm, J. H. Rambeck, K. E. White, J. L. Jacobs, L. M. Pierson, J. D. Neaton, et al., "Lack of Efficacy of Haemophilus B Polysaccharide Vaccine in Minnesota," *JAMA* 260 (1988): 1423-1428.

19 E. D. Shapiro, T. V. Murphy, E. R. Wald, and C. A. Brady, "The Protective Efficacy of Haemophilus B Polysaccharide Vaccine," *JAMA* 260 (1988): 1419-1422.

20 D. J. Granoff, P. G. Shackelford, B. K. Suarez, M. H. Nahm, K. L. Cates, T. V. Murphy, et al., "Hemophilus Influenzae Type B Disease in Children Vaccinated with Type B Polysaccharide Vaccine," *New England Journal of Medicine* 315 (1986): 1584-1590.

21 R. S. Daum, S. K. Sood, M. T. Osterholm, J. C. Pramberg, P. D. Granoff, K. E. White, et al., "Decline in Serum Antibody to the Capsule of Haemophilus Influenzae Type B in the Immediate Postimmunization Period," *Journal of Pediatrics* 114 (1989): 742-747.

22 C. D. Marchant, E. Band, J. E. Froeschle, and P. H. McVerry, "Depression of Anticapsular Antibody after Immunization with Haemophilus Influenzae Type B Polysaccharide–Diphtheria Conjugate Vaccine," *Pediatric Infectious Disease Journal* 8 (1989): 508-511.

23 Institute of Medicine (US) Vaccine Safety Committee, K. R. Stratton, C. J. Howe, and R. B. Johnston Jr., *Haemophilus Influenzae Type B Vaccines* (Washington, DC: National Academies Press, 1994).

24 C.-Y. Fang, C.-C. Wu, C.-L. Fang, W.-Y. Chen, C.-L. Chen, "Long-Term Growth Comparison Studies of FBS and FBS Alternatives in Six Head and

Neck Cell Lines," *PLoS One* 12 (2017): e0178960.

25 J. Dumont, D. Euwart, B. Mei, S. Estes, and R. Kshirsagar, "Human Cell Lines for Biopharmaceutical Manufacturing: History, Status, and Future Perspectives," *Critical Reviews in Biotechnology* 36 (2016): 1110-1122.

26 광우병은 소해면상뇌증(bovine spongiform encephalopathy)으로도 알려져 있다.

27 A. H. Peden, M. W. Head, D. L. Ritchie, J. E. Bell, and J. W. Ironside, "Preclinical vCJD after Blood Transfusion in a PRNP Codon 129 Heterozygous Patient," *Lancet* 364 (2004): 527-529.

28 B. S. Appleby, M. Lu, A. Bizzi, M. D. Phillips, S. M. Berri, M. D. Harbison, et al., "Iatrogenic Creutzfeldt-Jakob Disease from Commercial Cadaveric Human Growth Hormone," *Emerging Infectious Diseases* 19 (2013): 682-684.

29 여전히 비표준 단위를 사용하는 사람에게는 약 270파운드.

30 CDC, "Variant Creutzfeldt-Jakob Disease: vCJD Cases Reported in the US," page last reviewed October 9, 2018, www.cdc.gov/prions/vcjd/vcjd-reported.html.

31 CDC, "Immunization Schedules: Table 1: Recommended Child and Adolescent Immunization Schedule for Ages 18 Years or Younger, United States, 2019," page last reviewed February 5, 2019, www.cdc.gov/vaccines/schedules/hcp/imz/child-adolescent.html.

32 CDC, "Vaccines for Your Children: Who Sets the Immunization Schedule," page last reviewed March 8, 2012, www.cdc.gov/vaccines/parents/vaccine-decision/sets-schedule.html.

12장 티메로살의 위험성 논쟁

1 K. Lauerman, "Correcting Our Record," Salon.com, January 16, 2011, www.salon.com/2011/01/16/dangerous_immunity/.

2 다시 말하지만, 과학은 거의 항상 효과가 없다는 귀무가설을 가정하고 행해진다.

3 Orac, "Salon.com Flushes Its Credibility Down the Toilet," *Respectful Insolence* (blog), June 17, 2005, http://oracknows.blogspot.com/2005/06/saloncom-flushes-its-credibility-down.html.

4 "Robert F. Kennedy Junior's Completely Dishonest Thimerosal Article," *Skeptico* (blog), June 20, 2005, https://skeptico.blogs.com/skeptico/2005/06/robert_f_kenned.html.

5 "Lies, Damned Lies, and Quote Mining," *Skeptico* (blog), June 29, 2005, https://skeptico.blogs.com/skeptico/2005/06/lies_damn_lies_.html.

6 Robert F. Kennedy Jr., "The True History behind Salon's Retraction of My 'Deadly Immunity' Article," Children's Health Defense, May 1, 2015, https://worldmercuryproject.org/news/salons-retraction-deadly-immunity-article-real-reason-behind/.

7 수은은 자연적으로 나타나며, 주기율표에서 철보다 뒤에 나타나는 모든 원소와 마찬가지로 초신성에서만 형성된다.

8 World Health Organization, International Programme on Chemical Safety, "Methylmercury / published under the joint sponsorship of the United Nations Environment Programme, the International Labour Organisation, and the World Health Organization" (1990), www.who.int/iris/handle/10665/38082.

9 생리학에서 혈압을 측정할 때 사용하는 단위는 여전히 mmHg, 즉 수은의 밀리미터로 SI 단위에서 대략 0.134kPa와 같다. 초기의 압력계는 압력을 측정하기 위해 수은 기둥의 높이(mm)를 사용했다. 두 숫자(예를 들어 120/80)는 상완 동맥 폐색에서 압력이 해제되는 동안 혈압이 압박대 압력을 극복하여 동맥을 열 수 있기 때문에 난류로 인해 소리가 들리는 지점과 이완기 동안 압박대 압력을 극복하는데 적절한 지점을 나타낸다.

10 R. A. Bernhoft, "Mercury Toxicity and Treatment: A Review of the Literature," *Journal of Environmental and Public Health* (2012): 460508.

11 L. K. Ball, R. Ball, and R. D. Pratt, "An Assessment of Thimerosal Use in Childhood Vaccines," *Pediatrics* 107 (2001): 1147-1154.

12 G. L. Freed, M. C. Andreae, A. E. Cowan, and S. L. Katz, "The Process of Public Policy Formulation: The Case of Thimerosal in Vaccines," *Pediatrics* 109 (2002): 1153-1159.

13 T. W. Clarkson, L. Magos, and G. J. Myers, "The Toxicology of Mercury—Current Exposures and Clinical Manifestations," *New England Journal of Medicine* 349 (2003): 1731-1737.

14 M. E. Pichichero, E. Cernichiari, J. Lopreiato, and J. Treanor. "Mercury Concentrations and Metabolism in Infants Receiving Vaccines Containing Thimersal: A Descriptive Study," *Lancet* 360 (2002): 1737-1741.

15 G. L. Freed, M. C. Andreae, A. E. Cowan, and S. L. Katz, "The Process of Public Policy Formulation: The Case of Thimerosal in Vaccines," *Pediatrics* 109 (2002): 1153-1159.

16 CDC, Vaccine Safety, "Timeline: Thimerosal in Vaccines (1999-2010)," March 21, 2017, www.cdc.gov/vaccinesafety/concerns/thimerosal/timeline.html.

17 L. K. Ball, R. Ball, and R. D. Pratt, "An Assessment of Thimerosal Use in Childhood Vaccines," *Pediatrics* 107 (2001): 1147-1154.

18 T. Verstraeten, R. L. Davis, F. DeStefano, T. A. Lieu, P. H. Rhodes, S. B. Black, et al., "Safety of Thimerosal−Containing Vaccines: A Two−Phased Study of Computerized Health Maintenance Organization Databases," *Pediatrics* 112 (2003): 1039-1048.

19 P. Stehr−Green, P. Tull, M. Stellfeld, P.−B. Mortenson, and D. Simpson, "Autism and Thimerosal−Containing Vaccines: Lack of Consistent Evidence for an Association," *American Journal of Preventive Medicine* 25 (2003): 101-106.

20 Institute of Medicine (US) *Immunization Safety Review Committee, Immunization Safety Review: Vaccines and Autism* (Washington, DC: National Academies Press, 2010).

21 W. W. Thompson, C. Price, B. Goodson, D. K. Shay, P. Benson, V. L. Hinrichsen, et al., "Early Thimerosal Exposure and Neuropsychological Outcomes at 7 to 10 Years," *New England Journal of Medicine* 357 (2007): 1281-1292; C. S. Price, W. W. Thompson, B. Goodson, E. S. Weintraub, L. A. Croen, V. L. Hinrichsen, et al., "Prenatal and Infant Exposure to Thimerosal from Vaccines and Immunoglobulins and Risk of Autism," *Pediatrics* 126 (2010): 656-664; A. E. Tozzi, P. Bisiacchi, V. Tarantino, B. De Mei, L. D'Elia, F. Chiarotti, et al., "Neuropsychological Performance 10 Years after Immunization in Infancy with Thimerosal−Containing Vaccines," *Pediatrics* 123 (2009): 475-482.

22 A. Phillip, L. H. Sun, and L. Bernstein, "Vaccine Skeptic Robert Kennedy Jr. Says Trump Asked Him to Lead Commission on 'Vaccine Safety,'" *Washington Post*, January 10, 2017, www.washingtonpost.com/politics/trump−to−meet−with−proponent−of−debunked−tie−between−vaccines−and−autism/2017/01/10/4a5d03c0−d752−11e6−9f9f−5cdb4b7f8dd7_story.html.

23 Karie Youngdahl, "President−Elect Donald Trump and Vaccines," History of Vaccines, November 10, 2016, www.historyofvaccines.org/trump−and−vaccines.

24 M. Vazquez, "Trump Now Says Parents Must Vaccinate Children in Face of Measles Outbreak," CNN, April 26, 2019, www.cnn.com/2019/04/26/politics/donald−trump−measles−vaccines/index.html.

25 C. A. Foster, "The $100,000 Vaccine Challenge: Another Method of Promoting Anti−Vaccination Pseudoscience," *Vaccine* 35 (2017): 3905-3906.

13장 비효과적이고 때로는 위험한 '대안'

1 더 많은 정보를 위해서는 이 책의 나머지 부분을 참조하라.

2 T. Ghianni, "Swapping Chicken Pox-Infected Lollipops Illegal," Reuters, November 12, 2011, www.reuters.com/article/us-chickenpox-lollipops-idUSTRE7AB0SW20111112.

3 E. E. Stevens, T. E. Patrick, and R. Pickler, "A History of Infant Feeding," *Journal of Perinatal Education* 18 (2009): 32-39.

4 P. Van de Perre, "Transfer of Antibody via Mother's Milk," *Vaccine* 21 (2003): 3374-3376.

5 W. B. Jonas, T. J. Kaptchuk, and K. Linde, "A Critical Overview of Homeopathy," *Annals of Internal Medicine* 138 (2003): 393-399.

6 R. T. Mathie, J. Frye, and P. Fisher, "Homeopathic Oscillococcinum for Preventing and Treating Influenza and Influenza-like Illness," *Cochrane Database of Systematic Reviews* 1 (2015): CD001957.

7 Carmen, "Natural Vaccination Alternatives for You and Your Kids," Off the Grid News, September 24, 2012, www.offthegridnews.com/alternative-health/natural-vaccination-alternatives-for-you-and-your-kids/.

8 L. Pauling, *Vitamin C, the Common Cold, and the Flu* (San Francisco: W. H. Freeman, 1970); E. Cameron and L. C. Pauling, *Cancer and Vitamin C: A Discussion of the Nature, Causes, Prevention, and Treatment of Cancer with Special Reference to the Value of Vitamin C* (Linus Pauling Institute of Science and Medicine, 1979); L. Pauling, "Vitamin C and the Common Cold," *Canadian Medical Association Journal* 105 (1971): 448.

9 L. Pauling, "Orthomolecular Psychiatry: Varying the Concentrations of Substances Normally Present in the Human Body May Control Mental Disease," *Science* 160 (1968): 265-271.

10 "Megavitamin and Orthomolecular Therapy in Psychiatry: Excerpts from a Report of the American Psychiatric Association Task Force on Vitamin Therapy in Psychiatry," *Nutrition Reviews* 32 (1974): 44-47; Nutrition Committee, Canadian Paediatric Society, "Megavitamin and Megamineral Therapy in Childhood," *Canadian Medical Association Journal* 143 (1990): 1009-1013.

11 "How to Detoxify from a Vaccine," Season Johnson, March 20, 2018, www.seasonjohnson.com/how-to-detoxify-from-a-vaccine/.

12 J. A. Astin, "Why Patients Use Alternative Medicine: Results of a National

Study," *JAMA* 279 (1998): 1548-1553.

13 M. Siahpush, "Why Do People Favour Alternative Medicine? " *Australian and New Zealand Journal of Public Health* 23 (1999): 266-271.

14 F. L. Bishop, L. Yardley, and G. T. Lewith, "Why Consumers Maintain Complementary and Alternative Medicine Use: A Qualitative Study," *Journal of Alternative and Complementary Medicine* 16 (2010): 175-182.

15 F. L. Bishop, L. Yardley, and G. T. Lewith, "Why Do People Use Different Forms of Complementary Medicine? Multivariate Associations between Treatment and Illness Beliefs and Complementary Medicine Use," *Psychology and Health* 21 (2006): 683-698.

16 M. O'Keefe and S. Coat, "Increasing Health-Care Options: The Perspectives of Parents Who Use Complementary and Alternative Medicines," *Journal of Paediatrics and Child Health* 46 (2010): 296-300.

17 R. Jütte, "The Early History of the Placebo," *Complementary Therapies in Medicine* 21 (2013): 94-97.

18 A. Branthwaite and P. Cooper, "Analgesic Effects of Branding in Treatment of Headaches," *BMJ* 282 (1981): 1576-1578.

19 D. E. Moerman and W. B. Jonas, "Deconstructing the Placebo Effect and Finding the Meaning Response," *Annals of Internal Medicine* 136 (2002): 471-476.

20 M. Adams, W. J. Blumenfeld, R. Castaneda, H. W. Hackman, M. L. Peters, and X. Zuniga, *Readings for Diversity and Social Justice* (Psychology Press, 2000).

21 D. A. Wolfe and E. J. Mash, eds., *Behavioral and Emotional Disorders in Adolescents: Nature, Assessment, and Treatment* (New York: Guilford Press, 2008).

22 A. Badaru, D. M. Wilson, L. K. Bachrach, P. Fechner, L. M. Gandrud, E. Durham, et al., "Sequential Comparisons of One-Month and ThreeMonth Depot Leuprolide Regimens in Central Precocious Puberty," *Journal of Clinical Endocrinology and Metabolism* (91) 2006: 1862-1867.

23 F. M. Saleh, T. Niel, and M. J. Fishman, "Treatment of Paraphilia in Young Adults with Leuprolide Acetate: A Preliminary Case Report Series," *Journal of Forensic Science* 49 (2004): 1343-1348; J. M. Schober, P. J. Kuhn, P. G. Kovacs, J. H. Earle, P. M. Byrne, and R. A. Fries, "Leuprolide Acetate Suppresses Pedophilic Urges and Arousability," *Archives of Sexual Behavior* 34 (2005): 691-705; J. M. Schober, P. M. Byrne, and P. J. Kuhn, "Leuprolide Acetate Is a

Familiar Drug That May Modify Sex-Offender Behaviour: The Urologist's Role," *BJU International* 97 (2006): 684-686.

24 H. A. Young, D. A. Geier, and M. R. Geier, "Thimerosal Exposure in Infants and Neurodevelopmental Disorders: An Assessment of Computerized Medical Records in the Vaccine Safety Datalink," *Journal of the Neurological Sciences* 271 (2008): 110-118.

25 M. R. Geier and D. A. Geier, "Thimerosal in Childhood Vaccines, Neurodevelopment Disorders, and Heart Disease in the United States," *Journal of the American Physicians and Surgeons* 8 (2003): 6-11.

26 AAP, "Study Fails to Show a Connection between Thimerosal and Autism," May 16, 2003, https://web.archive.org/web/20030604060812/http://aap.org/profed/thimaut-may03.htm.

27 G. Harris and A. O'Connor, "On Autism's Cause, It's Parents vs. Research," *New York Times*, June 25, 2005, www.nytimes.com/2005/06/25/science/on-autisms-cause-its-parents-vs-research.html.

28 Orac, "The Geiers Try to Patent Chemical Castration as an Autism Treatment," Respectful Insolence, April 10, 2006, https://respectfulinsolence.com/2006/04/10/the-geiers-try-to-patent-chemi/; A. Cooper, E. M. Gopalakrishna, and D. A. Norton, "The Crystal Structure and Absolute Configuration of the 2:1 Complex between Testosterone and Mercuric Chloride," *Acta Crystallographica* B 24 (1968): 935-941.

29 G. M. Realmuto and L. A. Ruble, "Sexual Behaviors in Autism: Problems of Definition and Management," *Journal of Autism and Developmental Disorders* 29 (1999): 121-127.

30 Kathleen Seidel, "Significant Misrepresentations: Mark Geier, David Geier & the Evolution of the Lupron Protocol (Part Twelve)," Neurodiversity Weblog, November 17, 2006, http://web.archive.org/web/20070708153149/http://neurodiversity.com/weblog/article/116/.

31 Kathleen Seidel, "Significant Misrepresentations: Mark Geier, David Geier & the Evolution of the Lupron Protocol (Part Thirteen)," Neurodiversity Weblog, January 23, 2007, http://web.archive.org/web/20070703013255/http://neurodiversity.com/weblog/article/124/.

32 Stephen Barrett, "Maryland Medical Board Suspends Dr. Mark Geier's License," Casewatch, https://casewatch.net/board/med/geier/order.shtml(2018년 11월 10일 접속).

33 Orac, "No, Antivaccine Quack Mark Geier Has Not Been Exonerated,

but the Maryland Board of Physicians Appears to Have Screwed Up," *Respectful Insolence* (blog), February 6, 2018, https://respectfulinsolence. com/2018/02/06/antivaccine-quack-mark-geier-has-not-been-exonerated/.

34 " 'What Kind of Society Do You Want to Live In?' : Inside the Country Where Down Syndrome Is Disappearing" CBS News, August 14, 2017, www.cbsnews.com/news/down-syndrome-iceland/.

35 S. Sirucek, "The Parents Who Give Their Children Bleach Enemas to 'Cure' Them of Autism," Vice, March 11, 2015, www.vice.com/en_uk/article/kwx-q3w/parents-are-giving-their-children-bleach-enemas-to-cure-them-of-autism-311.

36 D. Ono and L. Bartley, " 'Church of Bleach' : ABC News Confronts Founder of Genesis II Church," ABC7 Los Angeles, October 28, 2016, https://abc7. com/1578279/. The author finds this claim to be dubious.

37 FDA News Release, "FDA Warns Consumers of Serious Harm from Drinking Miracle Mineral Solution (MMS)," July 30, 2010, https://web.archive.org/web/20110203232945/http://www.fda.gov/NewsEvents/Newsroom/PressAnnouncements/ucm220747.htm.

38 J. Berry, "7 Children Taken from Parents during Search for 'Miracle' Treatment Chemical," KARK, January 16, 2015, www.kark.com/news/7-children-taken-from-parents-during-search-for-miracle-treatment-chemical/206833616.

39 M. Eltagouri, "A Mom Turned to a Controversial 'Treatment' for Her Daughter's Autism—Feeding Her Bleach," *Washington Post*, February 14, 2018, www.washingtonpost.com/news/to-your-health/wp/2018/02/14/mom-accused-of-feeding-child-bleach-in-an-effort-to-cure-autism/.

40 C. Galli, R. Kreider, B. Ross, and L. Ferran, "Husband Says Fringe Church's 'Miracle Cure' Killed His Wife," ABC News, October 29, 2016, https://abcnews. go.com/US/husband-fringe-churchs-miracle-cure-killed-wife/story? id=43081647.

41 Keiligh Baker, "Mother Investigated over Using Bleach to Cure Son's Autism," *Daily Mail*, August 7, 2017, www.dailymail.co.uk/news/article-4767618/Mother-investigated-using-bleach-cure-son-s-autism.html.

42 D. A. Rossignol and L. W. Rossignol, "Hyperbaric Oxygen Therapy May Improve Symptoms in Autistic Children," *Medical Hypotheses* 67 (2006): 216-228.

43 Wake Forest University Baptist Medical Center, "Does Manganese Inhaled from the Shower Represent a Public Health Threat? " *Science Daily,* July 4, 2005, www.sciencedaily.com/releases/2005/07/050704114441.htm.

44 G. Steinhauser, "The Nature of Navel Fluff," *Medical Hypotheses* 72 (2009): 623-625.

45 Martin Enserink, "Elsevier to Editor: Change Controversial Journal or Resign," ScienceMag.org, March 8, 2010, www.sciencemag.org/news/2010/03/elsevier-editor-change-controversial-journal-or-resign.

46 D. A. Rossignol, L. W. Rossignol, S. J. James, S. Melnyk, and E. Mumper, "The Effects of Hyperbaric Oxygen Therapy on Oxidative Stress, Inflammation, and Symptoms in Children with Autism: An Open-Label Pilot Study," *BMC Pediatrics* 2007;7: 36.

47 D. A. Rossignol, J. J. Bradstreet, K. Van Dyke, C. Schneider, S. H. Freedenfeld, N. O'Hara, et al., "Hyperbaric Oxygen Treatment in Autism Spectrum Disorders," *Medical Gas Research* 2 (2012): 16.

48 D. A. Rossignol, L. W. Rossignol, S. Smith, C. Schneider, S. Logerquist, A. Usman, et al., "Hyperbaric Treatment for Children with Autism: A Multicenter, Randomized, Double-Blind, Controlled Trial," *BMC Pediatrics* 9 (2009): 21.

49 S. Novella, "Hyperbaric Oxygen for Autism," NeuroLogica Blog, March 16, 2009, https://theness.com/neurologicablog/index.php/hyperbaric-oxygen-for-autism/.

50 D. Granpeesheh, J. Tarbox, D. R. Dixon, A. E. Wilke, M. S. Allen, and J. J. Bradstreet, "Randomized Trial of Hyperbaric Oxygen Therapy for Children with Autism," *Research in Autism Spectrum Disorders* 4 (2010): 268-275.

51 P. Callahan, "Doctors Sued Over 'Dangerous' Autism Treatment," *Chicago Tribune,* March 4, 2010, www.chicagotribune.com/living/ct-xpm-2010-03-04-ct-met-autism-therapy-lawsuit-20100304-story.html.

52 K. Horvath, G. Stefanatos, K. N. Sokolski, R. Wachtel, L. Nabors, and J. T. Tildon, "Improved Social and Language Skills after Secretin Administration in Patients with Autistic Spectrum Disorders," *Journal of the Association of Academic Minority Physicians* 9 (1998): 9-15.

53 Steve Bunk, "Secretin Trials: A Drug That Might Help, or Hurt, Autistic Children Is Widely Prescribed but Is Just Now Being Tested," *Scientist,* June 12, 1999, www.the-scientist.com/news/secretin-trials-a-drug-that-might-help-or-hurt-autistic-children-is-widely-prescribed-but-is-just-now-being-tested-56430.

54 K. Williams, J. A. Wray, and D. M. Wheeler, "Intravenous Secretin for Autism Spectrum Disorders (ASD)," *Cochrane Database of Systematic Reviews* (2012): CD003495.

55 D. Collins, "Autistic Boy Dies during Exorcism," CBS News, August 26, 2003, www.cbsnews.com/news/autistic-boy-dies-during-exorcism/.

56 Upledger Foundation, "Autism," www.upledger.org/autism.

57 M. M. Cohen Jr., "Sutural Biology and the Correlates of Craniosynostosis," *American Journal of Medical Genetics* 47 (1993): 581-616.

58 S. E. Hartman and J. M. Norton, "Craniosacral Therapy Is Not Medicine," *Physical Therapy* 82 (2002): 1146-1147.

59 C. Green, C. W. Martin, K. Bassett, and A. Kazanjian, *A Systematic Review and Critical Appraisal of the Scientific Evidence on Craniosacral Therapy* (Centre for Reviews and Dissemination, 1999).

60 의학을 전공하는 한 학생은 증거에 기반한 것이 아니라는 그의 항의에도 불구하고 정골요법을 훈련하도록 강요받았다고 내게 말했다. 환자에게 숨을 멈추어달라고 했을 때 '일차 호흡'을 감지하는 그의 능력이 사라졌다. '일차 호흡'은 대개 실제 호흡에서 기인한 잘못된 느낌인 것 같다.

61 A. Fasano and C. Catassi, "Clinical Practice: Celiac Disease," *New England Journal of Medicine* 367 (2012): 2419-2426.

62 Autistic Self Advocacy Network, "Statement on Autism Speaks Board Appointments," December 2015, https://autisticadvocacy.org/2015/12/statement-on-autism-speaks-board-appointments/.

63 thecaffeinatedautistic, "Why I Am against Autism Speaks (and You Should Be, Too)," The Caffeinated Autistic March 5, 2013, https://thecaffeinatedautistic.wordpress.com/2013/03/05/why-i-am-against-autism-speaks-and-you-should-be-too-2/.

64 D. Mitchell, "Autism Activist Says It's Time to Acknowledge There's No Autism-Vaccine Link," AAFP, August 4, 2009, www.aafp.org/news/vaccine/20090804singerinterview.html.

65 "What Causes Autism?" Autism Speaks, www.autismspeaks.org/what-causes-autism.

66 L. Berrington, "A Reporter's Guide to the Autism Speaks Debacle," *Psychology Today*, November 14, 2013, www.psychologytoday.com/blog/aspergers-alive/201311/reporters-guide-the-autism-speaks-debacle.

14장 소셜 미디어의 파급력: '가짜 뉴스'를 중심으로

1 아돌프 히틀러는 권력을 잡으면서 '거짓말하는 언론' (lying press)이라는 표현을 사용했지만, 현재의 정치 지형에서는 '가짜 뉴스'가 더 적절한 표현이다.

2 D. J. J. Lazer, M. A. Baum, Y. Benkler, A. J. Berinsky, K. M. Greenhill, F. Menczer, et al., "The Science of Fake News," *Science* 359 (2018): 1094-1096.

3 아직까지 달에서 생명은 발견되지 않았다. B. Thornton, "The Moon Hoax: Debates about Ethics in 1835 New York Newspapers," *Journal of Mass Media Ethics* 15 (2000): 89-100를 보라.

4 J. Gottfried and E. Shearer, "News Use across Social Media Platforms 2016," Pew Research Center's Journalism Project, May 26, 2016, www.journalism. org/2016/05/26/news-use-across-social-media-platforms-2016/.

5 H. Allcott and M. Gentzkow, "Social Media and Fake News in the 2016 Election," *Journal of Economic Perspectives* 31 (2017): 211-236.

6 S. Vosoughi, D. Roy, and S. Aral, "The Spread of True and False News Online," *Science* 359 (2018): 1146-1151.

7 C. Stempel, T. Hargrove, and G. H. Stempel, "Media Use, Social Structure, and Belief in 9/11 Conspiracy Theories," *Journalism and Mass Communication Quarterly* 84 (2007): 353-372.

8 S. Fox, "The Social Life of Health Information, 2011," Pew Research Center: Internet, Science & Tech, May 12, 2011, www.pewinternet.org/2011/05/12/the-social-life-of-health-information-2011/.

9 D. Jolley and K. M. Douglas, "The Effects of Anti-Vaccine Conspiracy Theories on Vaccination Intentions," *PLoS One* 9 (2014): e89177.

10 Public Policy Polling, "Press Release: Democrats and Republicans Differ on Conspiracy Theory Beliefs," April 2, 2013, www.publicpolicypolling.com/wp-content/uploads/2017/09/PPP_Release_National_ConspiracyTheories_040213.pdf.

11 P. Davies, S. Chapman, and J. Leask, "Antivaccination Activists on the World Wide Web," *Archives of Disease in Childhood* 87 (2002): 22-25.

12 P. Kortum, C. Edwards, R. Richards-Kortum, "The Impact of Inaccurate Internet Health Information in a Secondary School Learning Environment," *Journal of Medical Internet Research* 10 (2008): e17.

13 자연주의적 오류는 어떤 것이 자연에 존재한다는 이유만으로 좋은 것으로 가정될 때 발생한다. 실제 자연에는 질병을 유발하는 미생물과 탈장을 일으키는 비만처럼 인간의 건강과 안녕에 해로울 수 있는 나쁘거나 위험한 것들이 많이 존재한다.

14 S. J. Bean, "Emerging and Continuing Trends in Vaccine Opposition Website Content," *Vaccine* 29 (2011): 1874-1880.

15 A. Kata, "A Postmodern Pandora's Box: Anti-Vaccination Misinformation on the Internet," *Vaccine* 28 (2010): 1709-1716.

16 어떤 활성 또는 불활성화 바이러스 백신 생산에 사용되는 배양된 세포 중 일부는 낙태된 태아의 폐에서 파생된 것이지만, '낙태된 태아 조직'이라는 표현은 오해를 불러일으킨다. 세포들을 생산하기 위해 특별히 어떤 낙태를 시행한 것도 아니고, 세포들은 수십 년 동안 배양되었다.

17 N. Seeman, A. Ing, and C. Rizo, "Assessing and Responding in Real Time to Online Anti-Vaccine Sentiment during a Flu Pandemic," *Healthcare Quarterly* 13 (2010), Spec No: 8-15.

18 G. A. Poland and R. J. Jacobson, "The Age-Old Struggle against the Antivaccinationists," *New England Journal of Medicine* 364 (2011): 97-99.

19 J. Keelan, V. Pavri-Garcia, G. Tomlinson, and K. Wilson, "YouTube as a Source of Information on Immunization: A Content Analysis," *JAMA* 298 (2007): 2482-2484.

20 R. Briones, X. Nan, K. Madden, and L. Waks, "When Vaccines Go Viral: An Analysis of HPV Vaccine Coverage on YouTube," *Health Communication* 27 (2012): 478-485.

21 L. G. van Hilten, "Anti-Vaccine Posts Are Going 'Under the Radar' on Pinterest," Elsevier Connect, February 1, 2016, www.elsevier.com/connect/anti-vaccine-posts-are-going-under-the-radar-on-pinterest; J. P. D. Guidry, K. Carlyle, M. Messner, and Y. Jin, "On Pins and Needles: How Vaccines Are Portrayed on Pinterest," *Vaccine* 33 (2015): 5051-5056.

22 J. Horwitz, "Facebook Pledged Crackdown on Vaccine Misinformation. Then Not Much Happened," *WSJ Online*, May 30, 2019, www.wsj.com/articles/facebook-pledged-crackdown-on-vaccine-misinformation-then-not-much-happened-11559243847.

23 Merriam-Webster.com, s.v. "meme," www.merriam-webster.com/dictionary/meme.

24 W. Sommer, "Facebook Won't Stop Dangerous Anti-Vaccine Hoaxes from Spreading," *The Daily Beast*, July 25, 2018, www.thedailybeast.com/facebook-wont-stop-dangerous-anti-vaccine-hoaxes-from-spreading.

25 M. Amith and C. Tao, "Representing Vaccine Misinformation Using Ontologies," *Journal of Biomedical Semantics* 9 (2018): 22.

26 K. Roose, "Facebook Banned InfoWars. Now What?" *New York Times*, August 10, 2018, www.nytimes.com/2018/08/10/technology/facebook-banned-infowars-now-what.html.

27 K. Weill, "Facebook Removes Conspiracy Site Natural News," *The Daily Beast*, June 10, 2019 www.thedailybeast.com/facebook-removes-conspiracy-site-natural-news.

28 L. Matsakis, Z. Karabell, K. Finley, and T. Simonite, "Facebook Will Crack Down on Anti-Vaccine Content," *Wired*, March 7, 2019, www.wired.com/story/facebook-anti-vaccine-crack-down/.

29 "Email Marketer Mailchimp Bans Anti-Vaccination Content," NBC News, June 13 2019, www.nbcnews.com/tech/tech-news/email-marketer-mailchimp-bans-anti-vaccination-content-n1017221.

30 K. Ho, "Defending a Culture of Free Speech," *Harvard Political Review*, April 9, 2017, http://harvardpolitics.com/harvard/defending-culture-free-speech/.

31 S. J. Ceci and W. M. Williams, "Who Decides What Is Acceptable Speech on Campus? Why Restricting Free Speech Is Not the Answer," *Perspectives on Psychological Science* 13 (2018): 299-323.

32 A. Venkatraman, D. Mukhija, N. Kumar, and S. J. S. Nagpal, "Zika Virus Misinformation on the Internet," *Travel Medicine and Infectious Diseases* 14 (2016): 421-422.

33 B. Seymour, R. Getman, A. Saraf, L. H. Zhang, and E. Kalenderian, "When Advocacy Obscures Accuracy Online: Digital Pandemics of Public Health Misinformation through an Antifluoride Case Study," *American Journal of Public Health* 105 (2015): 517-523.

34 R. F. Baumeister, L. Zhang, and K. D. Vohs, "Gossip as Cultural Learning," *Review of General Psychology* 8 (2004): 111-121.

35 기후변화는 현실이며 상당 부분 인간의 활동에 의해 발생한다. D. M. Kahan, E. Peters, M. Wittlin, P. Slovic, L. L. Ouellette, D. Braman, et al., "The Polarizing Impact of Science Literacy and Numeracy on Perceived Climate Change Risks," *Nature Climate Change* 2 (2012): 732.

36 C. G. Lord, L. Ross, and M. R. Lepper, "Biased Assimilation and Attitude Polarization: The Effects of Prior Theories on Subsequently Considered Evidence," *Journal of Personality and Social Psychology* 37 (1979): 2098-2109.

37 M. J. Metzger, A. J. Flanagin, and R. B. Medders, "Social and Heuristic Approaches to Credibility Evaluation Online," *Journal of Communication* 60 (2010): 413-439.

38 D. M. Kahan, D. Braman, G. L. Cohen, J. Gastil, and P. Slovic, "Who Fears the HPV Vaccine, Who Doesn't, and Why? An Experimental Study of the Mechanisms of Cultural Cognition," *Law and Human Behavior* 34 (2010): 501-516.

39 A. H. Hastorf and H. Cantril, "They Saw a Game: A Case Study," *Journal of Abnormal Psychology* 49 (1954): 129-134.

40 J. Kruger and D. Dunning, "Unskilled and Unaware of It: How Difficulties in Recognizing One's Own Incompetence Lead to Inflated Self-Assessments," *Journal of Personality and Social Psychology* 77 (1999): 1121-1134.

41 J. Krueger and R. A. Mueller, "Unskilled, Unaware, or Both? The Better-Than-Average Heuristic and Statistical Regression Predict Errors in Estimates of Own Performance," *Journal of Personality and Social Psychology* 82 (2002): 180-188.

42 M. Krajc and A. Ortmann, "Are the Unskilled Really That Unaware? An Alternative Explanation," *Journal of Economic Psychology* 29 (2008): 724-738.

43 J. Ehrlinger, T. Gilovich, and L. Ross, "Peering into the Bias Blind Spot: People's Assessments of Bias in Themselves and Others," *Personality and Social Psychology Bulletin* 31 (2005): 680-692; E. Pronin, D. Y. Lin, and L. Ross, "The Bias Blind Spot: Perceptions of Bias in Self versus Others," *Personality and Social Psychology Bulletin* 28 (2002): 369-381.

44 E. Pronin, T. Gilovich, and L. Ross, "Objectivity in the Eye of the Beholder: Divergent Perceptions of Bias in Self versus Others," *Psychological Review* 111 (2004): 781-799.

45 N. C. Bakke, "Robert's Rules of Order," in *Dicta* (HeinOnline, 1944), 85.

46 J. Allgaier, S. Dunwoody, D. Brossard, Y.-Y. Lo, and H. P. Peters, "Journalism and Social Media as Means of Observing the Contexts of Science," *Bioscience* 63 (2013): 284-287.

47 C. O'Connor, G. Rees, and H. Joffe, "Neuroscience in the Public Sphere," *Neuron* 74 (2012): 220-226.

48 H. M. Bik and M. C. Goldstein, "An Introduction to Social Media for Scientists," *PLoS Biology* 11 (2013): e1001535.

49 A. Dudo, D. Brossard, J. Shanahan, D. A. Scheufele, M. Morgan, and N. Signorielli, "Science on Television in the 21st Century: Recent Trends in Portrayals and Their Contributions to Public Attitudes toward Science," *Communication Research* 38 (2011): 754-777.

50 L. Y.-F. Su, M. A. Cacciatore, D. A. Scheufele, D. Brossard, and M. A. Xenos, "Inequalities in Scientific Understanding: Differentiating between Factual and Perceived Knowledge Gaps," *Science Communication* 36 (2014): 352-378.

51 C. Betsch, F. Renkewitz, T. Betsch, and C. Ulshöfer, "The Influence of Vaccine-Critical Websites on Perceiving Vaccination Risks," *Journal of Health Psychology* 15 (2010): 446-455.

52 C. Betsch and F. Renkewitz, "Long-term Effects of an Information Search on Vaccine-Critical Internet Sites," *Prävention* 32 (2009): 125-128.

53 "The Case for a 'Deficit Model' of Science Communication," SciDev .net, June 27, 2005, www.scidev.net/index.cfm? originalUrl =/global/communication/editorials/the-case-for-a-deficit-model-of-science-communic. html&.

54 N. Allum, P. Sturgis, D. Tabourazi, and I. Brunton-Smith, "Science Knowledge and Attitudes across Cultures: A Meta-analysis," *Public Understanding of Science* 17 (2008): 35-54.

55 S. L. Popkin, *The Reasoning Voter: Communication and Persuasion in Presidential Campaigns* (Chicago: University of Chicago Press, 1994).

56 D. A. Scheufele, "Messages and Heuristics: How Audiences Form Attitudes about Emerging Technologies," in *Engaging Science: Thoughts, Deeds, Analysis and Action*, ed. J. Turney (London: The Wellcome Trust, 2006).

57 D. A. Scheufele, "Communicating Science in Social Settings," *Proceedings of the National Academy of Sciences* 110, suppl. 3 (2013): 14040-14047.

15장 집단의 견해가 더 확고해지는 이유

1 B. M. Staw, "The Escalation of Commitment to Course of Action," *Academy of Management Review* 6, no. 4 (1981): 577-587, www.gwern.net/docs/sunkcosts/1981-staw.pdf.

2 R. L. Schaumberg and S. S. Wiltermuth, "Desire for a Positive Moral Self-Regard Exacerbates Escalation of Commitment to Initiatives with Prosocial Aims," *Organizational Behavior and Human Decision Processes* 123 (2014): 110-123.

3 E. H. Kessler, *Encyclopedia of Management Theory* (Thousand Oaks, CA: SAGE, 2013).

4 B. Dietz-Uhler, "The Escalation of Commitment in Political Decision-Making Groups: A Social Identity Approach," *European Journal of Social Psychology* 26 (1996): 611-629.

5 D. G. Myers and H. Lamm, "The Polarizing Effect of Group Discussion," *American Scientist* 63 (1975): 297-303.

6 S. Yardi and D. Boyd, "Dynamic Debates: An Analysis of Group Polarization over Time on Twitter," *Bulletin of Science, Technology & Society* 30 (2010): 316-327.

16장 종교적 신념이냐, 공중보건이냐

1 G. Pelčić, S. Karačić, G. L. Mikirtichan, O. I. Kubar, G. J. Leavitt, M. Cheng-Tek Tai, et al. "Religious Exception for Vaccination or Religious Excuses for Avoiding Vaccination," *Croatian Medical Journal* 57 (2016): 516-521.

2 J. D. Grabenstein, "What the World's Religions Teach, Applied to Vaccines and Immune Globulins," *Vaccine* 31 (2013): 2011-2023.

3 W. L. M. Ruijs, J. L. A. Hautvast, S. Kerrar, K. van der Velden, and M. E. J. L. Hulscher, "The Role of Religious Leaders in Promoting Acceptance of Vaccination within a Minority Group: A Qualitative Study," *BMC Public Health* 13 (2013): 511.

4 A. Imdad, B. Tserenpuntsag, D. S. Blog, N. A. Halsey, D. E. Easton, and J. Shaw, "Religious Exemptions for Immunization and Risk of Pertussis in New York State, 2000-2011," *Pediatrics* 132 (2013): 37-43.

5 R. C. Shelton, A. C. Snavely, M. De Jesus, M. D. Othus, and J. D. Allen, "HPV Vaccine Decision-Making and Acceptance: Does Religion Play a Role?" *Journal of Religion and Health* 52 (2013): 1120-1130.

6 W. L. M. Ruijs, J. L. A. Hautvast, G. van IJzendoorn, W. J. C. van Ansem, G. Elwyn, K. van der Velden, et al., "How Healthcare Professionals Respond to Parents with Religious Objections to Vaccination: A Qualitative Study," *BMC Health Services Research* 12 (2012): 231.

7 A. Ahmed, K. S. Lee, A. Bukhsh, Y. M. Al-Worafi, M. M. R. Sarker, L. C. Ming, et al. "Outbreak of Vaccine-Preventable Diseases in Muslim Majority Countries," *Journal of Infection and Public Health* 11 (2018): 153-155.

8 메카순례 날짜는 음력이라 양력 날짜는 매년 달라진다.

9 G. Y. Ahmed, H. H. Balkhy, S. Bafaqeer, B. Al-Jasir, and A. Althaqafi, "Acceptance and Adverse Effects of H1N1 Vaccinations among a Cohort of National Guard Health Care Workers during the 2009 Hajj Season," *BMC Research Notes* 4 (2011): 61.

10 Q. A. Ahmed, Y. M. Arabi, Z. A. Memish, "Health Risks at the Hajj," *Lancet* 367 (2006): 1008-1015.

11 D. G. McNeil Jr., "Saudis Try to Head Off Swine Flu Fears before Hajj," *New York Times*, October 29, 2009, www.nytimes.com/2009/10/30/world/middleeast/30flu.html.

12 A. Mullaney and S. A. Hassan, "He Led the CIA to bin Laden—and Unwittingly Fueled a Vaccine Backlash," *National Geographic*, February 27, 2015, https://news.nationalgeographic.com/2015/02/150227-polio-pakistan-vaccination-taliban-osama-bin-laden/.

13 "How the CIA's Fake Vaccination Campaign Endangers Us All," *Scientific American*, May 1, 2013, www.scientificamerican.com/article/how-cia-fake-vaccination-campaign-endangers-us-all/.

14 D. Walsh and D. G. McNeil Jr., "Female Vaccination Workers, Essential in Pakistan, Become Prey," *New York Times,* December 20, 2012, www.nytimes.com/2012/12/21/world/asia/un-halts-vaccine-work-in-pakistan-after-more-killings.html.

15 D. G. McNeil Jr., "Gunmen Kill Nigerian Polio Vaccine Workers in Echo of Pakistan Attacks," *New York Times*, February 9, 2013, www.nytimes.com/2013/02/09/world/africa/in-nigeria-polio-vaccine-workers-are-killed-by-gunmen.html.

16 "Nigeria Restarts Polio Campaign," BBC News, July 31, 2004, http://news.bbc.co.uk/2/hi/health/3942349.stm.

17 C. Chen, "Rebellion against the Polio Vaccine in Nigeria: Implications for Humanitarian Policy," *African Health Sciences* 4 (2004): 205-207.

18 S. Saifi and D. Andone, "Two Polio Workers Killed in Pakistan," CNN, March 18, 2018, www.cnn.com/2018/03/18/world/polio-workers-killed-pakistan/index.html.

19 "Race Is On to Create 'Halal' Measles Vaccine," *Daily Telegraph*, August 22, 2018, www.telegraph.co.uk/news/0/race-create-halal-measles-vaccine/.

20 CDC, Travelers' Health, "Measles in Indonesia: Watch-Level 1, Practice Usual Precautions," wwwnc.cdc.gov/travel/notices/watch/measles-indonesia.

21 OU Staff, "Statement on Vaccinations from the OU and Rabbinical Council

of America," November 14, 2018, www.ou.org/news/statement-vaccina-
tions-ou-rabbinical-council-america/.

22 M. Andrews, "Why Measles Hits So Hard within N.Y. Orthodox Jewish
Community," Kaiser Health News, March 11, 2019, https://khn.org/news/
why-measles-hits-so-hard-within-n-y-orthodox-jewish-community/.

23 A. Pink and A. Feldman, "We Read the Guide Fueling Ultra-Orthodox Fears
of Pig Blood in Measles Vaccines," *Forward*, April 11, 2019, https://forward.
com/news/national/422354/hasidic-measles-outbreak-peach-handbook/.

24 Gwynne Hogan, "Ultra-Orthodox Brooklyn Residents Protest AntiVax
Symposium," *Gothamist*, June 5, 2019, http://gothamist.com/2019/06/05/
ultra-orthodox_vaccination_protest.php.

25 J. D. Grabenstein, "What the World's Religions Teach, Applied to Vaccines
and Immune Globulins," *Vaccine* 31 (2013): 2011-2023.

26 Y. S. Yoder and M. S. Dworkin, "Vaccination Usage among an Old-Order
Amish Community in Illinois," Pediatric Infectious Disease Journal 25
(2006): 1182-1183.

27 O. K. Wenger, M. D. McManus, J. R. Bower, and D. L. Langkamp, "Underim-
munization in Ohio's Amish: Parental Fears Are a Greater Obstacle Than
Access to Care," *Pediatrics* 128 (2011): 79-85.

28 CDC, "Epidemiologic Notes and Reports Multiple Measles Outbreaks on
College Campuses—Ohio, Massachusetts, Illinois," March 15, 1985, www.
cdc.gov/mmwr/preview/mmwrhtml/00000500.htm.

29 CDC, "Measles in a Population with Religious Exemption to Vaccination—
Colorado," November 29, 1985, www.cdc.gov/mmwr/preview/mmwrht-
ml/00000644.htm.

30 CDC, "Outbreak of Measles among Christian Science Students—Missouri
and Illinois, 1994," July 1, 1994, www.cdc.gov/mmwr/preview/mmwrht-
ml/00031788.htm.

31 N. A. Talbot, "The Position of the Christian Science Church," *New England
Journal of Medicine* 309 (1983): 1641-1644.

32 "Scientology Silent Birth: 'It's a Natural Thing': The Rev. John Carmichael
of the Church of Scientology Explains Why His Religion Frowns on Talk-
ing during Labor and Delivery," Beliefnet.com, www.beliefnet.com/Faiths/
Scientology/Scientology-Silent-Birth-Its-A-Natural-Thing.aspx?p=4.

33 A. Memon, "Cross-border Lessons in Saving Lives," *Hindu*, September 20,
2012, www.thehindu.com/todays-paper/tp-opinion/crossborder-lessons-

in-saving-lives/article3916454.ece.

34 "Don't Use 'Mormon' or 'LDS' as Church Name, President Says," NBC News, August 16, 2018, www.nbcnews.com/news/us-news/don-t-use-mormon-or-lds-church-name-president-says-n901491.

35 The Church of Jesus Christ of Latter-Day Saints, "Immunize Children, Leaders Urge," July 1978, www.lds.org/liahona/1978/07/immunize-children-leaders-urge?lang=eng.

36 The Church of Jesus Christ of Latter-Day Saints, "Immunizations—a Reminder," July 1985, www.lds.org/ensign/1985/07/random-sampler/immunizations-a-reminder? lang=eng.

37 The Church of Jesus Christ of Latter-Day Saints, "Church Makes Immunizations an Official Initiative, Provides Social Mobilization," June 13, 2012, www.lds.org/church/news/church-makes-immunizations-an-official-initiative-provides-social-mobilization? lang=eng&_r=1.

38 저자는 사탄사원 신자들과 논의한 결과, 특히 생식권에 적용되는 신체의 자율성을 유지하는 것이 이 원칙의 주된 의도임을 시사한다.

39 "Parents Fake Religion to Avoid Vaccines," CBS News, October 17, 2007, www.cbsnews.com/news/parents-fake-religion-to-avoid-vaccines/.

40 그러나 특정한 종교적 믿음을 가지고 있음을 증명하는 것은 일반적으로 가능하지 않다.

41 "From the Danbury Baptist Association," in *The Papers of Thomas Jefferson*, vol. 35: *1 August to 30 November 1801* (Princeton, NJ: Princeton University Press, 2008), 407-409, https://jeffersonpapers.princeton.edu/selected-documents/danbury-baptist-association.

17장 '빅 파마'와 음모론에 대하여

1 R. Hofstadter, A. Cudi, F. Turner, B. Lopez, M. Houellebecq, J. Cullen, et al., "The Paranoid Style in American Politics," *Harper's*, November 1964, https://harpers.org/archive/1964/11/the-paranoid-style-in-american-politics/.

2 변호사들이 대형 제약사를 상대로 소송을 제기하는 수익 동기가 이처럼 구체적으로 거론되는 경우는 드물다.

3 S. Kaplan, G. B. Calkins, S. J. Sarnoff, and N. Lawrence Dalling, "Hypodermic Injection Device Having Means for Varying the Medicament Capacity Thereof," US Patent 4031893, 1977, https://patentimages.storage.googleapis.com/8b/

f5/07/91f9322d3897b4/US4031893.pdf.

4 R. Rubin, "EpiPen Price Hike Comes under Scrutiny," *Lancet* 388 (2016): 1266.

5 "Big Pharma Ushers in New Year by Raising Prices of More Than 1,000 Drugs," CBS News, January 2, 2019, www.cbsnews.com/news/drug-prices-oxycontin-predaxa-purdue-pharmaceuticals-boehringer-ingelheim/? fbclid=IwAR1Jy3go6-5SfvuIau-j0MqajWSF-aeFUfwilStE-vCiPUXg6f-EemkXZ2PQ.

6 J. Lexchin, "Pharmaceutical Company Spending on Research and Development and Promotion in Canada, 2013-2016: A Cohort Analysis," *Journal of Pharmaceutical Policy and Practice* 11 (2018): 5.

7 D. Mukherjee, S. E. Nissen, and E. J. Topol, "Risk of Cardiovascular Events associated with Selective COX-2 Inhibitors," *JAMA* 286 (2001): 954-959.

8 E. J. Topol, "Failing the Public Health—Rofecoxib, Merck, and the FDA," *New England Journal of Medicine* 351 (2004): 1707-1709.

9 Anna Wilde Mathews and Barbara Martinez, "E-mails Suggest Merck Knew Vioxx's Dangers at Early Stage," WSJ.com, November 1, 2004, www.wsj.com/articles/SB109926864290160719.

10 R. Horton, "Vioxx, the Implosion of Merck, and Aftershocks at the FDA," *Lancet* 364 (2004) 1995-1996.

11 K. J. Winstein, "Top Pain Scientist Fabricated Data in Studies, Hospital Says," WSJ.com, March 11, 2009, www.wsj.com/articles/SB123672510903888207.

12 Lydia Saad, "Restaurants Again Voted Most Popular U.S. Industry," Gallup. com, August 15, 2016, https://news.gallup.com/poll/194570/restaurants-again-voted-popular-industry.aspx.

13 Z. Harel, S. Harel, R.Wald, M. Mamdani, and C. M. Bell, "The Frequency and Characteristics of Dietary Supplement Recalls in the United States," *JAMA Internal Medicine* 173 (2013): 926-928.

14 "Dietary Supplements Market Size Worth $278.02 Billion by 2024,"May 2019, www.grandviewresearch.com/press-release/global-dietary-supplements-market.

15 R. Blaskiewicz, "The Big Pharma Conspiracy Theory," *Medical Writing* 22 (2013): 259-261.

16 S. Clarke, "Conspiracy Theories and Conspiracy Theorizing," *Philosophy of the Social Sciences* 32 (2002): 131-150.

17 J. A. Whitson and A. D. Galinsky, "Lacking Control Increases Illusory Pattern

Perception," *Science* 322 (2008): 115-117.

18 이 말에 대해 누구든 내가 빅 파마와 한통속이라고 반응하는 사람을 보라.

19 J. A. Whitson and A. D. Galinsky, "Lacking Control Increases Illusory Pattern Perception," *Science* 322 (2008): 115-117.

20 R. Brotherton and C. French, "Belief in Conspiracy Theories and Susceptibility to the Conjunction Fallacy," *Applied Cognitive Psychology* 28 (2014): 238-248; K. M. Douglas and A. C. Leite, "Suspicion in the Workplace: Organizational Conspiracy Theories and Work-Related Outcomes," *British Journal of Psychology* 108 (2017): 486-506.

21 결합 오류의 가장 유명한 예를 살펴보자. 린다가 학생이었을 때, 그녀는 사회정의 운동에 적극적이었고, 동물복지에 깊은 관심을 가졌으며, 동물학을 공부했다. 린다가 은행에서 일할 가능성이 더 높을까, 아니면 은행에서 일하며 채식주의자일 가능성이 더 높을까? 우리는 후자를 선택하고 싶은 유혹을 느낄 수 있지만, 사실 전자가 더 가능성이 높다. 린다가 은행에서 일할 확률은 20%이고 채식주의자일 확률은 99%라고 가정해보자. 둘 다 참일 확률은 (0.2×0.99) 0.198이다. 19.8%는 20%가 채되지 않으므로, 린다가 단지 은행원일 가능성보다 은행원이며 채식주의자일 가능성이 더 낮다.

22 K. M. Douglas and A. C. Leite, "Suspicion in the Workplace: Organizational Conspiracy Theories and Work-Related Outcomes," *British Journal of Psychology* 108 (2017): 486-506.

23 K. R. Popper, "The Conspiracy Theory of Society," www3.canyons.edu/faculty/marianaj/Popper.pdf(2019년 11월 15일 접속).

24 C. Pigden, "Popper Revisited, or What Is Wrong With Conspiracy Theories?" *Philosophy of the Social Sciences* 25 (1995): 3-34.

25 R. Blaskiewicz, "The Big Pharma Conspiracy Theory," *Medical Writing* 22 (2013): 259-261.

26 C. L. Ventola, "The Antibiotic Resistance Crisis: Part 1: Causes and Threats," *P&T Community* 40 (2015): 277-283.

27 IMS Health Market Prognosis, "Total Unaudited and Audited Global Pharmaceutical Market by Region," www.skepticalraptor.com/blog/wp-content/uploads/2013/05/Regional_Pharma_Market_by_Spending_2011-2016.pdf(2020년 1월 17일 마지막 접속).

28 Miloud Kaddar, "Global Vaccine Market Future and Trends," World Health Organization, www.skepticalraptor.com/blog/wp-content/uploads/2013/05/Vaccine-Market-Value.pdf(2020년 1월 17일 마지막 접속).

29 P. A. Rochon, J. H. Gurwitz, R. W. Simms, P. R. Fortin, D. T. Felson, K. L.

Minaker, et al., "A Study of Manufacturer-Supported Trials of Nonsteroidal Anti-inflammatory Drugs in the Treatment of Arthritis," *Archives of Internal Medicine* 154 (1994): 157-163.

30　M. K. Cho and L. A. Bero, "The Quality of Drug Studies Published in Symposium Proceedings," *Annals of Internal Medicine* 124 (1996): 485-489.

31　M. Friedberg, B. Saffran, T. J. Stinson, W. Nelson, and C. L. Bennett, "Evaluation of Conflict of Interest in Economic Analyses of New Drugs Used in Oncology," *JAMA* 282 (1999): 1453-1457.

32　전문적으로 불확실성 원칙은 임상시험에 개별 환자를 등록하는 것을 의미하며, 임상적 동등성은 어느 치료가 가장 적합한지에 대한 의료직의 전반적인 불확실성을 의미한다. B. Djulbegovic, M. Lacevic, A. Cantor, K. K. Fields, C. L. Bennett, J. R. Adams, et al., "The Uncertainty Principle and Industry-Sponsored Research," *Lancet* 356 (2000): 635-638.

33　J. M. Taber, B. Leyva, and A. Persoskie, "Why Do People Avoid Medical Care? A Qualitative Study Using National Data," *Journal of General Internal Medicine* 30 (2015): 290-297.

34　F. Loeffler, *Untersuchungen über die Bedeutung der Mikroorganismen für die Entstehung der Diphtherie beim Menschen, bei der Taube und beim Kalbe* (1884).

35　R. E. DeHovitz, "The 1901 St. Louis Incident: The First Modern Medical Disaster," *Pediatrics* 133 (2014): 964-965.

36　US Food and Drug Administration, "Charter of the Vaccines and Related Biological Products Advisory Committee," last updated January 2, 2018, www.fda.gov/AdvisoryCommittees/CommitteesMeetingMaterials/BloodVaccinesandOtherBiologics/VaccinesandRelatedBiologicalProductsAdvisoryCommittee/ucm129571.htm.

37　US Food and Drug Administration, Office of the Commissioner, Applying for Membership on FDA Advisory Committees, www.fda.gov/AdvisoryCommittees/AboutAdvisoryCommittees/CommitteeMembership/ApplyingforMembership/.

38　US Department of Health and Human Services, "Vaccine Types," www.vaccines.gov/basics/types/index.html.

39　D. Lowe, "A New Look at Clinical Success Rates," *Pipeline* (blog), February 2, 2018, https://blogs.sciencemag.org/pipeline/archives/2018/02/02/a-new-look-at-clinical-success-rates.

40　National Vaccine Advisory Committee, "United States Vaccine Research: A

Delicate Fabric of Public and Private Collaboration," *Pediatrics* 100 (1997): 1015-1020.

18장 2018년과 2019년의 백신 거부 운동

1 " 'Anti-vax' Movement Blamed for 30 Per Cent Jump in Measles Cases Worldwide," SBS News, November 30, 2018, www.sbs.com.au/news/anti-vax-movement-blamed-for-30-per-cent-jump-in-measles-cases-worldwide.

2 World Health Organization, "Measles Cases Spike Globally due to Gaps in Vaccination Coverage," November 29, 2018, www.who.int/news-room/detail/29-11-2018-measles-cases-spike-globally-due-to-gaps-in-vaccination-coverage.

3 L. Wamsley, "Chickenpox Outbreak Hits N.C. Private School with Low Vaccination Rates," NPR, November 20, 2018, www.npr.org/2018/11/20/669644191/chickenpox-outbreak-hits-n-c-private-school-with-low-vaccination-rates.

4 M. Smith, A. Daniel, and R. Murphy, "See Vaccine Exemptions in Texas by School District," *Texas Tribune*, February 5, 2015, www.texastribune.org/2015/02/05/school-vaccine-exemptions-high-pockets-texas/.

5 "Vermont Schools Report Low Vaccination Rates," *Burlington Free Press*, February 5, 2015, www.burlingtonfreepress.com/story/news/local/2015/02/05/vermont-schools-vaccination-rates/22945035/.

6 G. Yee, "Waldorf School in Belmont Heights Reports Low Vaccination Rate," *Press Telegram*, January 24, 2015, www.presstelegram.com/health/20150124/waldorf-school-in-belmont-heights-reports-low-vaccination-rate.

7 G. Balk, "Vaccine Exemptions Exceed 10% at Dozens of Seattle-Area Schools," *Seattle Times*, February 6, 2015, http://blogs.seattletimes.com/fyi-guy/2015/02/04/vaccine-exemptions-exceed-10-at-dozens-of-seattle-area-schools/.

8 R. L. Goldblatt, "Rockland Measles Outbreak: New Vaccine Clinic at Palisades Center, 91 Cases Reported," *Rockland/Westchester Journal News*, December 6, 2018, www.lohud.com/story/news/local/rockland/west-nyack/2018/12/06/rockland-measles-outbreak-new-vaccine-clinic-palisades-center/2225136002/.

9 Tamar Pileggi, "Vaccination Campaign Launched in Orthodox Neighborhoods amid Measles Outbreak," *Times of Israel*, November 4, 2018, www.timesofisrael.com/vaccination-campaign-launched-in-orthodox-neighborhoods-amid-measles-outbreak/.

10   Z. Kmietowicz, "Measles: Europe Sees Record Number of Cases and 37 Deaths So Far This Year," *BMJ* 362 (2018): k3596.

11   K. Johnson, "'A Match into a Can of Gasoline': Measles Outbreak Now an Emergency in Washington State," *New York Times*, February 6, 2019, www.nytimes.com/2019/02/06/us/measles-outbreak.html.

12   F. M. Guerra, S. Bolotin, G. Lim, J. Heffernan, S. L. Deeks, Y. Li, et al., "The Basic Reproduction Number (R0) of Measles: A Systematic Review," *Lancet Infectious Diseases* 17 (2017): e420-e428.

13   CDC, "What You Should Know for the 2017-2018 Influenza Season," November 2, 2018, www.cdc.gov/flu/about/season/flu-season-2017-2018.htm.

14   D. G. McNeil Jr., "Over 80,000 Americans Died of Flu Last Winter, Highest Toll in Years," *New York Times*, October 1, 2018, www.nytimes.com/2018/10/01/health/flu-deaths-vaccine.html.

15   Nick Sloan and Caroline Sweeney, "Billboard with 'Vaccines Can Kill' Message Goes Up in Kansas City," KCTV5, September 25, 2018, www.kctv5.com/news/billboard-with-vaccines-can-kill-message-goes-up-in-kansas/article_f428826c-c10c-11e8-9401-3730f9178bec.html.

16   C. Domonoske, "Texas Nurse Loses Job after Apparently Posting about Patient in Anti-Vaxxer Group," NPR, August 29, 2018, www.npr.org/2018/08/29/642937977/texas-nurse-loses-job-after-apparently-posting-about-patient-in-anti-vaxxer-grou.

17   F. De Benedetti, "How the Anti-vaxxers Are Winning in Italy," *Independent*, September 28, 2018, www.independent.co.uk/news/world/europe/anti-vaxxers-italy-vaccine-measles-epidemic-europe-us-vaccination-global-health-security-agenda-a8560021.html.

18   "Italy's Populist Coalition Renounces Anti-Vaccination Stance amid Measles 'Emergency,'" *Daily Telegraph*, November 15, 2018, www.telegraph.co.uk/news/2018/11/15/italys-populist-coalition-renounces-anti-vaccination-stance/.

19   "Italy's Coalition Spreads Confusion over Vaccinations by Sacking Commission of Health Experts," *Daily Telegraph*, December 5, 2018, www.telegraph.co.uk/news/2018/12/05/italys-coalition-spreads-confusion-vaccinations-sacking-commission/.

20 R. Picheta, "German Government Backs Mandatory Vaccinations for All Schoolchildren," CNN, July 17, 2019, www.cnn.com/2019/07/17/health/germany-measles-mandatory-vaccine-scli-intl/index.html.

21 Global Biodefense Staff, "The State of the Antivaccine Movement in the United States," June 28, 2018, https://globalbiodefense.com/2018/06/28/the-state-of-the-antivaccine-movement-in-the-united-states/.

22 B. Baumgaertner, J. E. Carlisle, and F. Justwan, "The Influence of Political Ideology and Trust on Willingness to Vaccinate," *PLoS One* 13 (2018): e0191728.

19장 좋은 정보를 퍼뜨리며 본보기가 되는 사람들

1 B. Nyhan, J. Reifler, S. Richey, and G. L. Freed, "Effective Messages in Vaccine Promotion: A Randomized Trial," *Pediatrics* 133 (2014): e835-842.

2 L. Gillespie, C. W. Hicks, M. Santana, S. E. Worley, D. A. Banas, S. Holmes, et al., "The Acceptability of Human Papillomavirus Vaccine among Parents and Guardians of Newborn to 10-Year-Old Children," *Journal of Pediatric and Adolescent Gynecology* 24 (2011): 66-70.

3 E. W. Clayton, G. B. Hickson, and C. S. Miller, "Parents' Responses to Vaccine Information Pamphlets," *Pediatrics* 93 (1994): 369-372.

4 S. S. C. Chan, T. H. Cheung, W. K. Lo, and T. K. H. Chung, "Women's Attitudes on Human Papillomavirus Vaccination to Their Daughters," *Journal of Adolescent Health* 41 (2007): 204-207.

5 D. S. Cox, A. D. Cox, L. Sturm, and G. Zimet, "Behavioral Interventions to Increase HPV Vaccination Acceptability among Mothers of Young Girls," *Journal of Health Psychology* 29 (2010): 29-39.

6 스페인어로 된 라디오 드라마의 한 장르.

7 D. Kepka, G. D. Coronado, H. P. Rodriguez, and B. Thompson, "Evaluation of a Radionovela to Promote HPV Vaccine Awareness and Knowledge among Hispanic Parents," *Journal of Community Health* 36 (2011): 957-965.

8 J. R. Cates, A. Shafer, S. J. Diehl, and A. M. Deal, "Evaluating a County-Sponsored Social Marketing Campaign to Increase Mothers' Initiation of HPV Vaccine for Their Pre-Teen Daughters in a Primarily Rural Area," *Social Marketing Quarterly* 17 (2011): 4-26.

9 N. Andersson, A. Cockcroft, N. M. Ansari, K. Omer, M. Baloch, A. Ho Foster, et al. "Evidence-based Discussion Increases Childhood Vaccination Uptake: A Randomised Cluster Controlled Trial of Knowledge Translation in Pakistan," *BMC International Health and Human Rights* 9, suppl. 1 (2009): S8.

10 N. J. Goldstein, R. B. Cialdini, and V. Griskevicius, "A Room with a Viewpoint: Using Social Norms to Motivate Environmental Conservation in Hotels," *Journal of Consumer Research* 35 (2008): 472-482.

11 K. Attwell and M. Freeman, "I Immunise: An Evaluation of a Valuesbased Campaign to Change Attitudes and Beliefs," *Vaccine* 33 (2015): 6235-6240.

12 J. Schoeppe, A. Cheadle, M. Melton, T. Faubion, C. Miller, J. Matthys, et al., "The Immunity Community: A Community Engagement Strategy for Reducing Vaccine Hesitancy," *Health Promotion Practice* 18 (2017): 654-661.

13 C. Wallace, J. Leask, and L. J. Trevena, "Effects of a Web Based Decision Aid on Parental Attitudes to MMR Vaccination: A Before and After Study," *BMJ* 332 (2006): 146-149.

14 B. Nyhan and J. Reifler, "When Corrections Fail: The Persistence of Political Misperceptions," *Political Behavior* 32 (2010): 303-330.

15 B. Nyhan, J. Reifler, and P. A. Ubel, "The Hazards of Correcting Myths about Health Care Reform," *Medical Care* 51 (2013): 127-132.

16 B. Nyhan, J. Reifler, S. Richey, and G. L. Freed, "Effective Messages in Vaccine Promotion: A Randomized Trial," *Pediatrics* 133 (2014): e835-842.

17 J. Sarlin, "Anti-Vaccination Conspiracy Theories Thrive on Amazon," CNN Business, February 27, 2019, www.cnn.com/2019/02/27/tech/amazon-anti-vaccine-books-movies/index.html.

18 Vaccinate California, http://vaccinatecalifornia.org/.

19 "Senators Richard Pan and Ben Allen to Introduce Legislation to End California's Vaccine Exemption Loophole," February 4, 2015, https://sd26.senate.ca.gov/news/2015-02-04-senators-richard-pan-and-ben-allen-introduce-legislation-end-california-s-vaccine.

20 California Legislative Information, "AB 2109-Pupils: Pupils with a Temporary Disability: Individual Instruction: Pupils Who Are Terminally Ill: Honorary Diplomas," https://leginfo.legislature.ca.gov/faces/billTextClient.xhtml? bill_id=201720180AB2109.

21 California Legislative Information, "SB-277 Public Health: Vaccinations (2015-2016)," https://leginfo.legislature.ca.gov/faces/billCompareClient.xhtml? bill_id=201520160SB277.

22 H. Wiley and S. Bollag, " 'Blood Is on Your Hands': Anti-Vaccine Activist Who Tossed Menstrual Cup on Senators Released," Sacramento Bee, September 13, 2019, www.sacbee.com/news/politics-government/capitol-alert/article235084637.html.

23 백신 거부 운동가들이 그의 개인 정보를 알아내 인터넷에 올렸다.

20장 그들은 누구인가

1 이것은 불완전한 방법이지만 전체적으로 정확도가 높다. 물론 주어진 이름으로 성별을 예측할 수 없는 많은 예외가 있다.

2 N. Smith and T. Graham, "Mapping the Anti-Vaccination Movement on Facebook," *Information, Communication, & Society* (2017): 1-18.

3 Pew Research Center, "83% Say Measles Vaccine Is Safe for Healthy Children," February 9, 2015, www.people-press.org/2015/02/09/83-percent-say-measles-vaccine-is-safe-for-healthy-children/.

4 '깐깐한' 진보주의자들이 백신 거부 운동의 대다수를 차지하고 있다는 오해가 있는데 사실은 그렇지 않다.

5 S. M. Bianchi, L. C. Sayer, M. A. Milkie, and J. P. Robinson, "Housework: Who Did, Does or Will Do It, and How Much Does It Matter?" *Social Forces* 91 (2012): 55-63.

6 US Department of Labor, "General Facts on Women and Job-based Health," 2012.

7 T. S. Tomeny, C. J. Vargo, and S. El-Toukhy, "Geographic and Demographic Correlates of Autism-Related Anti-Vaccine Beliefs on Twitter, 2009-15," *Social Science & Medicine* 191 (2017): 168-175.

8 P. J. Smith, S. Y. Chu, and L. E. Barker, "Children Who Have Received No Vaccines: Who Are They and Where Do They Live?" *Pediatrics* 114 (2004): 187-195.

9 Y. T. Yang, P. L. Delamater, T. F. Leslie, and M. M. Mello, "Sociodemographic Predictors of Vaccination Exemptions on the Basis of Personal Belief in California," *American Journal of Public Health* 106 (2016): 172-177.

10 D. A. Salmon, L. H. Moulton, S. B. Omer, M. P. DeHart, S. Stokley, and N. A. Halsey, "Factors associated with Refusal of Childhood Vaccines among Parents of School-Aged Children: A Case-Control Study," *Archives of Pediatrics and Adolescent Medicine* 159 (2005): 470-476.

21장 백신을 거부하는 부모들

1 J. Haidt and C. Joseph, "Intuitive Ethics : How Innately Prepared Intuitions Generate Culturally Variable Virtues," *Daedalus* 133 (2004) : 55-66.

22장 사람들은 자신의 생각을 바꾼다

1 C. Vigeant, "Why I'm Not Afraid to Admit I Used to Be an Anti-Vaxxer," Medium.com, December 11, 2016, https://medium.com/@csaveeg/why-im-not-afraid-to-admit-i-used-to-be-an-anti-vaxxer-3df57b8afcc9.

2 Jane Ridley, "I Was an Anti-Vax Crackpot—until This Happened," *New York Post*, September 20, 2016, https://nypost.com/2016/09/20/i-was-an-anti-vax-crackpot-until-this-happened/.

3 "From Anti-Vax to Pro-Vax : One Mom's Journey," Voices for Vaccines, February 3, 2013, www.voicesforvaccines.org/from-anti-vax-to-pro-vax/.

4 "Letting Go of the Paradigm of Fear," Voices for Vaccines, March 18, 2013, www.voicesforvaccines.org/letting-go-of-the-paradigm-of-fear/.

5 "Leaving the Anti-Vaccine Movement," Voices for Vaccines, February 10, 2014, www.voicesforvaccines.org/leaving-the-anti-vaccine-movement/.

6 "I Was Duped by the Anti-Vaccine Movement," Voices for Vaccines, June 15, 2014, www.voicesforvaccines.org/i-was-duped-by-the-anti-vaccine-movement/.

7 "Manipulated by Fear," Voices for Vaccines, March 7, 2016, https://www.voicesforvaccines.org/1793-2/.

8 "A Mother I Never Met Changed My Mind about Vaccines," Voices for Vaccines, February 7, 2017, www.voicesforvaccines.org/mother-never-met-changed-mind-vaccines/.

9 "A Horrible Cough and My Vaccination Education," Voices for Vaccines, April 9, 2018.